Über dieses Buch Alte Landhebammen, die letzten »Weisen Frauen«, erzählen von ihrem Leben, den Abenteuern ihres Berufs, ihren Erfahrungen. Marianne Grabrucker befragte Hebammen aus der Bundesrepublik, Österreich und der Schweiz. Es gelang ihr, Traditionen von Frauen festzuhalten, Kenntnisse, die immer mehr verlorenzugehen drohen. So erfahren wir von Aspekten des Frauenlebens, die bisher gar nicht oder nur lückenhaft und verzerrt dokumentiert sind. Ein Stück Frauenkultur wird damit vor dem Vergessen und der Geschichtslosigkeit bewahrt.

Neben den Berichten der »Wehmütter und Weisen Frauen« steht ein historischer Exkurs der Autorin, der die Geschichte der Geburtshilfe aus weiblicher Sicht beschreibt.

Die Autorin Marianne Grabrucker, geboren 1948, eine Tochter, Juristin, Frauenbeauftragte. Zahlreiche Veröffentlichungen, unter anderem zur »Männlichen Rechtssprache«. 1985 erschien im Fischer Taschenbuch Verlag ihr Buch »›Typisch Mädchen…‹ Prägung in den ersten drei Lebensjahren« (Band 3770), ein Tagebuch zur rollenspezifischen Kleinkinderziehung, das auch ins Englische übersetzt wurde.

Marianne Grabrucker

Vom Abenteuer der Geburt

Die letzten Landhebammen erzählen

Fischer Taschenbuch Verlag

Die Frau in der Gesellschaft
Lektorat: Ingeborg Mues

Originalausgabe
Veröffentlicht im Fischer Taschenbuch Verlag GmbH,
Frankfurt am Main, Dezember 1989

Umschlaggestaltung: Susanne Berner, Heidelberg,
unter Verwendung eines Fotos von Hertha Caers, Trossingen
Gesamtherstellung: Clausen & Bosse, Leck
Printed in Germany
ISBN 3-596-24746-2

Inhalt

Für Dr. Lene Teutsch

Vorwort

Berichte von Landhebammen, den letzten »Weisen Frauen«, über ihr Leben, ihren Beruf, ihre Erfahrungen. Die befragten Frauen aus der Bundesrepublik, aus Österreich und der Schweiz sind zwischen 70 und 92 Jahre alt. Mit der Wiedergabe ihrer Lebensgeschichten werden Wissen und Weisheit von Frauen festgehalten, Kenntnisse, die immer mehr verlorengehen. Die alten Hebammen erzählen von Aspekten des Frauenlebens, die bisher gar nicht oder lückenhaft und verzerrt dokumentiert sind.

Im Bereich der Geburtshilfe hat in den letzten sechzig Jahren ein Umbruch stattgefunden. Hausgeburten, wie es sie noch bis kurz nach dem Ersten Weltkrieg auf dem Lande häufig genug gab, gibt es heute nur noch wenige. Zuvor waren es eher die Armen, die Ledigen, die in Krankenhäuser gehen mußten, um ihre Kinder zur Welt zu bringen. Ein Menschenalter später entbinden fast alle Frauen in der Klinik. Nur ganz wenige – Privilegierte und Alternative – bringen den Mut auf, zu Hause ihr Kind zu gebären. Die Zahlen haben sich praktisch umgekehrt. Der geschichtliche Umbruch in der Geburtshilfe läßt jahrtausendealte Traditionen von Frauen verschwinden. Die Frauen bestimmten selbst, unter welchen äußeren Umständen Geburten stattfinden sollten. Sie machten dies unter sich aus. Jetzt sind die Frauen und die Hebammen eingegliedert in den männlich orientierten Klinikbetrieb, sind abhängig von den Anordnungen des Arztes – denn noch immer ist die Zahl weiblicher Gynäkologen verschwindend gering gegenüber der der männlichen –, von den Apparaturen und sind der in vielerlei Hinsicht sterilen Krankenhausatmosphäre ausgeliefert.

Das Wissen darum, daß im Normalfall ein Kind nur unter Frauen – ohne Hinzuziehung eines Arztes – geboren werden kann, ist fast gänzlich verlorengegangen. Die Möglichkeit, bei Risiken oder Anomalien zur Geburt in ein Krankenhaus zu gehen, ist inzwischen zur »Normalität« geworden. Die

Geburt wird auf diese Weise in jedem Fall zum Risiko erklärt. Zugleich werden »Geburtsmethoden erfunden« und angewandt, die die »sanfte« Geburt versprechen und bezeichnenderweise Namen von männlichen Ärzten tragen (Leboyer, Dick-Read, Lamaze, Nikolajew), aber von den Hebammen seit Jahrhunderten kraft ihrer Intuition praktiziert wurden und keineswegs Erfindungen von Gynäkologen sind. Die im Krankenhaus auftretenden Geburtskomplikationen scheinen die Notwendigkeit ärztlichen Beistands zu belegen. Hören wir jedoch den Erzählungen der Hebammen genau zu, so läßt sich manche Komplikation, die scheinbar ärztlichen Beistand erfordert, mit der psychischen Situation der Frau während der Geburt erklären.

Was am meisten fehlt, ist die persönliche Beziehung zwischen Hebamme und Wöchnerin, die behutsame Vorbereitung und die psychische Unterstützung vor, während und nach der Geburt. In den Kliniken trifft die Schwangere auf medizinisches Personal, das sie meist überhaupt noch nicht kennt, auf Fremde, denen sie sich »ausliefern« muß. Die große und wesentliche Veränderung liegt im Fehlen der persönlichen Gefühle, wenn wir nach »Methoden« entbinden. Eine der alten Hebammen sagt in ihrem Bericht: »Das ist keine Frage der Technik. Man muß die Frauen einfach mögen.«

Wesentlich war auch bei allen Hebammen, daß sie in Konflikt gerieten zwischen ihren eigenen Fähigkeiten und der Durchsetzung der Vorrangstellung der Ärzte. Stellvertretend mag folgende Aussage sein: »Die Ärzte sahen immer auch ihr Geschäft. So sagte zu mir einmal ein Arzt, als ich meinen Dammschutz machte: ›Aber Frau X., was soll denn das, jetzt lassen Sie mich doch auch verdienen.‹ Und dann schnitt er, aber gleich so tief, daß ich die Augen schloß und sagte: ›Herr Doktor, das muß doch nicht sein.‹«

Schließlich tritt in den Erzählungen der Hebammen noch ein neuer, überraschender Aspekt von Gewalt gegen Frauen zutage. Der im Wochenbett erzwungene Beischlaf ist bislang nirgends in dieser Deutlichkeit als Ursache für Wochenbettinfektionen und Erkrankungen von Frauen benannt worden. Es ist anzunehmen, daß auch jetzt Frauen nach der Entbindung vor ihren Ehemännern oder Freunden nicht sicher sind. Doch gibt es nach der Entlassung aus dem Krankenhaus nun keine Hebamme mehr, mit der die Frau darüber sprechen und die zu ihrem Schutz eingreifen könnte.

Das große Unrecht, das polnischen und russischen Fremdarbeiterinnen während des »Dritten Reiches« bei Geburten angetan wurde, haben die Hebammen, die von den an diesen Frauen begangenen Grausamkeiten berichten, vor dem völligen Vergessen bewahrt. Bislang findet sich nirgends in der Literatur eine Aufarbeitung dieser Tatsachen. Es ist das Verdienst der Hebammen, diese Aspekte des Lebens im »Dritten Reich« angesprochen und aufgedeckt zu haben.

Die Berichte zeichnen auch ein Bild von der Persönlichkeit der Hebammen, die damals mit ihrem selbständigen und unabhängigen Berufsleben weit über den für Frauen gezogenen gesellschaftlichen Rahmen hinausgingen. Ihr Anteil an der Beendigung abergläubischer Traditionen ist hoch einzuschätzen, wenngleich noch als einziges Relikt der Aberglaube an das »Versehen« nachzuweisen ist.

Neben den Erzählungen der »Wehmütter und Weisen Frauen« steht ein historischer Anhang, der die Geschichte der Geburtshilfe aus weiblicher Sicht beschreibt.

Die Berichte der Landhebammen

Nanetta Moska,
83 Jahre, Hebamme in Ramosch, Engadin

Im Engadin bin ich die älteste noch lebende Hebamme, praktiziere aber seit 1972 nicht mehr. 48 Jahre lang war ich – von 1924 an – zu Geburten unterwegs.

Eigentlich wollte ich gar nicht Hebamme werden, aber meine Vorgängerin, die alte Mathieu, war mit meiner Mutter befreundet und beschwatzte diese. Denn die Mathieu war damals schon 75 Jahre alt, und im Dorf hatte sich noch keine Nachfolgerin gefunden.

Als ich mich 1924 mit 20 Jahren zur Heirat entschloß, wußte ich, daß ich zum Verdienst meines künftigen Mannes noch etwas würde beisteuern müssen. So war es naheliegend, doch Hebamme zu werden. Ich ging für ein halbes Jahr zum Kurs in die Hebammenschule nach Chur, in der fünf Hebammenschülerinnen zunächst an Puppen und später an ledigen Müttern, die zur Geburt in die Klinik kamen, übten und lernten.

Ich glaubte nach meinem Examen gleich hier in Ramosch anfangen zu können, war doch die Mathieu jetzt schon über 80 Jahre alt. Die Frauen wollten sie deshalb nicht mehr zu den Geburten holen und gingen lieber ins Spital. Nur die Frauen aus Vnà, einem Dorf mit 200 Einwohnern, das 1700 m hoch liegt und damals nur in einem anderthalbstündigen Fußmarsch von Ramosch aus über einen steilen Steig zu erreichen war, hatten sich inzwischen selbst geholfen: Sie holten zu ihren Geburten die Mitchel, eine arbeitsame, zähe Frau und selbst Mutter von zehn Kindern. Sie hatte 1904 nach Vnà geheiratet, und es stellte sich wohl im Laufe der Jahre ihr Geschick für Geburtshilfe heraus. Sie kam gerne bei Geburten zu Hilfe und wurde so im Lauf der Zeit zur Hebamme von Vnà, obwohl sie nie eine Ausbildung absolviert und weder einem Arzt noch einer anderen Hebamme assistiert hatte. Sonntags las sie nichts anderes als den Kaufhauskatalog und Gebetbücher. Zur Geburt erschien sie lediglich mit einer

Schere, dem Nabelbändchen und einer Flasche Lysol ausgerüstet, und trotzdem verliefen alle von ihr geleiteten Geburten problemlos. Die Mitchel war sehr beliebt bei den Frauen. Ich glaube, es lag daran, daß die Gebärenden lieber eine vertraute Frau ihres Dorfes während der Geburt um sich hatten als die alte fremde Hebamme aus dem entfernten Ramosch, denn die Menschen in Vnà lebten wirklich sehr abgeschieden.

So traf ich also zu Beginn meiner Tätigkeit in den beiden Dörfern meines Bezirkes zwei Hebammen an. Zu meiner großen Verwunderung dachte nämlich die Mathieu in Ramosch nicht ans Aufhören, sondern war im Gegenteil eifersüchtig und sagte zu mir: »Du kannst Hebamme sein, aber erst wenn ich tot bin.« Dann würdigte sie mich keines Wortes mehr und warf sogar einmal mit Steinen nach mir. Ich nehme an, sie war zu dieser Zeit wegen ihres hohen Alters schon etwas verwirrt. In ihren guten Jahren war die Mathieu eine angesehene, große, schlanke, gescheite, sehr energische und sehr redefreudige Frau. Sie hieß mit Vornamen Betta, ihr Mann Men. Weil sie eine außergewöhnliche Frau war und sich wesentlich von den anderen Frauen im Dorf unterschied, kam es wohl, daß man im Dorf Frau Men sagte, wenn man sie meinte, und Herr Betta, wenn von ihm die Rede war.

Die Mathieu hatte noch keine richtige Hebammenschule, sondern lediglich einen mehrwöchigen Kurs besucht. Hie und da, bei ganz schwierigen Geburten, fragte sie den Arzt um Rat. Ansonsten ersetzte mancher Aberglaube das notwendige Wissen. So nahm die alte »Urschla« – sie war die Vorgängerin der letzten Hebamme des Nachbarortes Ftan – zur Geburt noch die »Rose von Jericho« mit, eine aus Palästina stammende, getrocknete, moosähnliche, ein Knäuel bildende Pflanze, die bei einsetzenden Wehen in Wasser gelegt wurde, wo sie im Lauf der folgenden Stunden ihre Blätter entfaltete. Und so wie die Blume im Wasser sich öffnete, sollten sich die Gebärwege für das Kind öffnen.*

* Die »wunderbare Rose von Jericho« (Anastatica hierochuntica) wurde während der Kreuzzüge aus der Wüste Palästinas nach Europa gebracht. Ein Kräuterbuch von 1565 berichtet bereits über die Benutzung dieser im getrockneten Zustand

Viele alte Bräuche sind verschwunden, und auch das Verhalten der Frauen hat sich verändert. Damals waren sie noch sehr verschämt. Über eine bevorstehende Geburt wurde kein Wort gesprochen. Eher bissen sich die Frauen während der Wehen die Lippen wund, solange die Kinder noch im Hause waren und man auf die Hebamme wartete. Später lag dann das neue Geschwisterchen einfach in der Wiege. Auch die Geburtswäsche wurde nachts am unteren Teil des dreiteiligen Dorfbrunnens gewaschen, so daß es niemand sah. Erst nach dieser Vorarbeit durfte sie mit der anderen Wäsche zusammen ausgekocht werden.*

Die Neugeborenen trug man ungetauft nicht aus dem Hause. Man munkelte, sie könnten die bösen Geister, die draußen vor dem Hause hockten, holen. Sie stellte man sich als große Vögel mit Menschengesichtern und riesigen Krallenfüßen vor. Deshalb durften wohl auch die Fenster der Stube nicht geöffnet werden, in der die junge Mutter mit dem Kind lag. Trotzdem öffnete ich das Fenster, denn frische Luft war gut und gesund für beide. Aber sofort kamen die alten Frauen und schlossen die Fenster wieder. Sie taten es mit Nachdruck, erklärten mir aber nie warum. Wahrscheinlich fürchteten sie sogar, die Geister könnten davon hören und sich rächen. Oder sie schämten sich gar wegen ihres Aberglaubens und wollten nicht von mir ausgelacht werden. Jedenfalls wartete ich, bis sie gegangen waren, und öffnete dann die Fenster wieder.

Bei Frühgeburten behaupteten die Alten, Siebenmonatskinder hätten gute Überlebenschancen, Achtmonatskinder dagegen müßten sterben.** Letztlich blieb es sich aber gleich, denn alle Frühgeburten starben.

Als ich dann nach einigen Monaten die Zulassung der Gesundheitsbehörde hatte, blieben die Frauen wieder zu Hause

Jahrzehnte überdauernden Pflanze, der eine magische Wirkung auf den Muttermund zugeschrieben wurde.

* Dieser Brauch trägt die Vorstellung von der Unreinheit des weiblichen Blutes in sich.

** Auf das alte Baylon zurückgehender, in Antike und Mittelalter aufgenommener Glaube an die Zahlenmagie; danach war die Zahl 7 heilig und brachte Glück; ein Siebenmonats-Kind konnte demnach überleben.

zur Geburt und niemand holte mehr die Mathieu, was bitter für sie war.

Es war nicht üblich, daß Schwangere während ihrer neun Monate zur Untersuchung zu mir kamen. Sie sagten höchstens, wenn sie mir im Dorf oder am Brunnen begegneten: »Ich erwarte wieder.« Das war wenig, und ich konnte mich nicht auf mögliche Komplikationen einstellen, zumal es zu Beginn meiner Tätigkeit hier noch kein Auto gab. Selbst der alte Arzt von Scoul kam mit dem Roß geritten. In einem Notfall dauerte es etwa fünf Stunden, bis die Frau im Spital Hilfe finden konnte. Bei 600 Geburten, die ich leitete, gab es solch kritische Situationen nur zehnmal.

Wurde ich – zumeist durch den Ehemann – zu einer bevorstehenden Geburt gerufen, untersuchte ich die werdende Mutter zunächst, um die Lage des Kindes festzustellen. Ich hatte keinen Beckenzirkel, sah aber sehr wohl, ob das Becken eng war. Gummihandschuhe benützte ich erst in den letzten Jahren, es traten aber trotzdem nie Probleme wie Wochenbettinfektionen auf. Stellte ich eine Querlage des Kindes fest, dann packten wir die Frau sofort auf das Fuhrwerk oder den Schlitten und brachten sie ins Spital nach Scoul. War es dagegen eine Steißlage oder wurden zuerst die Füßchen geboren, konnte ich mir selbst gut helfen.

Bis zum Einsetzen der Preßwehen liefen die Frauen viel in der Stube hin und her. Zwischendurch hielt ich ihnen immer wieder den Rücken und massierte kräftig das Kreuzbein. Hatte eine Frau Wehenschwäche, legte ich ihr feuchte, warme Kamillentücher auf den Bauch, massierte ihn, und wenn sie durstig war, gab ich Kamillentee zu trinken.

Oft ließen mich ängstliche Frauen zu früh holen, so daß ich einen Tag und eine Nacht bei ihnen blieb. Während dieser Zeit kümmerte ich mich noch ein wenig um die Kinder und den Haushalt. War auch sonst keine Hilfe im Haus, blieb ich sowieso in den ersten Jahren meiner Praxis zwei oder drei Tage nach der Geburt da und versorgte das ganze Hauswesen mit allem, was notwendig war. Um meinen eigenen Haushalt und meine beiden Kinder kümmerte sich in der Zwischenzeit meine Mutter, denn wir wohnten im Elternhaus.

Es gab in meinem Bezirk so manche Frauen, deren Männer hoch im Wald oder auf der Alp arbeiteten und für lange Zeit von zu Hause weg waren. Eine dieser Frauen ist mir besonders in Erinnerung geblieben. Sie hatte gerade geboren, als ihr Mann von den Bergen zurück kam und sofort mit ihr wieder verkehren wollte. Er verhielt sich, als hätte sie nicht gerade entbunden. Ich habe böse mit ihm geschimpft und bekam zur Antwort, das ginge mich nichts an, denn sie sei seine Frau und deshalb könne er mit ihr machen, was er wolle. Daraufhin wurde sie sehr krank, hatte bald wieder eine Fehlgeburt, und nach einem Jahr war sie tot.

Eine andere Frau fürchtete sich schon, bevor das Kind geboren war. Ihr Mann sei wie ein Jagdhund, wenn er Blut im Haus rieche, klagte sie. Vor allem nach der Geburt komme er immer zu ihr. Darüber wußten auch die anderen Frauen im Dorf Bescheid, ohne daß es direkt ausgesprochen worden wäre. Die Frauen in Ramosch und in Vnà lebten eher zurückgezogen und redeten über solche Dinge nicht miteinander. Da jede sich von der anderen fern hielt, war es auch nicht der Brauch, daß Nachbarinnen der Wöchnerin im Haushalt aushalfen, wenn sie keine Verwandten hatte. Diese Aufgabe fiel mir als Hebamme zu.

Schwierigkeiten gab es bei Nachblutungen. Denn war ein Arzt nötig, konnte es Stunden dauern, bis er kam. War also die Plazenta nach 15 Minuten noch nicht geboren oder merkte ich, daß sie nicht bald käme, schickte ich nach ihm. In der Zwischenzeit machte ich kalte Umschläge und drückte die Gebärmutter fest nach unten, um sie dort zu halten. Es ist sehr wichtig, daß sich die Plazenta schnell löst und die Gebärmutter nicht bis zum Herzen hinaufsteigen kann.* Nur wenn die Gebärmutter unten bleibt, kann auch die Plazenta kommen. Nach der Ausbildung erhielten wir zu unserer Hebammenausrüstung einen hölzernen Griff, den wir eben – um die Gebärmutter unten zu halten – in den Bauch hineinpres-

* Mit dieser Redewendung greift Frau Moska auf das Bild der wandernden Gebärmutter zurück. In Antike und Mittelalter wurde für medizinische Erkenntnis gehalten, daß die Gebärmutter ein im Inneren des Körpers frei sich bewegendes Organ sei; es führe zu ernsten Krankheiten, wenn es nicht an »seinem« Platz im Unterleib bliebe (siehe S. 190).

sen sollten. Ich benutzte ihn allerdings nie, denn mit der Hand konnte ich besser und genauer fühlen. Oftmals gelang mir mit einem Handgriff, ähnlich dem Herauslösen des Steins aus der Zwetschge, die Plazenta aus der Gebärmutter herauszuschnippen. Der Arzt war immer wieder erstaunt und fragte mich, wie ich es wohl anstelle, diese gefürchtete Komplikation auf so einfache Weise zu meistern.

Die Neugeborenen wickelte ich bis auf die Ärmchen fest in gestrickte Wickelbänder. Nachdem auch die Mutter versorgt war, legte ich das Kind zum Stillen an. Wollte eine Frau nicht stillen, so sprengte ich ihr Alkohol auf die Brust und legte einen strengen Brustverband für einige Tage an, der sehr schmerzhaft war. Die Frauen konnten sich nur noch mit gebücktem Oberkörper halten, und wenn ich sie auswickelte, waren von zuvor schönen Brüsten manchmal nur noch schlaffe blaue Lappen übriggeblieben. Hatte sich der Verband ein wenig gelockert, dann zog ich ihn bei jeder Wochenpflege streng nach. Zusätzlich durften diese Frauen nichts oder wenig trinken. Auf diese Weise entstanden selten Brustentzündungen, zu deren Behandlung ich in den wenigen vorgekommenen Fällen Kamillenumschläge auf die Brust machte.

War die Geburt nachts zu Ende, blieb ich vorsichtshalber bis zum Ende des nächsten Tages im Hause und versorgte die Wöchnerin, weil man ja nie genau weiß, was am ersten Tag passieren kann. Ich kochte für die Mutter Rindfleischsuppe mit Hafer und gab ihr Fencheltee zu trinken. Beides ist gut für die Milchbildung. In den ersten Tagen kamen die Nachbarinnen, Verwandten und Freundinnen der Wöchnerin zur »Chercha«. Dieser Brauch heißt eigentlich »Suche«. Die Mutter wird dabei mit Eiern und Weißbrot beschenkt.

Beim letzten Wochenbesuch bekam ich meine Marend (Brotzeitteller) und sagte der Frau zum Abschied: »Wenn du mich brauchst, so ruf mich. Ich werde kommen.« Zur Taufe war ich überall eingeladen. Es kamen stets viele Gäste, und es gab ein großes Taufessen mit dreierlei Braten. Jedes Kind hatte zwei Patinnen und einen Paten. Die Patinnen gingen entweder in Tracht oder trugen schwarze Kleider. Eine von ihnen hielt das Kind im Arm. Waren die Kinder noch sehr jung, so bedeckte man sie mit dem von den Schultern der Patin herabhängenden Brautschleier der Mutter. Der Schleier, Symbol der Reinheit der Mutter bei der Hochzeit, sollte wohl die bösen Geister vom Kind fernhalten. Den etwas größeren Kindern – manchmal schon sechs Monate alt – legte man eine Bernsteinkette* um den Hals und gab ihnen zusätzlich ein Stückchen geräuchertes Kuhfleisch, auf dem sie kauen und herumbeißen konnten. Beides sollte das Zahnen erleichtern.

Bei all meinen Geburten starb nur ein Neugeborenes. Ich mußte im Januar die Mutter mit dem wenige Stunden alten Kind auf dem Schlitten ins Spital bringen. Die junge Frau war ledig, und die Hausleute wollten sie deshalb nicht im Haus dulden. Obwohl ich das Kind dick und warm eingepackt und nur ein kleines Loch zum Atmen frei gelassen hatte, ist es auf der langen Schlittenfahrt wohl von der eiskalten Winterluft plötzlich gestorben.

Heutzutage gibt es für unsere Dörfer keine Hebamme mehr, die ins Haus kommt, und so müssen die Frauen alle zur Geburt ins Spital. Ich kann mir gar nicht so recht vorstellen, wie es dort zugeht, denn ich frage die Frauen nicht, und selbst habe ich nie eine Geburt im Spital erlebt.

* Von Albertus Magnus aus der Antike übernommener und im Mittelalter besonders verbreiteter Glaube an die Kraft bestimmter Steine bei bestimmten Leiden, Krankheiten und besonderen Lebenssituationen (siehe auch S. 199).

Domenica Clalüna,
71 Jahre, Hebamme in Ardez, Engadin

Ich wurde 1918 hier in Ardez geboren, getauft auf den Namen Domenica. Doch als Hebamme nannten mich alle im ganzen Bezirk einfach »Tante Mica«. Leider habe ich nie selbst ein Kind gehabt, liebte ich doch als Mädchen Säuglinge sehr und roch besonders gern an ihnen, denn Popes [Babies] haben einen ganz besonderen Duft um sich.

Schon meine Ururgroßmutter war Hebamme, und meine Mutter sagte immer voller Überzeugung, auch ich müsse Hebamme werden. Niemand sei dafür besser geeignet. Zunächst entschloß ich mich jedoch, als Hilfsschwester ins Krankenhaus nach Thusis zu gehen. Anschließend arbeitete ich noch drei Jahre in der Psychiatrie in Beverin. Zu dieser Zeit wurde die alte Hebamme in Ardez krank, und der Bürgermeister fragte mich, ob ich nicht ihre Nachfolgerin werden wolle. Ich freute mich sehr über das Angebot und wechselte für ein Jahr zur Hebammenausbildung in die Frauenklinik nach Chur über. Vor der Aufnahme in den Kurs mußten die Bewerberinnen ihre Zeugnisse vorlegen, und es wurde sehr streng ausgewählt. Im Kurs waren wir neun selbstbewußte junge Frauen, die alle schon einen Beruf hatten. 1940 machte ich mein Diplom und begann sofort mit der Arbeit in Ardez. Ich war von der Gemeinde angestellt und erhielt mein jährliches, festes Wartegeld. Waren es allerdings weniger als sechs Geburten im Jahr, so mußten die Familien, zu denen ich gerufen worden war, meine Kosten selbst tragen, was 1940 25 Schweizer Franken waren. Großzügig schenkten mir aber die Bauern immer auch Naturalien dazu.

49 Jahre bin ich nun schon Hebamme, und die Hausgeburten werden immer weniger. Vergangenes Jahr – also in meinem 48. Berufsjahr – brauchte man mich nur siebenmal. Besonders die psychische Anspannung strengte mich zuletzt sehr an. Körperlich könnte ich die Arbeit noch gut verkraften. Die

Frauen brauchen aber über lange Stunden hinweg viel Zuwendung. Und genauso viel Kraft kostet es, mit den Männern der Gebärenden zu reden, und immer wieder aufs neue alles zu ordnen! Früher war ich vier- bis fünfmal in der Woche zu Fuß, mit dem Velo oder mit den Skiern zu meinen Frauen unterwegs. Denn ich sorgte nicht nur bei der Geburt und weitere zehn Tage während der Wochenbesuche für die Frau, sondern kümmerte mich zusätzlich noch um Haushalt und Kinder, wenn keine Hilfe zur Verfügung war. 23 Jahre schaffte ich diesen großen Bezirk, der sich von Zernez bis Ftan erstreckte, ohne eigenes Fahrzeug. Oft brachte mich mein Mann mit Roß und Wagen oder Schlitten zu den Frauen. Er wartete dann mit dem Ehemann in der Küche, bis die Geburt vorüber war, und sie redeten und rauchten zusammen. So konnte ich nach der Arbeit mit meinem Mann wenigstens wieder nach Hause fahren. Niemand dachte daran, mir dafür Wegegeld zu geben oder den Dienst meines Mannes extra zu bezahlen. Nach diesen 23 Jahren war ich des Umstandes müde, machte den Führerschein und kaufte mir 1963 ein Auto.

Als ich noch ledig war, nahm ich einmal das Neugeborene einer taubstummen, ledigen Magd, die arg hereingefallen war, gleich nach der Geburt am anderen Morgen mit zu mir nach Hause. Es war ein schönes, gesundes Kind, das ich sehr liebte und adoptieren wollte. Zu meinem größten Kummer erhielt ich aber nicht die Genehmigung, denn die Adoptionsbehörde wollte kein solch enges Verhältnis zwischen der leiblichen und der Adoptivmutter. Die Mutter kam nämlich jeden Tag gelaufen, um ihr »Pope« zu besuchen. So mußten wir es beide nach 15 Monaten weggeben zu völlig unbekannten Eltern. Wir waren darüber sehr traurig. Kinder lediger Mütter gab es bei uns selten. Ich kann mich überhaupt nur an drei Mädchen während meiner 49 Berufsjahre erinnern, die solches Pech hatten.

Normalerweise hatten die Frauen in unserer Gegend zu meiner Zeit vier oder fünf Kinder. Kam es zur dritten oder vierten Geburt, empfahl ich den Frauen, den Eileiter unterbinden zu lassen. Die Männer bezog ich in die Gespräche mit ein und erklärte ihnen die verschiedenen Verhütungsmethoden wie Kondome, Salben und Zeitrechnung nach Knaus-Ogino. Wurden es dann trotzdem mehr als vier Kinder, redete ich dem Vater gründlich ins Gewissen. »Deine Frau ist keine Gebärmaschine«, sagte ich ihm, »so kannst du mit ihr nicht umgehen.« Das half!

Natürlich wollten auch die Frauen von mir Näheres über Verhütung wissen, wenn wir uns bei ihren üblichen Besuchen während der Schwangerschaft unterhielten. Da standen sie vor der Tür: »Ja, jetzt ist es wieder soweit.« Oft weinten sie und waren sehr unglücklich, besonders, wenn es das fünfte Kind war. Ich habe durch mein immerwährendes Reden bei Männern in meinem Bezirk dafür gesorgt, daß es nur sehr wenige Familien mit mehr als fünf Kindern gab. Mich schaudert bei dem Gedanken, daß Frauen über zehn Kinder bekommen, und ich werde gleich grau über der Vorstellung, daß eine Frau 14 Geburten aushalten muß. Das ist unmenschlich! Die Familienplanung in meinem Bezirk habe ich eingeführt, denn das hat eine Hebamme in der Hand, je nachdem, wie sie mit den Ehepaaren umgeht.

Bei den Schwangerschaftsbesuchen untersuchte ich die werdenden Mütter und ließ mir, solange ich die Familie noch nicht gut kannte, von den Geburten der Mutter, der Schwestern und Tanten erzählen. So vermochte ich mich ein wenig darauf einzustellen, wie schwer oder leicht die Geburt werden würde. Während der Stunden des Wartens auf eine Geburt saßen wir und redeten, wobei die Frauen der Hebamme als Vertrauensperson viel erzählen. Wenn es Probleme gab, dann meist, weil der Mann Alkoholiker war oder fremdging. Diese Mütter taten mir immer sehr leid, und ich versuchte sie zu trösten. Viel Kummer verursachten auch die Reibereien zwischen Schwiegermüttern und jungen Frauen. Sie vertrugen sich in den seltensten Fällen. Früher war das sehr schlimm, denn es gab kein Entkommen, alle mußten zusammen unter einem Dach wohnen, und es galt viele gegenseitige Gehässigkeiten auszuhalten.

Ich hatte alle meine Mütter gleichermaßen gern. Natürlich gab es immer wieder schwierige und ungeduldige Frauen neben sehr patenten Gebärenden. Die Menschen sind eben unterschiedlich, und so nahm ich sie.

Die Männer mußten während einer Geburt meist mithelfen. Nur ausnahmsweise, wenn einer sich arg ungeschickt, nervös oder ungeduldig zeigte, schickte ich ihn weg. Ich hatte oft das Empfinden, daß Landwirte geduldiger und verständiger mit ihren Ehefrauen umgingen als Beamte.

War eine Geburt noch in der Nacht beendet, brauchte ich eigentlich laut Vorschrift nur zwei Stunden zu warten. Da aber immer die schönsten Feiern folgten, blieb ich einfach bei den Großmüttern, Tanten und Schwägerinnen sitzen. Wir tranken Kaffee und diskutierten lange. Dabei konnte ich mich von all meiner vorherigen Anspannung und Konzentration erholen. Niemand hatte es eilig.

Um Infektionen und Wochenbettfieber zu vermeiden, zeigte ich all meinen Frauen, daß sie ihre Stoffvorlagen nach dem Waschen bügeln und in einem großen sauberen Tuch aufbewahren sollten, um alles so steril wie möglich zu halten. Auf diese Weise trat nie bei einer Wöchnerin Fieber auf. Probleme gab es allerdings bei den Frauen, deren Männer gleich nach der Geburt versuchten, sie wieder zu nehmen. Meist ängstigten sich die Frauen schon vor der Geburt davor und erzählten es mir. Daraufhin nahm ich mir den jeweiligen Mann vor – mit Erfolg, wie ich dann von den dankbaren Wöchnerinnen hörte. Ich beschützte eben meine Frauen und stellte mich vor sie.

Nach der Geburt wurden die Plazenta und die Nabelschnur 24 Stunden unter dem Bett der Wöchnerin in einem schönen, sauberen Tuch sorgfältig eingewickelt aufbewahrt.* Danach verbrannten wir sie, fast zeremoniell, im Herdfeuer oder vergruben sie im Keller oder im Garten, je nach Jahreszeit. Für

* Frau Clalüna begründete das Aufbewahren der Plazenta damit, der Arzt solle bei möglichen Komplikationen die Vollständigkeit der Plazenta kontrollieren können. Die Aufbewahrung unter dem Bett jedoch sowie das Vergraben der Plazenta im Haus, Keller oder Garten beruht auf der mittelalterlichen Vorstellung, daß die besonderen Lebenskräfte der Plazenta sich auf die Bewohner der Räume übertrügen, die Wöchnerin vor Fieber bewahrten und Krankheitsdämonen von ihr und dem Kind abhalten könnten.

mich bedeutete die Plazenta etwas ganz Besonderes, als Teil des Wesens und Lebens von Mutter und Kind, und deshalb behandelte ich sie immer ehrfürchtig.

Sehr schön fand ich den alten Brauch, daß die Hebamme die Mutter am ersten Sonntag nach der Geburt beim Kirchgang begleitete. Dabei war noch die Verbundenheit zwischen Mutter und Hebamme zu spüren, die beide bei der Geburt beseelt hatte.*

Als ich dann im Lauf der Jahre zu immer mehr Geburten geholt wurde und sich mein Bezirk ständig vergrößerte, weil die Kolleginnen in den anderen Dörfern ihren Dienst quittiert hatten, konnte ich nicht mehr jede Frau begleiten, und so schlief dieser Brauch ein, ebenso wie ich meine Teilnahme an dem üblichen Taufessen einstellte.

Ich habe in all den Jahren den Eindruck gewonnen, daß die Frauen zu Beginn meiner Tätigkeit selbstbewußter und sicherer mit sich und ihrem Körper bei der Geburt umgingen. Sie entschieden emanzipierter als die Frauen von heute und machten sich nicht vom Urteil eines Mannes abhängig. Die jungen Frauen sind jetzt unsicher und ängstlich, wagen nichts mehr ohne Arzt und Ehemann. Als ich kürzlich in der Zeitung von männlichen Geburtshelfern in Deutschland und Holland las, war mir sofort die Bedeutung klar: Jetzt ist es endgültig vorbei mit der Sicherheit der Frauen. Meiner Meinung nach hat man sie mit dem weitgehenden Umstieg auf Klinik-Geburten zwischen 1965 und 1970 verunsichert. Bei den Geburten früher tauschten die Frauen noch mehr Erfahrungen aus und waren deshalb besser informiert. Sie unterstützten sich gegenseitig auch seelisch und bekamen dabei mehr, als sie vom eigenen Mann erwarten konnten. Das machte sie stark und selbstbewußt. So kümmerten sie sich auch nach der Geburt umeinander, kam doch jede von ihnen immer wieder in diese Situation, in der sie auf die Hilfe der anderen angewiesen war.

* In katholischen Gegenden erzählen die Hebammen, die Frauen zur kirchlichen Reinigungszeremonie – die im Vorraum zur Kirche stattfand – begleitet zu haben, ehe es diesen wieder erlaubt war, die Kirche zu betreten. Die kirchliche Handlung sollte die Wöchnerin von der Unreinheit der Geburt befreien.

Auch ich arbeitete von 1970 an jedes Jahr für ungefähr zwei Monate im Spital, um mit meinen Kenntnissen nicht nachzuhinken und die neuen Methoden in der Geburtshilfe zu lernen. Ich fand die ständige Benutzung von Wehenmitteln schlimm, wie auch das Einleiten der Geburten und all die Geräte, die den über viele Stunden dauernden Beistand der Hebamme ersetzen sollten. Seitdem bin ich allergisch gegen Technik, zumal ich auch Konflikte mit dem Professor bekam, als ich sagte: »Früher gingen die Hebammen durch die Arbeit während der vielen natürlichen Geburten kaputt, heute werden die Frauen durch die Technik in der Klinik kaputtgemacht.« Als Antwort bekam ich zu hören: »Was glauben Sie eigentlich, wo wir sind. Das muß zack zack gehen, wir brauchen schließlich die Plätze.« Ich finde eine solche Einstellung eines Geburtshelfers völlig unpassend. Schließlich ist es ja nicht wie beim Friseur: »Bitte die Nächste.« Bei den über tausend Geburten, die ich leitete, starb weder eine Frau noch ein Kind, und ich mußte auch nie eine Frau während der Geburt ins Krankenhaus bringen lassen. Alles verlief normal und natürlich. Und nicht einmal kamen cerebrale Schädigungen bei einem Kind vor.

Ich dachte nie daran, meinen Beruf aufzugeben, eher hätte ich mich scheiden lassen. Damit will ich sagen, wieviel mir mein Beruf bedeutete. Hebamme ist man mit Leib und Seele, man folgt einem Herzenswunsch.

In den 49 Jahren meiner Berufstätigkeit habe ich viel erlebt, und es wäre schön, könnte ich 50 Dienstjahre vollenden, obwohl ich jetzt doch manchmal müde bin. Dieses letzte Jahr werde ich nicht planen – ich nehme einfach jeden Tag hin!

Anna Sinn,
82 Jahre, Hebamme in Koloman, Südtirol

1907 wurde ich in Koloman geboren, wo meine Eltern einen Hof hatten. Von den sieben Kindern war ich das älteste. Die Mutter ist mit 48 Jahren früh gestorben, und so mußten wir Kinder alle viel arbeiten. Der Vater hat mich für all die kleinen Geschwister gebraucht, deshalb bin ich die ganze Zeit auf dem Hof geblieben. Ich hatte eine Freundin, die Hebamme war. Sie ermunterte mich, nicht immer nur auf dem Hof zu bleiben, sondern ebenfalls Hebamme zu werden. Mein Vater hatte 1935/36 finanziell nicht mehr so große Not, so daß er die Ausbildung bezahlen konnte.

So ging ich also 1937 für drei Jahre nach Venedig, denn in Südtirol gab's keine Hebammenschule. In Venedig war alles italienisch: Bücher, Unterricht, Patienten, Ärzte. Und obwohl es recht streng zuging, habe ich es geschafft, reinzukommen. Wenn meine Mitschülerinnen erst um sechs Uhr früh aufgestanden sind, war ich eben schon um drei Uhr auf den Beinen und habe mich über meine Bücher gesetzt, um für die Prüfung zu lernen. Mit der Sprache hatte ich doch ziemliche Probleme. Denn bei uns zu Hause wurde in der Schule vor dem Krieg nur deutsch geredet. Ich konnte daher zunächst überhaupt kein Italienisch.

Die Ausbildung im Spital war gut und diente der Vorbereitung auf Hausgeburten, denn wir hatten einen alten Professor, der sich sehr darum kümmerte. Wir lernten sogar theoretisch die Nottaufe mit einem Taufklistier zu geben.* Ich hab es in meiner Praxis aber nie gebraucht.

Als ich 1940 nach Hause kam, war auch hier alles italienisch. Eine italienische Hebamme hatte die Stelle im Sprengel

* Etwa um 1480 wurde auf Betreiben des Bischofs von Brixen bei schwierigen Geburten, die den Tod des Kindes befürchten ließen, zur Seelenrettung des noch Ungeborenen vor den Feuern der Hölle die Nottaufe mit dem Taufklistier eingeführt. Es war zumeist aus Silber, und die Hebamme konnte damit Weihwasser in den Uterus durch die Scheide oder durch die Bauchdecke einspritzen.

Koloman/Waidbruck übernommen. So machte ich mich eben selbständig, d. h. Frauen, die mich als Hebamme haben wollten, mußten mir extra ungefähr so viel bezahlen, wie damals fünf Kilo Butter kosteten. Es ging dann schnell, fast von selbst, daß ich als Gemeindehebamme den Sprengel bekam. Die Frauen lehnten nämlich die Italienerin ab. Sie konnten nicht so recht mir ihr reden. Als dann bei uns Bomben fielen, ging sie sowieso auf und davon. Ich hatte in der Zwischenzeit geheiratet, mein Mann war im Krieg, und so zog ich nach Barbian hinauf. Das Dorf liegt eine Dreiviertelstunde Fußweg auf dem Steig droben am Berg. Von da an wurde nur noch ich zu den Geburten geholt. Aus Italien kam keine neue Hebamme.

Den Frauen war das auch am liebsten, denn sie wollten ja während der Geburt gemütlich reden können. Mein Sprengel dehnte sich ungefähr eineinhalb bis zwei Fußstunden weit in jede Richtung. Ich machte alles zu Fuß, bis ich 1976 meine Tätigkeit beendete. Im Krieg gab's nicht einmal ein Roß, das die Bauern hätten vor einen Wagen spannen können, um mich zu holen. Auch zum Radfahren ist es ja in den Bergen viel zu steil. Bis Mitte der 50er Jahre gab's außerdem keine geteerte Straße.

So ging es uns vor allem im Winter oft recht schlecht; ich brauchte dann für einen Weg häufig doppelt so lange. Deshalb nahm ich auch so manches Mal den Schlitten. Am Anfang trug ich für die steilen Wege, besonders im Winter, Schuhe mit Nägeln auf den Sohlen, und später benutzte ich sogar Steigeisen.

Drei bis vier Geburten hatte ich in der Woche. Nur während des Krieges waren es weniger. Geholt wurde ich zu den Geburten immer vom Mann. Da hatten sie es sehr gneatig (sie waren bemüht), alles sollte schnell, schnell gehen. Wenn ich in der Nacht nach der Geburt nach Hause ging, begleiteten sie mich, um mir den schweren Rucksack zu tragen. Aber zu den Wochenbesuchen holte mich keiner mehr ab. Da war die Aufregung vorbei, und ich war nicht mehr so wichtig.

Bei meinem Eintreffen war gewöhnlich schon eine Verwandte – die Großmutter oder die Mutter – oder die Nachbarin da, die auf die junge Frau aufpaßte und sich um die größeren Kinder kümmerte. Oft war der Weg zu weit, und ich bin zu spät gekommen: das Kind war schon geboren. Die anwesenden Frauen hatten der Mutter beigestanden und den Schleim vom Mund des Kindes entfernt, damit es schrie. Alles übrige überließen sie mir.

Weil zu Anfang wenig organisiert war und die Frauen während der Schwangerschaft nicht zu mir kamen, wußte ich oft auch nicht, wo überhaupt eine Geburt zu erwarten war. Später richtete ich es bei meinen Frauen so ein, daß sie meistens im sechsten oder siebten Monat einmal bei mir hereingeschaut haben. Ich sagte ihnen dann, was sie alles herrichten müßten. Bei denjenigen allerdings, die vorher nicht gekommen waren, mußte ich die Vorbereitungen treffen, wenn ich zur Geburt hinkam. Im Winter hieß das zuallererst einmal, zusammen mit dem Bauern das Bett von der Schlafkammer in die Stube neben den Ofen zu rücken, die Bettwäsche und die Kindssachen herbeiholen. Oftmals mußte ich auch erst noch das Wasser sieden, das in Wannen und Kübeln stand. Heikel war man nicht; es ging eben alles einfach zu. Den größeren Kindern wurde nichts Genaues gesagt, sie schickte man zu den Nachbarn. Wenn sie dann nach der Geburt zurückkamen, waren sie alle hell begeistert und wollten gleich das neue »Bobbele« anschauen.

Hatten wir noch Zeit bis zur Geburt, lief die Frau herum, arbeitete ein wenig, kochte oder richtete manches her, und ich half dabei. Dann ruhten wir auch mal wieder aus oder tranken Kaffee – alles war recht kommod (bequem), bis dann die Wehen heftig einsetzten.

Anfangs rasierte ich den Frauen die Schamhaare nicht. Das hatte ich in der Klinik auch gar nicht gelernt. Erst später, als das auch durch verschiedene Vorträge Mode wurde, führte ich das Rasieren ein. Aber ich wußte eigentlich nie, warum das nötig sein sollte. Es wäre anders genauso gegangen.

Im Winter, wenn das Bett in der Stube stand, war's gut für Mutter, Kind und Hebamme. So hatten wir es alle warm. Aber im Frühjahr und im Herbst, wenn's kalt war, die Bauern aber aus Sparsamkeit nicht einheizten, blieb das Bett in der kalten Kammer, und ich habe oft recht gefroren. Bekamen die Frauen Schüttelfrost, gab ich ihnen etwas Warmes zu trinken und machte ihnen eine Wärmflasche. Nach der Geburt zog der Mann für mehrere Wochen aus der Schlafkammer aus, und zur Wöchnerin legte sich die Mutter oder eine andere Verwandte.

Die Entbindungen gingen mal schwer, mal leicht, wobei die Dicken immer schwerere Geburten hatten. Aber auch bei Frauen, die von der vielen Arbeit härtere Muskeln hatten, war es schwierig. Aus Erfahrung wußte ich: wenn bei der Mutter die Geburt leicht ging, dann wird es auch bei der Tochter so sein. Deshalb fragte ich immer, wenn eine Schwangere neu zu mir kam, wie bei ihrer Mutter die Geburten verlaufen waren. Ich wußte dann, ob ich mich auf ein paar Stunden einstellen mußte, oder ob es eine Sache für die ganze Nacht werden würde. Das erste Kind ist natürlich die schwierigste Geburt. Leichter wird es, wenn der Abstand zwischen den Kindern ein oder zwei Jahre beträgt. Normalerweise hatten die Frauen damals fünf oder sechs Kinder. Nach dem Krieg wurden es immer weniger, und später waren es nur noch zwei oder drei. Die größte Kinderzahl, die ich bei einer Frau erlebte, waren allerdings dreizehn. In einer anderen Familie wurde ich immerhin zehnmal zu Geburten gerufen.

Ging es bei einer Geburt nicht weiter, ließ ich den Doktor holen. Der sagte allerdings meistens: »Zusammenpacken und ins Spital.« Das war aber kein Spaß, denn es gab noch keine Straße. Wir mußten die Frau auf den Wagen richten und mit dem Roß hinunterbringen oder sie auf der Pritsche, wie die Sanitäter, zur Straße nach Brixen oder Bozen runtertragen. Das forderte manchmal eine Dreiviertelstunde oder gar eine Stunde Fußweg. Eine Frau gebar dann auch ihr Kind auf halbem Weg nach Bozen. Ich sagte bloß: »Jetzt kehren wir wieder um.« Da die junge Mutter aber oben auf dem Berg wohnte und wieder hinaufgetragen werden mußte, ließ ich sie erst einmal bei mir ein bißchen in der Kammer ruhen und versorgte das Kind. Es war alles eine ziemliche Aufregung, denn es war kalt und der Wind pfiff draußen, und wir hatten nichts fürs Kind dabei.

Einmal geschah es oben auf dem Berg, daß eine junge Frau nach der Geburt lange Zeit Blutungen hatte. Der Arzt wollte ihr eine Blutübertragung machen lassen. Also mußte der Bauer eine Dreiviertelstunde runterlaufen zum Telefonieren, und im Krankenhaus mußte erst ein Mann gefunden werden, den man zur Transfusion schicken konnte. Es dauerte lange, bis er schließlich kam. Er legte sich neben die Frau, und wir leiteten das Blut von einem Arm zum anderen. Die Mutter bekam einen schlimmen Schüttelfrost, aber sie überstand alles. Glücklicherweise ist mir nie eine Frau gestorben. Daß ein Kind tot geboren wurde, hat es schon gegeben. Aber es war im Mutterleib schon tot.

Einmal kam eine Frau zu mir, die zu Besuch bei ihrer verheirateten Schwester in Koloman war. Ich sollte sie untersuchen, ob's losgehe, meinte sie. Worauf ich ihr empfahl, heute nicht mehr weit zu gehen, sie solle sehen, daß sie heimkomme. Sie erwartete das achte oder neunte Kind. Sie ging aber nicht nach Hause, sondern noch zu ihrer Schwester. Dort bekam sie starke Wehen, und so holten sie mich. Die Schwangere wollte aber unbedingt nach Hause, also führten wir sie den ganzen Berg hinauf. Oben gab's keinen Weg mehr, und wir schoben sie einfach über die Wiese. Kaum lag sie im Bett, war auch das Kind schon da.

Bei einer Erstgeburt wartete ich immer zehn bis vierzehn Stunden. Erst wenn dann noch nichts vorwärtsging, hab ich den Doktor holen lassen. Meistens war ich alleine mit der Frau. Freilich haben die Männer, die draußen warteten, auch geholfen: Wasser austauschen oder heizen. Im letzten Moment hab' ich sie auch oft geholt, um die Frau zu halten oder sie anders hinzulegen, damit sie sich leichter tat.

Waren die Männer bei der Geburt dabei, hätten sie oft am liebsten gleich geweint. Häufig gingen sie auch hinaus, weil sie nicht mehr zusehen konnten.

War das Kind ein Bub, und es waren vorher auf dem Hof noch keine Buben, dann war die Freud immer besonders groß. Wenn es aber die dritte oder vierte Gitsch (Mädchen) war, ging es schlimm zu auf dem Hof. In einer Familie zum Beispiel waren es sechs »Gitschen«, und erst das siebte Kind war ein Bub – das war dann Gloria in excelsis.

Hatten sie schon mehr als acht Kinder, wurden die Wehen bei den Frauen schwächer, die Geburt war schwerer, und die Frauen konnten sich nicht so schnell wieder erholen. Auch waren die Blutungen gefährlicher. Frauen mit Wehenschwäche kochte ich Bohnenkaffee oder schwarzen Tee. Ich hatte auch allerhand Kräuter zur Hand: Spitzwegerich und Himmelsschlüssel, Frauenmantel, Goaßschraub (Isländisch Moos) und Arnika. Aber das ist heute alles nicht mehr üblich.

Vor einer Geburt waren die Frauen meist nur so lange nervös, bis ich da war. Für mich war das Wichtigste: Nur keine Aufregung zeigen und alles schön langsam und gemütlich machen. Bei den Geburten so ruhig zu bleiben und mit der Gebärenden mitzufühlen war aber sehr anstrengend. Im richtigen Moment mußte ich ihr sagen: »Jetzt mußt du mal rasten« oder: »Jetzt mußt du wieder fest arbeiten.« Wie anstrengend das war, merkte ich immer erst, wenn ich heimkam. Eine Geburt ist eben doch die schwerste Arbeit im Leben einer Frau, auch wenn sie eine Bäuerin ist, die ans strenge Arbeiten gewöhnt ist.

Selten kam es vor, daß ich zwei Frauen gleichzeitig zur Geburt hatte. Einmal aber hatte ich eine unten in Koloman und eine oben auf dem Berg. Zunächst wußte ich nicht, wo ich zuerst hingehen sollte. Dann überzeugte ich mich bei der Bäuerin auf dem Berg, daß es bei ihr noch eine Weile dauern würde, und ging ins Tal. Aber der Bauer oben war ganz verzagt mit seiner hochschwangeren Frau. Er hätte zwar ein Roß gehabt, um sie mit dem Wagen herunterzuführen zu mir, aber vor lauter Aufregung konnte er Roß und Fuhrwerk nicht zusammenspannen. So packte er in seiner Verzweiflung eine Kraxe und setzte seine Frau, die ziemlich dick war, da sie Zwillinge erwartete, in die Kraxe hinein, band sie fest und trug sie auf dem Buckel zu mir herunter. Auf halbem Weg mußte er über einen Bach. Die Brücke war nicht sehr stark, nur ein Brett. Wenn das gebrochen wäre... Ich fragte die Frau dann, wie sie sich gefühlt habe in der Kraxe. »Ganz guad bin i gsessen«, meinte sie. Es dauerte dann immer noch ein bißchen, und ihre beiden Buben sind bei mir auf die Welt gekommen.

Wenn mehr und immer mehr Kinder kamen, waren die Frauen schon manchmal stuff (unwillig). Da hieß es dann: »Schon wieder eines, so was hätt' nicht sein müssen. Jetzt laß ich mir aber keines mehr anhängen.« Über Empfängnisverhütung wurde damals natürlich nicht geredet. Das war ja schon von der Kirche verboten. Manchmal hat mich eine Frau danach gefragt. Aber ich konnte ihr auch nur die Zeitrechnung erklären und ihr sagen, sie solle während der gefährlichen Tage aufpassen. Doch das half meist wenig. Die Männer kümmerten sich noch weniger um Verhütung und schon gar nicht um die Zeitrechnung. Manchmal weinten die Frauen sehr über ihr hartes Leben mit den vielen Kindern und der anstrengenden Arbeit. Aber gegen ihre Männer trauten sie sich nicht aufzubegehren. Mit diesen war auch nicht zu reden. Ich versuchte es zwar immer wieder, aber umsonst. Einen gerissenen Damm habe ich selbst genäht.

Während der Geburt beteten die Frauen oft und versprachen für die heilige Mutter Anna eine Messe. Nach der Geburt machte ich den Frauen, wenn sie es wollten, eine große starke Fatschn (Wickelbänder) um den Bauch, daß er nicht so ausgedehnt wurde. Ich hatte das zwar nicht in der Schule gelernt, aber oftmals wollten es die Frauen selbst so haben, weil es immer schon so war.

Auch die Neugeborenen habe ich noch gefatscht, aber die Ärmchen ließ ich frei. Manchmal war den Kindern die Zunge durch ein kleines Fädchen am Kiefer festgewachsen. Das schnitt ich dann durch; es war ganz einfach.* Es blutete vielleicht ein wenig. Bis die Mutter versorgt war, legte ich den Säugling auf den Boden über dem Kachelofen, dort war es schön warm. Wenn alles vorbei war und die junge Mutter ausruhen wollte, ging ich zu den anderen in die Stube und blieb dann immer noch zwei bis drei Stunden bei der Familie. Es war schön, hier noch eine Weile zu sitzen.

Wenn die Geburt nachts zu Ende war, baten mich die Frauen oft zu bleiben, bis es Tag wurde. Sie hatten immer ein

* Mit zunehmender Reglementierung der Tätigkeitsbereiche für Hebammen war es diesen mit Beginn des 18. Jahrhunderts streng verboten, das sog. Zungenbändchen, ein dünnes Hautfädchen, durch das die Zunge an den Oberkiefer angewachsen war, selbst durchzutrennen. Dazu sollte eigens ein Chirurg geholt werden. Begründet wurde dies damit, daß die Hebammen die Durchtrennung lediglich mit ihrem scharfen Fingernagel vornahmen.

bißchen Angst, es könnte etwas passieren. So blieb ich dann eben, legte mich neben die Frauen, und beim Reden schliefen wir schließlich ein. Auf diese Weise entstanden recht enge Verbindungen und Freundschaften zwischen uns. Die Frauen jammerten eigentlich nur, wenn die Männer sich nicht über das Kind freuten.

Nicht mehr so ängstlich waren die Frauen bei der Geburt, wenn sie schon mehr Kinder hatten. Ich sagte ihnen während der Geburt auch immer, wie sie ein- oder ausatmen sollten. Die Jungen heutzutage meinen, es müßte alles immer schnell gehen. Es fehlt ihnen die Geduld, Medikamente sollen alles beschleunigen. Die Natur aber muß man selber machen lassen, sie braucht Zeit.

Bei mir durften die Kinder erst 24 Stunden nach der Geburt bei der Mutter trinken. So hatten wir es in Venedig gelernt. Im Spital wäre dafür sowieso keine Zeit gewesen, da war man froh, wenn man das Neugeborene weglegen konnte.

Wurde ein Kind mit einem Wolfsrachen oder einem Klumpfuß geboren, war das schlimm. Die Mutter weinte, und der Vater rannte weg, ins Gasthaus oder sonst wohin. Weil man schon wußte, daß solche Kinder früher sterben würden, ist mir auch nie aufgefallen, daß die Eltern vielleicht nachgeholfen hätten. Ich erinnere mich aber noch an eine Geschichte aus einem Dorf außerhalb meines Bezirks. Dort sollen einmal alle Kinder gestorben sein, die den Namen Zita trugen. Es waren schon insgesamt neun oder zehn Kinder. Da gebar eine Frau das siebzehnte Kind, das sie gar nicht haben wollte. Sie nannte es ebenfalls Zita. Aber gerade diese Zita hat überlebt.

Es kam auch vor, daß Kinder gleich nach der Geburt starben. Meist waren es Miß- oder Frühgeburten.

Sechs oder sieben Tage mußten meine Frauen nach der Geburt liegen. Am siebten Tag durften sie ein wenig herumgehen, und erst am achten Tag durften sie richtig aufstehen. Oftmals war allerdings der Mann oder die Schwiegermutter anderer Meinung und fanden, daß die junge Frau früher wieder arbeiten sollte. Ich sagte dann nur: »Bleib liegen, laß sie nur reden.«

Solange die Frau im Bett liegen mußte, wurde für die ganze Arbeit die »Ammerin« auf den Hof geholt, wenn nicht die Großmutter oder eine andere Verwandte der Frau da war. Die »Ammerin« war eine – meistens ältere – Frau aus dem Dorf, die immer zur Zeit des Wochenbettes in die Höfe ging. Sie bekam von den Bauern für die Arbeit, die sie machte, ein wenig Butter, Speck und Eier. Manchmal halfen sich auch die Nachbarinnen gegenseitig aus.

Während des Wochenbettes bekamen die Frauen frische Hühnersuppe, die ausschließlich für sie gerichtet wurde, ebenso Milchsuppe mit eingebrocktem Weißbrot oder ein weißes, aufgeschmalztes Mus aus Weizenmehl. Normalerweise aß man früher nur das Schwarzplantene (Buchweizen), da war der Weizen schon etwas Besonderes.

Um fünf Uhr standen die Bäuerinnen in der Früh auf, um das Frühstück für alle zu richten und im Stall zu arbeiten. Abends kamen sie kaum vor zwölf oder eins ins Bett. Hatte eine dieser Frauen einmal gar keine Hilfe, dann blieb sie eben zur Geburt und im Wochenbett bei mir in der Schlafkammer, und der Mann mußte sich auf dem Hof alleine helfen.

Die Kinderwäsche durfte übrigens zu meiner Zeit nicht in der selbstgemachten Aschenlauge gewaschen werden. Man glaubte, das würde den Kindern schaden. Allerdings wurde mit dieser Lauge sowieso nur zweimal im Jahr gewaschen.

Obwohl ich den Frauen immer sagte, sie sollten sich mit Desinfizierungswasser waschen und saubere Vorlagen nehmen, kam es hin und wieder zu fiebrigen Entzündungen nach der Geburt. Mit der Reinlichkeit nahmen sie es eben nicht so genau. Außerdem wollten sie das Waschen sparen. Wo Not herrschte, gab es keine Sauberkeit. Mußte dann der Arzt geholt werden, war trotzdem nichts gespart. Fieber war oft aber auch die Folge, wenn die Frauen zu früh aufstanden, besonders im Winter, wenn sie im kalten Haus hart arbeiten mußten.

Meistens stillten die Mütter ihre Säuglinge acht Monate oder sogar ein Jahr lang, außer denjenigen, die vor lauter Arbeit keine Zeit hatten. Sie nahmen das Kind weniger oft auf, und so verläuft die Milch von alleine.

Gleich in den ersten Tagen nach der Geburt kamen die God (Patin), die engsten Nachbarinnen, verwandte Frauen und Freundinnen nacheinander zum »Weißet«.* Jede brachte etwas mit. Meistens war es ein Brotzopf aus weißem Mehl, der oft die Form eines Kranzes oder Herzens hatte und ungefähr drei Kilo schwer war. Es wurde auch Zucker oder Traubenzucker gebracht. Die ärmeren Frauen machten lieber Schulden, als daß sie nicht zum »Weißet« gegangen wären. Dafür bekamen sie dann eine Brotzeit oder Kaffee und Zopf zum Essen. Die Nachbarinnen gingen aber nur zum ersten Kind ins Weißet und auch nur diejenigen, die vorher zur Hochzeit eingeladen waren. So war der Brauch. Manchmal war dann so viel Weißbrot im Haus, daß gleich noch Knödelbrot davon gemacht wurde.

Während der zehn Tage, die ich zu den Wochenbesuchen kam, haben mir die Frauen viel von der Familie erzählt und über ihre Sorgen geredet. Ich hörte immer verständnisvoll zu und gab auch einen Ratschlag. Meistens ging es den Frauen dort besser, wo die eigene Mutter mit auf dem Hof war. Die beiden hielten zusammen, und so war manches für die junge Frau leichter.

Am zweiten Tag nach der Geburt wurden bei uns die Kinder zur Taufe getragen. Dabei waren der Vater, die God, die Großmutter, die größeren Kinder und ich. Nach der Tauf gab es zu Hause ein besonders Essen. Bei großen Bauern war der Taufschmaus entsprechend groß mit viel Fleisch und sogar Kuchen.

* Im gesamten süddeutschen Sprachgebiet findet sich der Brauch des »Weißet«, »Gweiset« bzw. der »Chercha« im Engadin. Bei diesem Brauch wurden der Wöchnerin von anderen Frauen immer Lebensmittel von weißer Farbe mitgebracht: Weißbrot, Hefegebäck, Eier oder Zucker. Abgesehen vom Ei als Fruchtbarkeitssymbol kann dem folgender Aberglaube zugrunde liegen: den Truten (Zauberinnen, Unholdinnen, Hexen) wurde nachgesagt, durch das Schlüsselloch in die Schlafkammer zu kommen, sich zu einem Ungetüm zu entpuppen, sich über die Schlafende zu werfen und sie ersticken zu wollen. Einzelne alte Frauen verstanden sich auf das »Trutenbannen«, indem sie der verdächtigen Hexe die »Drei Weißen Gaben« aushändigten. Das waren in Völs am Schlern (Südtirol), von wo sogar der Name der Trutenbannerin verbürgt ist, Milch, Eier und Salz. Die Truten hatten es natürlich besonders auf Neugeborene abgesehen. Der Schluß liegt daher nahe, der jungen Mutter weiße Gaben zu bringen – ins Weißet zu gehen –, daß diese sie gegen die Trute einsetzen konnte und allein die Gegenwart der weißen Gaben die Trute bereits bannte und das Neugeborene schützte.

Einmal wär ich bei einer Geburt beinahe erschossen worden. Der Bauer hatte nämlich hinter dem Ofen, an dem ich die Kindswäsche anwärmte, Dynamitpatronen getrocknet. Weil es hinterm Ofen so warm war, oder vielleicht aus einem anderen Grund, gingen die Patronen grad in dem Moment los, in dem ich aus dem Zimmer gegangen war. Die Frau lag im Delirium während der Geburt. Sie hatte gar nichts davon mitbekommen. Aber es herrschte ein Durcheinander, und ich war froh, daß niemandem etwas passierte.

Ledige Mütter genierten sich bei der Geburt noch mehr als die anderen. Nach einer Woche, für die sie zur Entbindung vom Dienst heimgeschickt worden waren, mußten dann ihre Mütter oder Großmütter das Kind übernehmen, oder sie suchten eine Pflegestelle, denn die Dirn mußte ja wieder zum Dienst. Einmal lief eine dieser ledigen Mütter nach der Geburt drei Tage lang mit dem Kind in der Schürze bettelnd von Hof zu Hof, um es irgendwo unterzubringen. Alle fürchteten wohl, für das Kind kein Geld zu bekommen.

Damit eine ledige Mutter keine Probleme mit der Milch bekam und sie nach einer Woche wieder arbeiten konnte, legte ich ihr um die Brust einen festen Wickel an, grade so, daß sie noch schnaufen konnte. Dazu gab ich ihr gleich von Anfang an noch ein Bittersalz als Abführmittel, das auch die Milch vertrieb ohne Entzündung oder Spritze. Das Kind bekam dann Reisschleim oder verdünnte Kuhmilch und Weizenbrei.

Waren diese ledigen Frauen bei mir im Haus zur Entbindung und Betreuung, brauchte ich keine behördliche Erlaubnis. Ganz im Gegenteil, die Gemeinden waren froh, daß die Kinder wirklich in der Gemeinde geboren wurden und nicht in Bozen und Brixen im Spital. Die jungen Frauen blieben bei mir in der Schlafkammer, meist sieben oder acht Tage, wenn sie schwach waren, auch zehn Tage lang. Mein Mann wurde für diese Zeit einfach ausquartiert.

Die verheirateten Frauen, die bei mir zu Hause entbunden haben, kamen entweder von weit her, oder sie gebaren das erste bzw. letzte Kind. Manchmal hatten sie auch zu Hause niemanden, der sich um sie kümmerte. Oder sie waren auf der

Durchreise und wurden vom Geburtsbeginn überrascht. Wieder andere fanden es einfach schön, bei mir zu sein. Ich hab' gekocht für die Frauen und mich um das Kind gekümmert. Natürlich wurde ich für die Geburten bezahlt. Außerdem brachten die Frauen Milch, Eier, Butter und Speck mit.

Ich selber hatte drei Kinder und konnte die ganze Arbeit nur bewältigen, weil ich ein Dienstmädchen hatte. Mein Mann sagte manches Mal, ich solle aufhören zu arbeiten, weil es oft schwierig war. Aber wenn ich dann drei oder vier Tage Ruhe hatte, ging es wieder. Für meinen Mann waren all die Jahre recht anstrengend, er mußte viel mit den Kindern und im Haushalt arbeiten. Auch mit den Leuten mußte er reden, wenn ich nicht da war. Aber meinen Beruf hätt ich nicht aufgeben wollen.

Früher starben viele Kinder an Pirghicht (Rachitis). Es hieß dann immer, das Essen sei ihnen zu schwer gewesen. Ein Babba (Brei) aus Weizen, Milch und Butter war für ein Neugeborenes mit fünf oder sechs Wochen, wenn das Stillen vorbei war, tatsächlich nicht verträglich. Meine Großmutter erzählte mir auch noch, daß man früher die Mohnkränze von den Mohnblumen abgezupft und daraus Tee gekocht habe, den man den Kindern zu trinken gab. Man war froh, daß sie darauf so gut schliefen. Aber gut war das für die Kinder bestimmt nicht.

Früher sagte man bei Neumond: »Jetzt geht's los, jetzt kommen die Kinder.« Ich hatte aber nie Zeit, aufzupassen, ob das auch stimmte.

1976 hörte ich mit der Arbeit auf, und zwar gerne, denn zu dieser Zeit gingen alle Frauen zur Entbindung schon ins Spital. Das kostete sie nichts, außerdem war der Doktor zur Stelle. Kam dagegen die Hebamme nach Hause, mußte sie privat bezahlt werden, das übernahm die Krankenkasse nicht. So war die neue Regelung.

In den letzten Jahren meiner Tätigkeit war ich immer mal wieder im Spital, um noch etwas dazuzulernen. Mit den vielen Ärzten und Schwestern gefiel es mir dort aber nicht. Während der Geburt gab es keine Ruhe für die Hebamme und für die Mutter, nur ein hektisches Hin und Her. Es kam mir vor wie im Kasperltheater.

Außerdem gingen im Spital die Frauen gar nicht so aus sich heraus. Sie waren recht unsicher und zurückhaltend. Kein Wort redeten sie mehr, denn es war ihnen alles so fremd mit den vielen Leuten. Ich kann es schon verstehen, wenn sie verschreckt waren. Ich glaube, eine Geburt zu Hause ist leichter. Die Maschinen und Apparate in der Klinik schüchtern die Frauen nur ein, so daß eine Geburt nicht mehr so sein kann, wie sie es von Natur aus sein müßte.

Deshalb habe ich mir über fast vier Jahrzehnte die Geburten bei meinen Frauen so eingerichtet, wie es für uns alle am besten und schönsten war.

Emmy Steger,
74 Jahre, Hebamme in Sand, Pustertal, Südtirol

Ich stamme aus dem Passeiertal bei Meran. Eine meiner Tanten und eine Cousine waren Hebammen. Schon mit 15 Jahren schwärmte ich für diesen Beruf, obwohl ich gar nicht genau wußte, was es damit auf sich hatte, denn beide – meine Tante und meine Cousine – hielten mich auf Distanz. Als ich mit 18 Jahren – ich wurde 1915 geboren – meiner Mutter den Wunsch eröffnete, Hebamme zu werden, war sie absolut dagegen. Sie sagte: »Das kommt nicht in Frage, denn es kostet viel Geld, das wir nicht haben. Außerdem stehst du in der Früh schon nicht auf, was willst du da Hebamme werden, wo du immer nachts unterwegs sein mußt.«

Mein Vater starb früh, und ich verwandte das bei meiner Volljährigkeit geerbte Geld für die Hebammenschule in Venedig. Für mich gab es nur diesen oder keinen Beruf. Die Mutter war anfangs noch recht böse. Als sie aber sah, daß ich nicht nachgab, hat sie resigniert.

Ich arbeitete in meinem Beruf von 1939 bis 1985, also insgesamt 46 Jahre, und es ist mir mein ganzes Berufsleben gut gegangen: Keine Frau ist gestorben, selten gab es eine Entzündung, nie ein Wochenbettfieber – und dabei war ich jahrelang ohne Arzt, ohne Telefon, drei und vier Stunden weit vom armseligen Krankenhaus in Brunneck entfernt. Jetzt gehen alle Frauen ins Spital, und ich bin die letzte frei praktizierende Hebamme. In Winternächten, wenn es schneit, denke ich oft: »Jetzt könnt ich mich freuen, wenn es klingeln tät, und ich müßt losgehen.«

Nach der Ausbildung verschlug es mich zunächst bis 1941 in das Sahrntal. In den vielen kleinen, weitverstreuten Fraktionen (Gemeindeteil) gab es während des ganzen Jahres ungefähr zehn Geburten. Ich war dort als private Hebamme und nebenbei vom Schulamt als bezahlte Hilfslehrerin angestellt. »Private Hebamme« zu sein, bedeutete, daß ich von der Gemeinde kein Wartegeld bekam und nur auf das angewiesen war, das mir die Leute bezahlten. So hab ich die Kinder dort doppelt versorgt: in der Nacht die Kleinen auf die Welt geholt und am Tag für die Größeren Schule gehalten, was mir beides gefiel. Die Geburten der Frauen im Sahrntal sind sehr schwer, denn alle haben enge Becken. Daß ich bei eventuellen Schwierigkeiten – ich war erst 24 Jahre alt – völlig allein sein und keinen Arzt würde holen können, wußten die Frauen und ich von vornherein. Oft hatte ich große Angst und versprach einen Rosenkranz, wenn alles gut vorbeiginge.

Ich mußte auch ganz selbständig schneiden und nähen,* wenn es notwendig war, obwohl ich das in Venedig nicht gelernt hatte; aber im Laufe der Zeit bekam man Routine, und schließlich machte ich es in den letzten 20 Jahren besser als meine Doktoren. Immer wieder kam eine Frau zu mir, der ich mit meinem Johanniskrautöl helfen mußte, weil sie vom Doktor schlecht genäht war. Ich tupfte ihr die Naht mit abgekochtem Johanniskrautöl ab. So kam keine Entzündung nach, und die Wunde heilte schön.

Einmal holte mich im Sahrntal um zwölf Uhr nachts ein Mann mit dem Schlitten ab. Es lag sehr viel Schnee, und wir brauchten eine Stunde, bis wir am Hof ankamen. Zunächst war nirgends etwas von der Frau zu sehen, bis wir sie nach langer Suche endlich in der Abstellkammer auf dem Boden liegend fanden. Sie hatte vor lauter Angst und Schmerz einen viertel Liter Schnaps getrunken, weil sie allein daheim war. Der Hof lag sehr einsam, und keine Nachbarin konnte der Frau beistehen. Von der gesamten Entbindung hat sie dank des Schnapses nichts mehr gespürt – es ist alles schnell und fabelhaft gegangen, obwohl die vorherigen sechs Geburten schwer waren. Der Alkohol hat es wohl erleichtert.

Bei schlechten Entbindungen fand ich im Laufe der Zeit durch genaues Hinschauen und Routine meine eigene Methode. Ich ließ der Gebärenden erst einmal Zeit, bis der Muttermund sich ein wenig öffnete. Ich streifte ihn ein bißchen mit dem Finger, so daß er langsam weicher und weiter wurde. Mit dieser Methode reizte ich die Gebärmutter zu Kontraktionen. Ich trug dabei natürlich einen sterilen Handschuh,

* Bei einem Dammschnitt.

der mit ausgekochtem Olivenöl fest eingeölt war, so daß die ganze Scheide und der Muttermund rutschig wurden. Das half immer. Der Muttermund hat sich entspannt und öffnete sich.*

Den Bauch außen ölten die Frauen, die schon mehrere Kinder hatten, ab dem sechsten Monat ein. Sie erzählten, daß dies die Ablösung der Plazenta erleichtere. Ich versuchte es ein paarmal nach der Geburt – mit Erfolg.

Ob die Plazenta sich lösen würde oder nicht, fühlte ich schon beim Abtasten. Stellte ich Schwierigkeiten fest, wikkelte ich die Nabelschnur um den Finger und zog ganz sanft und leicht daran – aber mit sehr viel Gefühl. Mit der anderen Hand massierte ich die Gebärmutter. Half auch das nicht, so mußte ich zum Beispiel bei einer Entbindung, eineinhalb Stunden von hier über den Berg am obersten Hof, eine komplett angewachsene Plazenta selber lösen. Die Frau konnte nicht ins Krankenhaus gebracht werden, und der nächste Arzt war weit weg. In der Ausbildung hatten wir zwar eine Plazentaablösung gesehen, aber nie selbst geübt. So hatte ich sie ganz vorsichtig unter schrecklicher Angst gelöst, und es ging alles gut. Aber mir war noch drei Tage lang schlecht davon, weil ich meine ganze Angst hinuntergeschluckt hatte. Löst sich die Plazenta nämlich nicht, stirbt die Frau an inneren Blutungen.

Nach zwei Jahren im Sahrntal bot mir die Hebammenpräsidentin die Stelle in Sand an. Eigentlich wollte ich mich wegen der mühsamen Bergwege hier nicht auf Dauer niederlassen. Als ich dann aber 1944 nach Eppan hätte wechseln können, wollte ich mich nicht mehr von Sand trennen; ich war eingewöhnt, kannte die Menschen hier und hatte ihr Vertrauen. So bin ich bis heute geblieben.

Als Gemeindehebamme bekam ich in Sand ein festes Gehalt und zusätzlich bei jeder Geburt von den Familien etwas. Mein Bezirk hatte damals etwa 6000 Einwohner und umfaßte ein Gebiet von drei Stunden Fußmarsch ins Rain, eine Stunde

* Diese Methode ist in den Schriften der Aspasia Medica dargestellt (S. 192) und wurde in der Spätantike angewandt. Das Einölen der Gebärwege (zum Beispiel mit warmem Lilienöl) war während der vergangenen Jahrhunderte bis in die Antike zurück allgemein üblich.

nach Ahornach kerzengrad hinauf und im Tal ringsum jeweils eine Stunde. Ich war damals viel mit Steigeisen unterwegs, besonders im Frühjahr, im Herbst und im Winter, wenn es auf den steilen Pfaden recht eisig war. Manche Frauen oben auf den Höfen, die mit den Steigeisen nicht zurechtkamen, sind oftmals den ganzen Winter nicht aus dem Haus gegangen, aus Angst, gleich auf dem Eis abzurutschen und in den Abgrund zu stürzen. Zum höchsten Hof in der Gegend – er liegt auf 1800 m und heißt »Kofl zwischen den Wänden« – führt nur ein ganz schmaler Steig zwischen den Felsen hinauf. Ausgerechnet auf diesen Hof wurde ich sechsmal nachts zu den Geburten geholt, und ich mußte über diesen stets eisigen Steig. Im Winter war es so gefährlich, daß ich mich sehr fürchtete. Gott sei Dank begleitete mich der Bauer immer, denn allein hätt ich den Weg gar nicht gefunden.

Heutzutage würde ich da nimmer raufgehen. Auf dem höchsten Hof von Uttenheim sind zum Beispiel die beiden Frauen eines Bauern über die Felsen hinuntergestürzt, die erste beim Mähen und die zweite beim Rechen. Trotzdem bin ich immer gern die Steige gegangen, denn die Berge waren herrlich, und das Steigen war eine ruhige Einstimmung auf die Visiten. Nur zu den Geburten hatte ich es eilig. Auf die Höfe ganz oben bin ich freilich nicht jeden Tag zu den Visiten gegangen. Ich ließ deshalb der Pflegerin Alkohol, Lysoform, sterile Gaze und Watte da und erklärte ihr, wie sie damit gewissenhaft umgehen müsse. Ich selbst besuchte die Wöchnerin nur dreimal, wenn ich drei und vier Wöchnerinnen bei so weiten Wegen gleichzeitig zu versorgen hatte. Der höchste Hof in Uttenheim, zu dem ich sechsmal geholt wurde, lag fast 1700 m hoch.

Im Rain drinnen lagen die Höfe meistens etwa 1800 m hoch. Anfang der fünfziger Jahre gab es dort eine Winterhebamme. [*Das war Maria Kompatscher, die 1951 ihre Ausbildung in Padua absolvierte und jetzt in Völs am Schlern praktiziert. Sie berichtet aus ihrer Zeit in Rain:*

Ich war im Schulhaus zusammen mit der Lehrerin untergebracht. Es war sehr unterhaltsam und wir hatten viel Hetz (Spaß) miteinander, denn die Lehrerin war ein lustiger Vogel und wir waren beide ledig. In den Wintern war es schrecklich kalt – manchmal bis minus 35 Grad. Oft dachte ich, daß ich erfrieren müßte. Das Dörfl war eingeschneit und völlig von der Außenwelt abgeschnitten. Und da mußte ich gleich nach der Ausbildung meine ersten Geburten leiten, bei denen ich nicht wenig Angst ausstand. In meiner Ausbildung hatte ich nur eine einzige Geburt selbständig leiten dürfen. Auch wenn die Untersuchung vorher gut zu sein schien, fürchtete ich mich trotzdem, denn bei der Geburt kann es ja anders kommen. Aber es gab für die werdende Mutter und mich weit und breit keine sonstige Hilfe, keinen Arzt. Natürlich kamen die Leute auch mit allen möglichen Leiden zu mir und erwarteten von mir, daß ich helfen könnte. Alle sind mit allem zu mir gekommen, denn im Winter gab's einfach keinen Doktor.

Damals setzten einige der Bauern in dieser Abgeschiedenheit ihr ganzes Vertrauen in ihren selbst geräucherten Speck. Und so hörte ich öfter die Männer ihren Frauen während der Wehen den liebevollen Rat geben: »Iß an Speck, dann wird dir schon besser.«

Da ich in meiner Ausbildung weder einen Dammschnitt zu machen gelernt hatte noch zu nähen wußte, blieb mir nur, bei einem Dammriß zu klammern mit eigens dafür vorgesehenen Instrumenten. Nach einer Woche war der Riß dann verheilt, und die Frauen hatten sich die Qual der Uterussenkungen erspart. Die Älteren waren damit sehr geplagt, manche konnten nicht einmal mehr gehen, geschweige denn arbeiten, wenn die Gebärmutter ständig zur Scheide herausfiel. In solch schlimmen Fällen gingen die Frauen dann doch ins Krankenhaus nach Brixen, um sich operieren zu lassen.

Im Rain war es, zumindest als ich da war, nicht üblich, daß der Vater des Neugeborenen am zweiten oder dritten Tag nach der Geburt mit zur Taufe ging. So waren bloß die God (Patin, Pate), der Pfarrer und ich anwesend. Ich hatte die Aufgabe, das Kind zur Kirche zu tragen und wieder zurück. Als ich aber einmal bei tiefem Schnee das »Bobbele« von einem der höchsten Höfe – eine Stunde Fußweg steil bergauf – holen und wieder dorthin zurückbringen mußte (es war fest eingepackt und mit einer kupfernen Bettflasche voll warmen Wassers versorgt), wurde ich böse. Meine Arme taten mir tagelang weh. So ging ich zum Pfarrer und erzählte ihm, daß bei mir zu

Hause in Völs die Väter ihre Kinder sehr wohl tragen und ich diesen hiesigen Brauch nicht mehr mitmachte. Er solle es von der Kanzel am Sonntag in der Messe sagen, daß es zur Pflicht des Vaters gehöre, mir bei solchen Wegen zu helfen. Der Pfarrer sah dies ein, verkündete es von der Kanzel, und von da an mußten die Väter mich begleiten.

Ein Problem war immer die Hygiene, denn normalerweise wurden die Betten nur zu Ostern und zu Weihnachten frisch überzogen. Oft habe ich die Luft angehalten, wenn ich die schmutzige Bettwäsch sah und gehofft, daß es zu keiner Infektion kommen würde.] Ich hatte mich nämlich geweigert, weiter im Winter dort hineinzugehen. Denn der Weg war wegen der Lawinen gefährlich, und die Schneemassen erlaubten manchmal fast kein Durchkommen mehr. Die »Winterhebamme« hat sich mit einschneien lassen. Sie kam gerade von der Ausbildung und mußte völlig auf sich alleine gestellt, ohne die geringste Chance, einen Arzt holen zu können, zurechtkommen. Später dann, in den sechziger Jahren, fand sich keine Nachfolgerin mehr für diese Stelle, und so mußte ich diese Arbeit doch wieder übernehmen.

Weil das Laufen manchmal gar so beschwerlich war, benutzte ich zwischendurch auch eine Seilbahn. Das war freilich keine Seilbahn zur Personenbeförderung, wie das heutzutage ein Skilift ist, sondern eine auf Holzstangen gebaute Bahn, die ein kleiner Motor antrieb und die eine Materialkiste beförderte. In dieser Kiste saß ich dann. Gefährlich war das schon, denn das Ganze war nicht stabil und sicher gebaut, und es passierten immer wieder tödliche Unfälle, wenn die Schulkinder von den Berghöfen sich damit transportieren ließen, um den mühsamen Schulweg abzukürzen. Aber für mich war es kommod (gemütlich). Nur einmal hab ich mich bei einem Gewitter gefürchtet, als es anfing zu blitzen und zu donnern, während ich in der Kiste saß. Aber auf der Straß mit meiner Lambretta (Motorroller) hätte mir genausogut was passieren können!

Als ich 1941 im Pustertal anfing, hatte ich noch mit mancherlei Anfangsschwierigkeiten zu kämpfen. Vor allem fehlte das Vertrauen zu einer jungen, noch ledigen Hebamme, die aus der Stadt Meran stammte. Deshalb waren die Frauen zunächst sehr mißtrauisch. Die Stelle war frei geworden, nachdem meine Vorgängerin an einer Lungenentzündung gestorben war, die sie sich auf dem Weg zu einer Entbindung zugezogen hatte. Es gab aber im Bezirk noch die alte Hebamme, der sich die Frauen jedoch nicht mehr anvertrauen wollten. Ungefähr zehn Jahre, bevor ich kam, sind ihr in drei Höfen in Ahornach und in Tobl die jungen Frauen bei der Geburt verblutet.

Die alten Pflegerinnen – meistens waren es die Nachbarinnen –, die bei Geburten halfen, erzählten mir so manches von früher. Eine von ihnen erinnerte sich noch, wie bei der Vorgängerin der alten Hebamme vor mir die Plazenta im Leintuch eingewickelt am Fußende im Bett der Wöchnerin blieb.* Als das Wochenbett zu Ende war und die Pflegerin das Paket aufmachte, waren freilich schon die kleinen weißen Würmer drin. Da wunderte ich mich nicht mehr, warum früher so viele Frauen an Wochenbettinfektion gestorben sind.

Ich glaube, mit der Reinlichkeit war's damals überhaupt nicht recht weit her, was für die Frauen natürlich schlimm war. Ich führte einen harten Kampf darum. Aber weit schlimmer war der Aberglaube. So galt zum Beispiel die Regel, daß die Frauen im Wochenbett nichts zu essen bekommen sollten, da sie sonst sterben würden.** Es war eines meiner größten Probleme, diesen Unsinn den Frauen auszureden. Sieben Jahre lang habe ich daran gearbeit, bis alle Frauen im Wochenbett aßen. Eine meiner Frauen erzählte mir, daß sie bei vorangegangenen Geburten immer schon vorher ein Stück Kuchen und Brot unter dem Strohsack versteckt hatte, damit sie nicht verhungerte. Drei Tag lang gab's nämlich gar nichts zu essen, und dann nur Milch und dünne Suppe.

Bei vielen saß der Aberglaube tief. So warf mir eine Frau vor: »Na, Sie san a leichtsinnige junge Hebamm. Kommen

* Auch hier findet sich der Aberglaube an die magische Kraft der Plazenta zur Abwehr von Unbill, wenn sie in der Wochenstube verbleibt.

** Nach der im Mittelalter herrschenden Theorie von den guten und schlechten Säften im Körper mußten die Frauen nach der Geburt erst alle dabei im Körper entstandenen schlechten Säfte ausscheiden, ehe sie wieder feste Nahrung zu sich nehmen durften. Auch im Münchener Gebärhaus bestand bis ins 19. Jahrhundert, entsprechend dieser Theorie, die Nahrung nur aus dünner Suppe.

daher und wollen mir anschaffen, daß i a Muas und a Schnitzel und a dicke Suppe essen muß. Aber Sie tragen net die Verantwortung, wenn i stirb.« Und eine andere junge Frau brach mir zusammen, als ich ihr nach den sieben Tagen Wochenbett das erste Mal aus dem Bett helfen wollte. Sie war so schwach geworden, weil ihr die Pflegerin die ganze Woche einfach nichts zu essen gegeben hatte. Sie hatte sich aus lauter Angst, sterben zu müssen, mir nichts zu sagen getraut.

Im Sahrntal waren früher sieben bis neun Kinder in einer Familie üblich, hier im Pustertal sogar zwölf bis 13. Aber nie hörte ich die Bauersfrauen jammern. Es gab allerdings ein Sprichwort, wonach die Geburt ab dem 13. Kind schlecht gehe. Besonders schwer waren die Entbindungen, wenn das Kind zwar in den Geburtskanal eingetreten, aber die Wehen recht schwach waren oder gar Krampfwehen auftraten. In diesen Fällen half es nur, der Gebärenden zu versichern, daß sie nichts tun müsse, ich sie absolut in Ruhe ließ und nur immer wieder betonte, daß ich nichts von ihr wolle und sie sich viel Zeit lassen könne. Wenn ich dann ruhig und gelassen – was ich innerlich gar nicht war –, neben ihr saß, konnte ich vermeiden, daß sie sich weiter verkrampfte. Bei diesen Frauen sperrte sich eben etwas gegen die Geburt, und man durfte sie dann als Hebamme keinesfalls unter Druck setzen. Ging schon am Anfang nichts vorwärts, setzte ich die Frauen entweder in ein Schaffel (Bottich) mit heißem Wasser oder, wenn der Muttermund schon ein bißchen geöffnet war, für eine Viertelstunde auf einen Kamillendampf und packte sie danach gleich ins Bett. Half auch das nichts, legte ich warme, nasse Tücher auf den Bauch, denn das reizt die Gebärmutter. Für die Geburten bei 13. oder 14. Kindern, wenn gar nichts mehr von meinen Hausmitteln half, hatte ich ein Wehenmittel in der Tasche, das ich den Frauen verabreichte.

Wenn eine Geburt bevorstand, klopfte mich der Ehemann oder der Knecht voller Angst meistens schon in der Nacht heraus. Ich zog meine schweren genagelten Schuhe an und packte in meinen Rucksack Hörrohr, Scheren, Klammern, die Nabelbinde, den Klistiertopf, meine sterile Gaze, das Taufklisier und ein paar Medikamente für die schlimmsten Fälle.

Im Winter trug ich einen Pelzmantel, und weil es für die Frauen damals noch keine langen Hosen gab, immer einen dicken, wollenen Rock. Meine Geräte sterilisierte ich nach meiner Ankunft auf dem Hof, indem ich sie in einer Schüssel, die ich vorher mit Alkohol ausbrannte, lange auskochte.

Ich holte keinen Doktor, wenn die Herztöne und der Puls des Kindes gut waren und die Mutter in guter Verfassung war. Dann konnte ich getrost drei Tage lang warten und während der Zeit auch auf dem Hof schlafen. Denn wenn die Wehen erst einmal richtig einsetzen, geht alles meist recht schnell, so daß ich bei drei- und vierstündigem Fußweg nicht mehr hätte rechtzeitig kommen können.

Bei sehr abgeschundenen Frauen, die viel und hart arbeiteten, ist die Geburt immer am schwersten und dauert am längsten, denn ihre Muskeln sind hart und verspannt. Eine meiner Mütter hatte 15 Geburten, und eine 53jährige bekam noch ihr zwölftes kerngesundes Kind. Auch wenn es viele Kinder und die Frauen schon alt waren, aber »Gott im Himmel«, über Verhütung wurde nie geredet.

Für das Neugeborene war die Wiege oder das Körbchen und die Kindswäsche schön hergerichtet. Nur bei Ärmeren oder bei Ledigen gab's Probleme. Ich hab dann auf anderen Höfen gebettelt, damit von dort diesen Frauen etwas geschenkt wurde. Später, als das Essen während des Wochenbettes eingeführt war, wurde auch den armen Frauen die Fleischsuppe gebracht. Die Frauen haben sich gegenseitig immer geholfen, keine ließ die andere liegen.

Vor den Geburten hab ich mit den Müttern über vieles geredet, oft nur, um sie ein wenig von den Schmerzen abzulenken. Wir saßen so manchmal oft stunden- und tagelang. Und dabei erfuhr ich viel über die intimsten Dinge und Schwierigkeiten aus dem Eheleben. Sicher wird niemals jemandem mehr erzählt als der Hebamme. Aber nie habe ich davon etwas weitergegeben. Die meisten Sorgen und Probleme hatten die Frauen, deren Schwiegermütter mit im Haus lebten. Sie mußten vieles erdulden und hinnehmen. So gestand mir bei der Entbindung eine Frau, die ich näher kannte, woher die blauen Flecke an ihrem Körper kamen: Die Schwiegermutter schlage sie immer mit dem Stecken.

Ich hab' die Bauersfrauen immer in der Stube auf der Ofenbank entbunden. Das war nicht unbarmherzig, sondern auf diese Weise konnten sie sich mit einer Hand an der Ofenstange festhalten und auf der anderen Seite den Arm um den Hals des Mannes schlingen. Die Ofenbank war außerdem hart und gab nicht nach, im Gegensatz zum Bett. Und im Rücken hatte die Gebärende die Stubenwand zum Abstemmen. Neben dem Ofen war es auch schön warm – sowohl für die Mutter zum Entspannen als auch für das Neugeborene. Die angewärmten Kindersachen waren gleich zur Hand, weil ich sie auf den Ofen gelegt hatte. So hatte alles die gleiche Wärme für das Kind, und es mußte wegen des Temperaturunterschieds, wenn es auf die Welt kam, nicht so erschrecken. Hatten die Frauen große Angst, so versuchte ich mit meiner ganzen inneren Kraft, sie zu beruhigen.

Die Geburten damals fanden alle bei Kerzenlicht oder im Schein einer Petroleumlampe statt. Es gab Frauen, die im Stehen gebaren, da sonst nichts vorwärts gegangen wäre. Wenn sich solche Frauen hinlegten, dann hörten sofort die Wehen auf, und es half kein Mittel. So sind wir eifrig hin und her gegangen und haben Dampfbäder gemacht, bis der Kopf des Kindes herausschlüpfte. Dann legte sich die Frau schnell ins Bett. War ein Füßchen zuerst geboren, schob ich es wieder zurück und versuchte von innen beide Füßchen zu fassen und das Kind in Steißlage herauszuholen. Der Vorfall eines Ärmchens wies allerdings auf eine Querlage hin, und die Frau mußte so schnell wie möglich ins Krankenhaus. Da konnte ich nicht helfen.

Zuweilen gab es merkwürdige Situationen, in denen Kinder zur Welt kamen. So war ich oft zur Entbindung bei einer Frau in einer armseligen Hütte in Tobl. Sie kochte noch auf der offenen Feuerstelle in Kesseln. Überall waren Dreck und Speck. Weil die Verhältnisse gar so primitiv waren, riet ich der Frau, zur nächsten Geburt ins Krankenhaus zu gehen. Die Zeit verging, und eines Tages wurde ich nach Tobl gerufen, weil es hieß, im Wald liege eine Frau und könne nicht weiter. Die Geburt hatte bei ihr eingesetzt, als sie mit ihrem Mann im Wald unterwegs zur Straße war, um zum Krankenhaus zu fahren. Er war schnell von ihr weggelaufen, um im nächsten

Dorf nach mir zu telefonieren, mich dann auf der Straße mit meiner Lambretta abzufangen und mir den Weg in den Wald zu weisen. Ich hätte im Wald womöglich sonst lange nach der Mutter gesucht. Als wir ankamen, hatte sie ihr Kind bereits geboren. Es lag auf dem Waldboden auf ihrer Unterhose. Damals trugen die Frauen noch die großen Stoffunterhosen, so daß sie das Kind ganz gut darin einwickeln konnte. Alles war gut, und wir haben die beiden bis zum nächsten Hof getragen, in dem die Mutter dann acht Tage lag.

Es ist immer wieder vorgekommen, daß die Kinder unterwegs auf einer Wiese zur Welt kamen, meist, wenn die Frauen auf dem Weg von der Feldarbeit ins Haus waren. Wir suchten uns dann schnell ein Gebüsch, ich legte meine Schürze unter, und nun mußte es eben auch so gehen.

Normalerweise gab ich nach dem Abnabeln der Mutter das Kind gleich nackt in den Arm. Angelegt wurde es erst später. Es sollte eigentlich, wie wir es in Venedig lernten, die ersten 24 Stunden nicht trinken. Ich ließ es aber schon in den ersten Stunden trinken, nachdem wir alle ausgeruht hatten. Aber nicht alle Kinder konnten es gleich. Ihnen mußte ich es wie bei den Kälbern beibringen: Ich tauchte meinen Finger, nachdem ich ihn in sterilem Wasser gewaschen hatte, in aufgekochtes Zucker- oder Honigwasser, und bewegte dann den süßen Finger zart auf der Zunge des Kleinen, so daß es ein wenig kitzelte und das Kind durch die Reizung schließlich zu saugen begann. Dann beträufelte ich die Brustwarze mit demselben süßen Wasser. Damit waren die Kinder überlistet, und das Stillen konnte beginnen. Manchmal saß ich allerdings halbe Tage, bis es klappte, denn das Neugeborene mußte oft zwischendurch rasten und schlafen. Konnte die Mutter überhaupt nicht stillen oder versiegte die Milch schon nach einem Monat, wie es hier oft vorkam, riet ich zu entrahmter und verdünnter Kuhmilch mit Haferflockenschleim.

War die Geburt nachts zu Ende, legte ich mich im anderen Ehebett zum Schlafen, was die Frauen sehr beruhigte. Der Mann mußte dann auf den Ofen ausweichen.*

* In Südtirol ist über dem großen Kachelofen in der Stube ein Holzboden angebracht, auf dem sich schlafen läßt.

Nichts fürchtete ich so sehr wie Blutungen nach der Geburt. Weit draußen in einem Gasthof gab es eine Frau mit zwölf Kindern, die nach jeder Geburt außergewöhnlich schlimme Blutungen hatte. Ich versuchtes alles bei ihr: alle paar Minuten frische kalte Tücher auf den Bauch, eiskalte Hand- und Fußwickel gemacht, mit der Handkante so in den Bauch hineingedrückt, daß die Aorta unter der Gebärmutter abgeklemmt wurde, Eidotter mit frischem kalten Brunnenwasser verrührt zu trinken gegeben.* Zuletzt gab ich ihr noch eine Spritze. Als aber nichts half und ich vor meinen Augen die Frau schon verbluten sah, ließ ich sogar den alten Doktor holen, der eigentlich nichts mit Frauen und mit Bakterien zu tun haben wollte – ein komischer Kauz. Er wollte die Mutter mit demselben Medikament spritzen, das ich schon gegeben hatte. Er fragte mich, was er tun solle, und ich verlangte eine Bluttransfusion. Da sagte er: »Wer würd der Frau schon Blut geben. Braucht Sie nicht denken, daß der Frau jemand Blut gibt.« »Aber sie braucht doch eine Transfusion«, sagte ich. Darauf packt er seine Sachen zusammen und sagt: »Wenn Sie gescheiter sein will als ich, dann kann ich ja gehen.« Und er ist tatsächlich gegangen. Gott sei Dank gelang es mir dann doch, den Arzt aus Brunneck zu holen, der die Transfusion vornahm. So kam die Frau mit dem Leben davon, aber wieder einmal war ich tagelang weiß wie die Wand vor ausgestandenem Schrecken.

Früher wurde den Frauen gegen Nachblutungen aufgekochter Rotwein mit viel Zimt gegeben.** Ich hab es zwar auch mal versucht, aber mir dauerte es mit dem Eintreten der Wirkung zu lange.

Um Brustentzündungen zu vermeiden, achtete ich darauf, daß die Brust warm und hoch aufgebunden war und daß das Kind leertrank. Wenn es aber doch mal zu einer Entzündung kam, machte ich Umschläge mit schnaps- oder alkolgetränkten Tüchern, oder ich legte ein feuchtes warmes Stoffsäck-

* Bei Trotula in der Spätantike (siehe S. 203) bereits angegebenes Mittel gegen diese Komplikation.

** Seit dem Mittelalter bekanntes Getränk, das Frauen nach der Geburt gereicht wurde. Ende des vergangenen Jahrhunderts war »Zimmettinktur« noch vorgeschriebener notwendiger Bestandteil der Hebammenausrüstung.

chen voll getrockneter Heublumen oder Heusamen auf die Brust. Die Milch floß daraufhin leicht ab und den Kindln wie von alleine in den Mund.*

Besonders schwer war es für mich, wenn mehrere Entbindungen gleichzeitig, aber weit voneinander entfernt waren, was aber selten vorkam. So wurde ich einmal im Winter, nachts um zwei Uhr, von einer eben beendeten Geburt weggeholt und stapfte mit dem Bauern bis neun Uhr morgens durch hüfthohen Schnee ins Rain. Der Mann erzählte mir später, daß er sich nicht umzuschauen wagte, ob ich überhaupt noch nachkomme, weil er nicht mehr daran glaubte. Als wir auf halbem Weg in Tobl waren, ließ ich mir dort von den Leuten ein trockenes Paar Schuhe und Socken geben. Es kannten mich ja alle. Endlich am Ziel angekommen, konnte ich kein lautes Wort mehr reden. Ich warf meinen Pelzmantel auf die Ofenbank, legte mich darauf und schlief erst einmal.

Gott sei Dank war die Entbindung dann erst am frühen Nachmittag. Sonst hätte ich es nicht mehr geschafft.

Wenn Vollmond war, wußte ich, daß ich zum Losgehen bereit sein mußte. Ein paar Tage vor Vollmond und ein paar Tage darüber hinaus kamen übrigens häufiger Buben zur Welt, direkt bei Vollmond die Mädchen. Jede Mutter wollte von mir wissen, ob es »ein Madl« oder »ein Bub« wird, denn ich konnte es tatsächlich ab dem achten Monat voraussagen. Ich merkte es auch an den unterschiedlichen Herztönen. Der Ton bei Buben klang etwas dumpfer. Oftmals waren die Männer recht froh und sagten mir: »Gut, daß du es mir vorausgesagt hast, so war ich bei der Geburt net so enttäuscht, wenn's wieder a Gitsch (Mädchen) war, und hab mich vorher schon drauf einstellen können, auch wenn ich gehofft hab, daß du dich täuschst.« Wenn man so viele Kinderherzen hört, dann kriegt man im Laufe der Jahre ein ganz scharfes Gehör dafür, so daß man vieles merkt.

In Sand gab es eine Frau, die in ihrem Haus auswärtige Frauen von den hohen Berghöfen aufnahm, bei denen abzusehen war, daß es eine Risikoentbindung werden würde. Im

* Dieses Mittel ist auch bei den Indianern Nordamerikas gegen Brustentzündungen bekannt.

schlimmsten Fall hätte dann der Arzt schnell gerufen werden können. Zwei Zimmer waren für solche Geburten eingerichtet. Für mich war das recht praktisch, denn im eigenen Haus hätte ich mir die Arbeit nicht aufgebürdet.

Bei Totgeburten – auch wenn das Ehepaar schon zehn Kinder hatte – waren alle traurig. »Das Hintere – das Liebere« hieß es immer. Die Menschen hingen sehr an jedem Kind.

Einmal nur mußte ich eine arge Mißgeburt erleben. Das siebeneinhalb Monate ausgetragene Kind war ein Fleischklumpen, an dem man zwei Äuglein und ein Näschen sah. Es hat nie jemand davon erfahren, auch nicht die Mutter. Obwohl ich eigentlich dazu verpflichtet gewesen wäre, meldete ich es auch dem Gemeindearzt nicht, genauso wenig wie die wenigen mongoloiden Kinder, denen ich zur Welt half.* Freilich klärte ich in solchen Fällen die Mütter nicht sofort nach der Geburt auf. Erst wenn sie immer wieder zu mir kamen, weil ihnen das Kind nicht recht gefiel und es anders war als die anderen, sagte ich ihnen die Wahrheit. Einige der Eltern mongoloider Kinder haben, als sie wußten, daß ihr Kind behindert ist, für das Kind deutsch optiert.** Die Kinder kamen ins Deutsche Reich, wo sie von Nationalsozialisten umgebracht wurden. Deshalb sah man damals bei uns keine behinderten Kinder. Man hätte meinen können, so etwas gibt es im Pustertal nicht.

Ich machte auch Nottaufen im Mutterleib, wenn die Kinder schon tot waren. Das Weihwasser kochte ich vorher ab und spritzte es mit dem Taufklistier in den Leib der Mutter. Manchmal machte ich auch bloß die Meinungstaufe in Gedanken, also Kreuzzeichen und Taufspruch über dem Bauch der Mutter.

Getauft wurde ein Kind normalerweise in den ersten drei Tagen nach der Geburt. Die reicheren Bauern im Tal fuhren

* Mit Erlaß der ersten Hebammenordnungen (ca. 1500) entstand diese Verpflichtung der Hebammen, was in Zusammenhang mit der damals herrschenden Hexenverfolgung zu sehen ist, wonach jede Anomalität auf Hexerei schließen ließ (siehe S. 215).

** Als 1939 unter Mussolini Südtirol entvölkert werden sollte, wurden die dort ansässigen Südtiroler vor die Wahl, die sog. Option gestellt, d. h. sich für die deutsche Staatsangehörigkeit zu entscheiden und in das damalige Deutsche Reich zu ziehen oder Italiener zu werden.

mit der Kutsche oder dem Schlitten bei mir vor, und von den Berghöfen kamen sie mit dem zwischen Kissen in der Kraxe fest eingepackten Kind. Von meinem Haus weg trug ich dann den Täufling zu unserer Kirche im Dorf.* Der Vater, die Geschwister und die Göd (Patin) begleiteten mich.

Am gleichen Tag sind die Nachbarinnen zur Wöchnerin ins »Weißet« gegangen. Sie brachten Weißbrot oder einen schönen Brotkranz, vielleicht auch Zucker, Kaffee oder Eierkognak für die Mutter und ein Jäckchen oder eine Windel fürs Kind. Schade, daß es diesen Brauch heutzutage nicht mehr gibt. Das Taufgeschenk der Göd waren Kränzchen aus Wachs- oder Papierblumen in einer Schachtel, in der zusätzlich noch vier 100-Lire-Stücke versteckt waren. War ein reicher Bauer Göd, dann gehörte dazu, daß er dem Bobbele (Baby) in die Fatschn (Wickelbänder) noch mehr Geld steckte.

Meine eigenen fünf Kinder wurden mit wenigen Jahren Abstand geboren – beim jüngsten war ich schon 42 Jahre alt. Die Entbindungen bei über Vierzigjährigen sind übrigens nicht härter als bei jüngeren Frauen. Ich konnte den großen Haushalt mit der Landwirtschaft und meinem Beruf bewältigen, weil wir immer ein Kindermädchen hatten, dazu eine Frau, die den Haushalt versorgte sowie Knechte und Mägde für den Hof. Mein Mann war nie grantig (böse), wenn ich soviel unterwegs war – ganz im Gegenteil. Er hatte Ruhe für seine Arbeit und seine Angelegenheiten. Auf die Idee, daß ich meinen Beruf aufgeben könnte, kamen wir beide nie. Das war schon vor unserer Hochzeit klar. So haben wir uns beide mit unseren Berufen respektiert.

Früher suchten mich die Frauen auch auf, wenn sie unfruchtbar waren, denn ich wußte mit meinen Hausmitteln zu helfen. Ich hab sie allerdings in den letzten zehn, fünfzehn Jahren, in denen das Problem nicht mehr auftrat, vergessen.

Geklagt haben die Frauen immer wieder darüber, daß sie im Wochenbett nicht sicher vor ihren Männern seien. Ganz

* Auf das 13. Jahrhundert zurückgehende, kirchliche Verpflichtung der Hebammen, für die Taufe des Neugeborenen zu sorgen, da sie sonst der Häresie bzw. Ketzerei beschuldigt wurden (siehe S. 206).

verängstigt gestand mir eine der Mütter schon vor der Entbindung: »Ich tu mich recht sorgen, gleich am Tag nach der Geburt geht's wieder los.« Sie weinte immer, wenn ich zur Visite kam. Ich erklärte ihr, das sei wegen der möglichen Infektionen recht gefährlich, und schimpfte auch gegenüber ihrem Mann. Da hat er sich verdrückt und nichts gesagt.

Manche Frauen machten mit ihren Männern Schlimmes mit, vermutlich öfter, als ich es merkte. Sie sagten lediglich nichts, um ihre Männer zu schützen. So erinnere ich mich noch an einen Fall während der Ausbildung in Venedig. Ich hatte Dienst bei einer sehr netten und lieben Frau, die als Privatpatientin im Spital lag. Der Ehemann kam zu Besuch und sagte zu mir: »Gehn Sie essen, jetzt bleibe ich bei der Frau.« Als ich wiederkam, weinte sie herzzerbrechend. Die Dammnaht, die ihr nach der Geburt gemacht worden war, hatte er beim Geschlechtsverkehr aufgerissen.

Auch wenn die Ehemänner im Pustertal zärtlicher mit ihren Frauen waren als im Sahrntal, so mußten die Frauen trotzdem immer nach dem Willen des Mannes zur Verfügung stehen. Sie haben es als Selbstverständlichkeit hingenommen, auch wenn sie manchmal sehr traurig waren und mit mir scheu darüber redeten. Ich mischte mich jedoch nie ein, sonst hätte ich das Vertrauen der Frau verloren und geholfen hätte es doch nichts.

Kaum waren die Frauen nach der Geburt wieder aufgestanden, nahmen sie gleich wieder ihre Arbeit auf. Deshalb verordnete ich ihnen acht Tage lang Bettruhe, denn nur auf diese Weise konnte ich sie von der Arbeit abhalten.

Wenn die Frauen nach der Geburt oft lange Zeit schwach und erschöpft waren, empfahl ich als Hausmittel zur Kräftigung jeden zweiten Tag morgens ein Eigelb mit Rotwein und Zucker verrührt zu trinken oder das Eigelb mit einem Schuß Kognak und dem Saft einer Zitrone zu schlucken. Abends vor dem Schlafengehen riet ich zu einer Tasse gekochter Milch mit einem Schuß Kognak gegen nervöses Schwitzen im Schlaf. Aber normalerweise waren die Frauen nach drei Wochen wieder auf den Beinen. Wichtig sind gutes Essen und eine liebevolle Pflege während des Wochenbettes.

In den ersten Jahren meiner Tätigkeit hatte ich viel Arbeit, manchmal drei Entbindungen in der Woche. Insgesamt waren es bis zu meiner Pensionierung 1985 etwa 3000 Kinder, denen ich auf die Welt half. In den letzten Jahren war für mich weniger zu tun, denn die Frauen gingen fast alle ins Krankenhaus. So kommt es, daß ich jetzt Blutdruck messe, Kinderkrankheiten behandle, Spritzen gebe und alten, vertrauten Frauen bei ihren gesundheitlichen Problemen Rat gebe. Es gibt nur noch ganz wenige Frauen, die daheim entbinden, was verständlich ist, denn für die Kosten bei einer Hausentbindung zahlt die Krankenkasse nichts, obwohl es ja eigentlich billiger wäre.

Mein Beruf war mein Leben. Meinem Mann gehörte zwar ein schöner Hof, aber ich habe gedacht: Mag alles schiefgehen, meine Kinder und ich können leben von meinem Beruf. Und es war mir wichtig, für meine Kinder unabhängig sorgen zu können, und das hat mir immer weitergeholfen. Wenn ich noch einmal wählen könnte, würde ich wieder Hebamme werden, aber nicht im Spital, denn eine richtige Hebamme begleitet in der Schwangerschaft, bei der Geburt, während des Wochenbettes und bei den Kinderkrankheiten. Die ganze Familie und alles, was zu ihr gehörte, war mir bekannt. Manchmal hab ich zwei Generationen nacheinander zur Welt geholt. Frauen haben zur Hebamme ein ganz besonderes, persönliches Verhältnis, das auch in meinem Fall lange vor der Geburt von großem Vertrauen geprägt war, sonst hätten sie ja nicht gerade mich gewählt, sondern sich eine andere Frau als Hebamme gesucht.

Ich war in meinem Bezirk die Gemeindehebamme. Zwei weitere Hebammen, die privat arbeiteten, taten das eigentlich unberechtigterweise. Aber mich störte das nie. Im Gegenteil, ich war froh, wenn sie mir Arbeit abnahmen, und hielt es auch für richtig, wenn eine Frau eine bestimmte Hebamme deshalb holte, weil sie aus ihrem Heimatdorf stammte.

Unter der Arbeit, die mir soviel Freude machte, haben aber meine eigenen Kinder oftmals gelitten. Sie weinten, wenn ich etwa in dem Moment geholt wurde, in dem sie auf dem Weg ins Bett oder noch nicht eingeschlafen waren. Einmal war's besonders schlimm: Alle fünf waren verheult, als ich heimkam: Es war nämlich Heiligabend, und sie hatten furchtbar

Angst, ich könnte nicht pünktlich zurück sein, wenn das Christkindl kommt. Und schlimm war es auch an dem Tag, an dem mein Sohn Erstkommunion hatte: Die ganze Familie wollte sich gerade zum festlichen Mittagessen hinsetzen, als ein Anruf aus dem Rain kam, ich solle zur Entbindung kommen. Es gab kein böses Wort, obwohl die Kinder schon sehr enttäuscht waren. Eine Geburt kam mir nie ungelegen. Aber die jungen Frauen erzählen manchmal, daß es heute in der Klinik keine Geburten nach 20 Uhr oder samstags und sonntags gebe, weil dies den Ärzten nicht passe. Ich hätte mich für solch eine Einstellung geschämt. Denn zuerst kommen die Mutter und das Kind. Wenn Hebamme mein Beruf ist, dann verpflichte ich mich auch dazu, immer bereit zu sein.

Ich glaube auch nicht, daß diese Methode der Krankenhäuser, den Ablauf der Geburt zu regeln, gut ist. Denn dadurch geraten der Körper der Frau und des Kindes durcheinander. Eine Geburt ist eine natürliche Sache, bei der man zwar mitgehen und mithelfen kann, in die man aber nicht eingreifen darf.

Ich hatte nie Geburten im Spital, immer nur bei den Familien zu Hause. Und selbst wenn die weiten Wege und die durchwachten Nächte mühsam waren – tauschen wollen hätte ich nie.

Maria Berger,
82 Jahre, Hebamme in W., Bayern

Ich kam als zehntes von zwölf Kindern 1907 zur Welt. Mein Vater arbeitete bei der Eisenbahn und betrieb nebenbei eine kleine Landwirtschaft, die die Familie recht und schlecht ernährte. Weil wir so viele waren, hatte nicht jedes der Kinder sein eigenes Bett. Das Jüngste durfte immer bei der Mutter schlafen. Es verdrängte bei seiner Geburt das letztgeborene Geschwisterchen, das dann ins Bett der Großmutter wanderte; das Kind, das vorher bei der Großmutter geschlafen hatte, wechselte zum nächstälteren Geschwister. So wanderten wir beim Größerwerden von Bett zu Bett.

Ich lernte Säuglingsschwester und Krankenpflegerin und arbeitete von 1935 bis 1938 als junge Säuglingsschwester in Vilsbiburg, im tiefsten Niederbayern. Die Verhältnisse waren dort noch sehr altertümlich: So benutzte man für die Säuglinge Milchflaschen aus Zinn, die keinen Schnuller hatten. Die Flasche stand auf dem Boden neben der Wiege. Man hatte einen langen Schlauch draufgesetzt, den man dem Kind in den Mund steckte. Man hielt das für sehr praktisch, denn niemand brauchte dem Neugeborenen die Flasche zu halten. Wenn das Kind größer war und die Flasche selbst hätte fassen können, blieb sie trotzdem auf dem Boden stehen, um zu verhindern, daß das Kind die Flasche zum Körbchen oder zur Wiege hinauswarf. Auf diese Weise hatte man wenig Arbeit mit den Kindern und mußte sich mit ihnen nicht beschäftigen.

Da die Flaschen generationenalt waren, sahen sie entsprechend verbeult aus, und der Schlauch war oft unendlich schmutzig von gesäuerter, alter Milch, denn er wurde weder richtig ausgekocht, noch wenigstens mit heißen Wasser ausgespült. Dementsprechend hatten natürlich viele Kinder Ernährungsschwierigkeiten, und sie bekamen die sogenannte »Englische Krankheit«. Es trieb ihnen den Bauch auf, sie wuchsen nicht, hatten verkrümmte Glieder und litten unter häufigen, krampfartigen Anfällen, bei denen sie die Augen verdrehten und am ganzen Leib zuckten. Hatte ein Kind diese Krankheit, so hieß es: »Jetzt muß es zum Abbeten.« Irgendein altes Weib als Abbeterin für die Englische Krankheit fand sich immer. Sie sagte wohl: »Wenn der Mond aufgeht, muß't am Kind reiben, mußt raus gehen.« Die Leute glaubten fest daran, daß es half. Ich glaube dagegen, daß sich der Gesundheitszustand besserte, weil beim monatelangen Abbeten das Kind so alt wurde, daß es etwas anderes zu essen bekam als saure Milch und von alleine an die Luft krabbeln konnte. Damals bekam manches Kind im ganzen ersten Lebensjahr keinen Löffel Gemüse oder Obst, sondern immer nur Brei und Milch. Bei den Bauern wurde Gemüse auch nicht für die Kinder gekocht, und noch weniger hat sich jemand die Mühe gemacht, einem Kind einen Apfel zu reiben.

Kam ein Kind mit einem Muttermal zur Welt, war es »verwunschen«. Die Mutter sah zu, daß das Mal von niemandem bemerkt werden konnte, indem sie das Kind immer selbst wickelte und an- und auszog. Das ging natürlich nur, wenn das Mal an einer bedeckten Stelle des Körpers war. Sah man es hingegen, so hieß es überall, die Frau sei während der Schwangerschaft verwunschen worden. Dafür schämte sie sich sehr, denn sie empfand es als ihre eigene Schuld. Das galt auch, wenn sie einen Abgang hatte. So erzählte mir selbst meine Mutter später, daß sie vor ihrer Schwiegermutter aus Scham und Furcht einen Abgang verheimlicht hatte, denn sonst wäre sie von dieser für minderwertig gehalten worden. Niemand durfte etwas davon merken. Sie legte sich nur einen Tag unter einem Vorwand hin und arbeitete so schnell wie möglich wieder weiter.*

Die Frauen hatten damals ihre Neugeborenen Tag und Nacht bei sich im Bett. Gewickelt wurde das Kind zweimal am Tag: morgens vor und abends nach der Stallarbeit. Als Windeln dienten alte Lumpen. Die Kinder sahen dement-

* Diese Scham hat vermutlich ihren Ursprung in der Zeit der Hexenverfolgung, da jede Frau bei Unregelmäßigkeiten im Verlauf der Schwangerschaft und der Geburt oder auch beim Neugeborenen als »Trudnerin« verdächtigt wurde und als Hexe verfolgt werden konnte (siehe S. 215).

sprechend wund aus, denn Babycremes gab es nicht. Man bestäubte die Kinder lediglich mit Mehl.

Bei den »Winterkindern«, also den ab September, Oktober Geborenen, trat oft eine schlimme Rachitis auf, denn sie kamen bis zum Frühjahr, wenn man sie mit auf das Feld zur Arbeit nehmen mußte, nicht ins Freie. Es war nicht üblich, sie im Kinderwagen in den Hof zu stellen. Die im Frühjahr Geborenen hatten mehr Glück. Sie wurden sofort mit aufs Feld geschleppt und bekamen deshalb Luft und Sonne. So waren sie für den ersten Winter ihres Lebens schon widerstandsfähiger, und die Rachitis entwickelte sich nicht so stark. Gott sei Dank kamen die meisten Kinder im Mai und im Juni auf die Welt. Ich erkläre mir das mit dem Jahreszeitenrhythmus der Bauern und ihrem Leben im Einklang mit der Natur. Die Tierjungen werden ja auch im Frühjahr geboren.

In den dreißiger Jahren wurde den Kindern in Niederbayern noch der »Fopper« als Schnuller gegeben. In ein kleines Tuch wickelte man ein Stück aufgekauter Semmel und Kandiszucker, manchmal mit Mohn gemischt und in Bier getaucht. Diesen kleinen Knödel umband man fest mit einer Schnur und stopfte ihn den Kindern in den Mund. Abends war der Fopper vom Säugling völlig ausgelutscht, und die Bauersleute waren voll des Lobes, weil das Kind den ganzen Tag so brav vor sich hin gedöst hatte!

In diesen Jahren gab es auch noch Händler, die mit einer Kraxe über Land zogen, um »Windsalbe«, »Gichterln-« und »Fraisenwasser« zu verkaufen. Das sollte gegen rachitische Krämpfe bei den Säuglingen helfen.

Wenn das Kind allmählich zum Zahnen kam, hieß es: »Jetzt braucht es ein Zahnbandl.« Also band man dem Kind dann monatelang ein Samtband, an dem einige kleine Zähne aus Elfenbein aufgenäht waren, um den Hals, um die Schmerzen beim Zahnen zu erleichtern.

Die alten Bräuche, an denen viel Aberglaube hing, wurden nur so lange gepflegt, wie die Jungen bei den Alten auf dem Hof leben mußten, so daß sie ihnen aufgezwungen werden konnten. Als es aufhörte, daß Alt und Jung unter einem Dach lebten, lehnten sich die Jungen auf und taten all das Überkommene als Unsinn ab, was es ja auch meistens war.

Nach meinen Erfahrungen in Vilsbiburg heiratete ich 1938 und zog mit meinem Mann nach München. Als ich zufällig bei unserer Vermieterin Geburtshilfe leisten mußte und auch noch die Wochenpflege übernehmen konnte, kam ich kurz nach Kriegsausbruch auf die Idee, Hebamme zu werden. Gleichzeitig erreichte mich aber der Befehl, mich als ausgebildete Krankenschwester beim Roten Kreuz zum Einsatz in den Feldlazaretten zu melden. Das paßte mir gar nicht. Ich wollte viel lieber die Hebammenausbildung machen. So ging ich ins Ministerium und erklärte meinen Wunsch, in München zu bleiben. Der Beamte hielt mir vor, daß unsere Soldaten schließlich in Rußland kämpften. Aber ich antwortete: »Auf meinen Mann und mich kommt es dabei nicht an.« Zufällig war ich an einen verständigen Ministerialbeamten geraten, dem es scheinbar imponierte, daß ich meinen Standpunkt vertrat. Als ich ihm dann noch erzählte, daß ich eigentlich Hebamme werden wollte, sagte er: »Jetzt geben Sie mir Ihre Zeugnisse. Ich erkläre sie für ungültig, und dann besuchen Sie den nächsten Kurs in der Frauenklinik.«* So wurde ich im Frühjahr 1940 Hebammenschülerin.

Die erste Stelle nach der Ausbildung, in einem westlichen Vorort Münchens, war für mich allerdings nicht geeignet, denn kaum eine Frau holte mich zur Geburt. Zu dieser Zeit hatte in der Nähe der Städte schon der große Sog zur Geburt in der Klinik begonnen. Ich hielt es aber ohne Arbeit nicht aus und war deshalb deprimiert. Da hörte ich zufällig auf einer Hebammenversammlung, daß der Bezirk W. frei sei. Ich beschloß, mich dorthin zu bewerben und fuhr gleich am nächsten Tag los. Im Zug traf ich eine Kollegin, die sich auch auf den Weg gemacht hatte. Ich sagte zu ihr: »Es kann eine der anderen nicht das Brot wegnehmen, die Beamten nehmen ja doch, wen sie wollen.« So betraten wir gemeinsam das Landratsamt. Tags darauf wurde ich bereits angerufen und gefragt, wann ich anfangen könnte, denn es praktizierte nur noch eine sehr alte Hebamme im Bezirk. Meine Vorgängerin war mit 36 Jahren an einer Infektion, die sie sich bei einer Wöchnerin

* Aufgrund eines Runderlasses vom 16. Oktober 1939 waren Krankenschwestern nicht mehr zur Hebammenausbildung zugelassen.

geholt hatte, gestorben. So war es damals, als es noch kein Penicillin gab. Die Wöchnerin war auch gestorben.

Zu dieser Zeit verliefen auch in den Krankenhäusern Entzündungen nach Geburten tödlich. Ein Professor sagte während der Ausbildung einmal zu uns: »Die Chance, daß sich eine Frau im Krankenhaus an körperfremden Keimen eine Entzündung holt, ist größer, als wenn Sie draußen auf Zeitungspapier die Frau entbinden.« Daran ist etwas Wahres.

Meine Vorgängerin hatte einen großen Nimbus als Hebamme. Die Frauen schwärmten von ihr, denn sie hatte sich wohl eingehend um sie bemüht und gekümmert und war in allen Frauenfragen zuständig gewesen. So kamen dann auch selbst die ganz alten Frauen zu mir und fragten: »Du Hefam*, moanst du, daß i a Kind griag, oder daß i a Gwachs hob?« (Hebamme, glaubst du, daß ich schwanger bin oder eine Geschwulst habe?) Gab es Probleme mit einer Geschwulst oder Blutungen, besuchten die Frauen zunächst einmal die Hebamme. Sie war Autoritäts- und Vertrauensperson gleichzeitig, stand sie den Frauen doch jedes Jahr oder mindestens jedes zweite Jahr in der schweren Stunde bei.

Schon im ersten Jahr in W. wurde ich zu 100 Geburten gerufen. Bald hatte ich eine sehr große Praxis, denn ein verwaister Bezirk nach dem anderen fiel mir zu. In den Dörfern rings um W. wollte sich keine Hebamme mehr niederlassen, denn es gab für sie bisweilen nicht mehr als zehn Geburten im Jahr. Am Ende versorgte ich alle diese Dörfer mit. So kam es, daß in der ganzen Zeit meiner Praxis 6500 Kinder mit meiner Hilfe das Licht der Welt erblickten.

Mein Telefon mußte immer besetzt sein. Aus diesem Grunde zog man meinen Mann auch nicht zum Kriegsdienst ein.**

Ich kaufte mir ein gebrauchtes Auto. Aber das Landratsamt gab mir keine Zulassung dafür. So mußte ich mit dem Motorrad oder dem Fahrrad bis Kriegsende bei einer Zuteilung von zehn Litern Benzin im Monat unterwegs sein. Ich

* Mittelhochdeutsch: heveamme oder hevang; das hier gebrauchte Wort ist bayrisch, läßt aber noch den mittelhochdeutschen Ursprung erkennen.

** Ehemännern von Hebammen wurden im Mittelalter bereits Privilegien aufgrund der Stellung der Ehefrau zuteil.

habe deshalb oft Krach im Landratsamt gemacht und gefragt, wie ich es bewerkstelligen solle, wenn zwei Geburten in zwei entgegengesetzt liegenden Ortschaften, zehn oder fünfzehn Kilometer auseinander, zu betreuen waren?

Sollte ich nachts einer Frau zu Hilfe kommen, so entstanden oft Probleme, weil die Bauern sehr lange zögerten, mich zu rufen, denn »d' Hefam hoin« (die Hebamme holen) wurde bei den Männern als ehrenrührig angesehen, so daß sie es am liebsten ganz still und heimlich erledigten, ohne daß jemand etwas merken sollte. So kam es vor, daß eine Frau ihren Mann die ganze Nacht anjammern mußte. Aber er ging nicht und hielt sie bis zum Frühgebetläuten um fünf Uhr hin. Inzwischen war das Kind natürlich schon geboren. In solchen Fällen habe ich sehr mit dem Mann geschimpft: »Ich steh fast jede Nacht auf für eure Frauen, und ihr wollt nicht einmal für eure eigene Frau aufstehen – schämt euch. Laßt womöglich das Kind liegen, bis es erfroren ist.«

Mitunter gab es kundige Nachbarinnen, die helfen konnten und die damals richtige Geburtshelferinnen waren. Sie achteten sorgfältig darauf, daß das Kind atmete. Die Schwangeren hatte ich vorher bereits darauf hingewiesen, daß es nicht schlimm sei, wenn das Kind warm eingepackt länger liegen bleibe. Ich hielt damals den Frauen kurze Vorträge, was zu tun sei, wenn sie mich oder den Arzt nicht erreichen konnten. Oder ich zeigte der gerade bei der Geburt anwesenden Nachbarin das Abnabeln und alle notwendigen Handgriffe.*

Die Frauen hatten damals im allgemeinen mehr Kenntnisse über Geburtshilfe und sie halfen sich gegenseitig weit besser als die Frauen heute. Ganz besonders hielten sie zusammen, wenn einzelne von ihnen bösartige oder versoffene Ehemänner hatten. Ich war eine Amtsperson, damit eine Außenstehende, und so erfuhr ich wenig – hütete mich auch vor Einmischung. Es hielten sich übrigens auch diejenigen, die genau über die Lebenssituation einer solch bedauernswerten Frau Bescheid wußten, heraus. Die Männer hatten jedenfalls für sich nichts zu fürchten, selbst wenn sie ihre Frauen noch so

* Während des Krieges sollten Hebammen für Frauen einfache Geburtshilfe-Kurse durchführen.

mißhandelten. Auch die betroffenen Frauen versuchten ihre Ehe durch Schweigen zu retten. Es wurde über alles der Mantel der Verschwiegenheit gebreitet, oder die bedauernswerten Frauen baten mich: »Gell Hefam, du sagst es niemand.«

Ab und zu gab es Schwierigkeiten, wenn die Nachbarinnen nicht ordentlich die Nabelschnur abbanden. Einmal schaute ich vorsichtshalber bei einem Kind, das schon fest eingewikkelt in der Kiste lag, nach, und es stellte sich heraus, daß es blutete und blutete. Die Frauen hatten nämlich die Nabelschnur nicht fest genug abgebunden. Weil diese ja zusammenfällt, kann das Kind noch lange daraus bluten und möglicherweise sogar verbluten, wenn die Nabelschnur nicht ganz streng abgebunden ist. Deshalb erklärte ich oft und oft, wie es richtig gemacht werden sollte. Zusätzlich riet ich, einen Faden aus einem gewaschenen und gebügelten Kinderjäckchen zum Abbinden zu nehmen, denn auf diese Weise konnte am ehesten eine Nabelentzündung vermieden werden. »Nehmt ein frisches Handtuch oder ein sauberes Kopftuch, wenn ihr das Kind einwickelt«, trichterte ich ebenfalls ein.

Ständig hatte ich einen Kampf um frische Bettwäsche zur Geburt zu führen. Ich begann immer wieder von neuem: »Schau Weiber'l, brauchst bloß eine Wunde haben; auf das eine Bettuch solls doch ned zamgehn. Dann wirst ned krank, is doch auch was wert.« Wenn niemand zur Hilfe im Haus war, habe ich selber alle Geburtswäsche nachts noch eingeweicht und ein wenig rausgewaschen, so daß das Blut in der Frühe nicht von den Kindern und Dienstboten gesehen werden konnte. Allerdings durfte die ganze Wochenbettwäsche, die Nachthemden der Wöchnerin und die Kindswäsche, zum Trocknen nicht ins Freie gehängt werden. Das war ein strenger Brauch; es mußte alles in der Stube gedörrt werden.*

Von der fünften Schwangerschaft an begannen die Frauen zu jammern, und ihr Widerwille dagegen wurde immer größer. Die Frau mit den meisten Kindern, die ich betreute, hatte 16 Geburten. Die Ehemänner waren nicht dumm und wußten

* Dieser Brauch beruhte auf dem Aberglauben, daß das Haus der Wöchnerin Geister und Hexen umlauerten, die, um Zutritt zu erlangen, in die Wäsche führen und so Krankheit und anderes Unheil in die Wochenstube bringen könnten, wenn die Wäsche dort wieder benutzt würde.

genau, daß es allein an ihnen lag, Kinder zu verhüten. Aber sie waren einfach zu bequem.

Mit der Bitte, das Kind »wegzumachen«, kam bis Kriegsende kaum eine Frau zu mir. In den wenigen Fällen, in denen es doch geschah, fragte ich zurück, ob ihr denn klar sei, daß ich von Berufs wegen helfe, Kinder zur Welt zu bringen, nicht aber, sie abzutreiben. Als ein Geheimnis geisterte allerdings herum, daß es eine gab, die so etwas machen würde. Aber man schwieg damals darüber mehr als heutzutage und hütete sich, es zu verbreiten oder gar mir zu Ohren kommen zu lassen.

Nach dem Krieg begannen die Frauen sich gegen das Kinderkriegen zu wehren. Sie wollten von Tabletten und anderen Mitteln wissen. Am meisten förderte jedoch die Zahl der Abtreibungen die Niederlassung von Frauenärzten. Diese ließen sich eher erweichen, besonders, wenn sie Geld brauchten. Ich kannte zum Beispiel einen Arzt, zu dem oft vier und mehr Frauen mit Blutungen während seines Dienstes im Krankenhaus eingeliefert wurden. Da wußten wir Hebammen dann schon Bescheid.

Öfter geschah es auch, daß gerissene Bauernsöhne selbst eingriffen, wenn ihnen das Mädchen, das sie geschwängert hatten, zum Heiraten nicht gefiel. Die Frauen kamen dann mit Infektionen zu mir, und so erfuhr ich davon. Ein ganz besonders anrüchiger Bursche hatte während des Krieges mit einer jungen Flüchtlingsfrau eine Liebschaft, und als sie schwanger war, stach er ihr selbst in den Muttermund. Sie wurde mit schwerster Bauchfellentzündung ins Krankenhaus eingeliefert und starb dort. Als die Mutter angereist kam, hieß es einfach, die Tochter habe ein Nierenleiden gehabt. Auch hier wieder das große, einvernehmliche Schweigen aller. Nie wurden gerichtliche Schritte gegen den Bauernsohn unternommen, obwohl er das nicht nur einmal getan hatte. Und weil ihm nichts passierte, sprach sich das unter den Burschen herum, und mehrere andere probierten die Methode auch. Opfer waren die Mädchen. Es gab aber auch ehrenhafte Ehemänner, die ihren Frauen auf dem Küchentisch so oft Seifenlauge einspritzten, bis diese einen Abgang hatten.

Meist mußte ich mir im Haus zur Geburt alles erst selbst

herrichten, wenn ich angekommen war. Besonders nachts hat sich der Bauer in sein Bett verkrochen, und ich »durfte« sogar noch einheizen. Dabei konnte ich mir dann bei einer langen Geburt die dummen Worte des geizigen Bauern anhören: »Verschürst das ganze Holz, bis das Kind kommt; so lang kanns doch gar nicht dauern!«

Ab und zu waren die Schlüssellöcher der Schlafkammertür zugestopft.* Wahrscheinlich geschah das, damit von den Schreien nichts nach außen dringen sollte, denn die Bäuerinnen gebaren ihre Kinder nicht im Handumdrehen. »Du mußt ein bißl durchschnaufen und dich nicht zu arg verkrampfen«, riet ich den Frauen. Aber im allgemeinen ging es bei der Geburt des ersten Kindes ganz schön wild zu. Die meisten Männer verzogen sich. Beruhigungsmittel gab es während der ganzen Geburt keine. Wenn gar nichts vorwärts ging und ich den Doktor holen wollte, entstand immer ein großes Hin und Her mit dem Bauern, ob der Arzt denn auch wirklich unbedingt notwendig sei, denn er war den Männern zu teuer. So mußte ich mich immer erst durchsetzen. Dabei gab es übrigens während des ganzen Krieges keinen einzigen Geburtshilfearzt im Bezirk, sondern lediglich einen Orthopäden, der immer sagte: »Die Hebamme macht das schon.« Wenn genäht werden mußte, gab er gleich ehrlich zu, daß er das nicht konnte. Da sagte ich einmal: »Aber i kons«, und dann führte ich ihm die Hand beim Nähen. Auch im Krankenhaus gab es den Assistentennachwuchs, dem man die Hand führen mußte. Es war schon sehr ungereimt, daß nur die Herren Ärzte nähen durften.

Bei jedem nicht genähten Dammriß entstanden daraus den Frauen schlimme Probleme mit Gebärmuttervorfall. »Rausgefallen« bei der Geburt sind die Kinder nur den Frauen, die nicht genäht waren. Die armen Frauen mußten letztendlich ausbaden, daß sich einerseits die Ärzte das Privileg gegenüber uns Hebammen vorbehielten,** andererseits den Männern

* Dies beruhte auf dem alten Aberglauben, daß die Hexen auch durch die Schlüssellöcher der Kammertüren in die Wochenstube gelangen konnten, um das Kind zu holen.

** Zu nähen war den Hebammen aufgrund der Hebammengesetze schon seit mehreren Jahrhunderten verboten; dies war ausschließlich den Ärzten vorbehalten.

aber die Kosten für einen Arzt zu hoch waren. Und wir Hebammen mußten tatenlos zusehen. Diese Versorgung nach der Geburt ist heutzutage in der Klinik besser als früher im Haus. Wehenschwäche war bei Mehrgebärenden üblich. Die Frauen schliefen dann meistens ein. Ich ließ sie duseln (dösen), und dabei öffnete sich langsam der Muttermund, so daß oft unmittelbar nach dem Aufwachen die Geburt schon mit ein paar Wehen vorbei war.

Einmal wurde ich von einer Frau angerufen: »Um Gottes willen, Hefam, komm gleich raus zu mir, ich weiß mir nicht mehr zu helfen.« Ich fuhr gleich los, und als ich ankam, war nicht sie die Gebärende, sondern ihre 16jährige Tochter, die ihrer Mutter bis zur letzten Minute die Schwangerschaft verheimlicht hatte. Erst der wegen Blinddarmentzündung geholte Arzt klärte sie über den wahren Sachverhalt auf. Weil das Kind eine Steißlage war, fuhr ich mit dem Mädchen ins Krankenhaus. Bei der Einlieferung wandte sich der Arzt an mich mit der Frage: »Legt die Wert auf das Kind?« Auf meine Antwort, was er denn tun wolle, meinte er: »Ja, perforieren könnten wir, wenn wir ihr aus der Situation helfen wollen und es gut mit ihr meinen.« Er dachte offenbar daran, die Schädeldecke des Kindes anzubohren, die Gehirnmasse auslaufen zu lassen, mit einem schaufelartigen Instrument den Kopf zusammenzudrücken und das Kind herauszuziehen. Diese Überlegung war bei Ärzten gar nicht so selten, wie auch Kolleginnen erzählten. Ich sagte nur: »Reden's keinen solchen Schmarn, wenn das Kind lebt, dann lebt es.« Während des Krieges kam es sogar sehr häufig vor, daß der Arzt, wenn das Kind nur durch Kaiserschnitt hätte geboren werden können, diese Perforation durchführte. Da wir kein Penicillin hatten, war die Angst im Falle eines Kaiserschnitts vor einer nachfolgenden Bauchfellentzündung bei der Mutter so groß, daß man lieber das Kind opferte.

Im Februar 1943 holte mich eine Bäuerin zur Geburt bei ihrer polnischen Fremdarbeiterin in eine Dachkammer ohne Licht und Ofen. Polinnen wurden damals zur Entbindung nicht in unser Krankenhaus aufgenommen, deshalb mußte die Geburt auf dem Hof stattfinden. Die Bäuerin stand mit der Kerze während der Geburt daneben und leuchtete mir.

Alles war gut vorüber, lediglich die Nachgeburt kam nicht, und Antonia blutete gefährlich lange. Da ich mit dem Fahrrad gekommen war, konnte ich sie nicht ins Krankenhaus bringen. Ich weckte daher nacheinander vier Bauern aus der Nachbarschaft und bat um ihre Hilfe, aber keiner gab mir sein Fuhrwerk. Der erste sagte, sein Pferd sei nicht beschlagen, der nächste, sein Pferd kriege ein Fohlen, der dritte, sein Roß sei krank und der vierte, sein Schlitten sei hinter dem Heu, er könnte ihn nicht hervorholen. Bei ihren eigenen Frauen machten die Männer großes Theater, aber bei der Polin waren sie gleichgültig. Also mußte ich die Nachgeburt auf Gedeih und Verderb selbst lösen.

Ich krempelte die Ärmel auf, und es gelang mir. Antonia litt in dem alten Bretterbett entsetzliche Schmerzen, aber die Blutung kam zum Stillstand. Trotzdem hatte sie so viel Blut verloren, daß ich sie nicht mehr im Haus lassen, sondern unbedingt ins Krankenhaus schaffen wollte. Wir packten sie daher auf einen alten Bauernschlitten, fest eingewickelt in das älteste Bett der Bäuerin, und steckten das Kind dazu. Zwei andere Polinnen zogen den Schlitten ins Krankenhaus. Ich begleitete sie, um wenigstens dabeizusein, wenn Antonia stürbe, womit ich rechnete. So schaute ich immer voll Sorge um ihr Leben auf sie und trieb die Frauen zur Eile an. Auf halbem Weg kam uns ein Bauer entgegen und schrie schon von weitem: »Ist die Hefam dabei?« Jetzt war seine Frau auch so weit, und ich sollte sofort zu ihr kommen. Ich versuchte ihm die Situation zu erklären, aber er sah es nicht ein und bestand darauf: »Die hat ihr Kind doch schon.« Weil er so hartnäckig war, erklärte ich dann den beiden Polinnen den Weg und folgte dem Bauern. Die beiden Frauen schafften es auch, Antonia zum Krankenhaus zu schleifen. Als sie dort klopften, ließ die Nachtschwester diese für sie »wilden Ausländer« aber nicht ein, bis morgens um 7 Uhr die ersten Kirchgänger zur Frühmesse kamen und sie sich nicht mehr allein fühlte. Die ganze Zeit standen die Frauen mit der eingepackten Antonia in der Eiseskälte draußen. In der Zwischenzeit hatte ich festgestellt, daß es bei der Bauersfrau noch Zeit hatte, und war ins Krankenhaus geradelt. Antonia war noch nicht behandelt worden, und der Arzt fragte mich nur, was ich mit der Frau überhaupt wolle. Ich erklärte ihm die Gefährlichkeit der Situation und bat ihn, nachzutasten, auszukratzen und eine Blutübertragung zu machen. Er tat aber nichts von alledem. Antonia bekam kein Quentchen Blut und wurde nicht einmal untersucht, ob alles in Ordnung sei nach meinem Eingriff. Der ganze Aufwand war also umsonst gewesen! Sie lag teilnahmslos, blaß wie die Wand in ihrem Bett. Bereits nach wenigen Tagen wurde sie ohne Mitleid entlassen. Die Ärzte waren hart.*

Ja, aber wie sollte sie nach Hause kommen? Antonia sagte: »Frau fahren.« Damit meinte sie mich. Es gab ja sonst niemanden, der sich um sie gekümmert hätte oder ihr hätte helfen können. Also legte ich ein Sofakissen auf den Rücksitz des Motorrads, einen Sozius hatte ich nicht, und band Antonia mit einem Strick an mich, damit sie mir nicht vor Schwäche herunterfiele. Das Kind wickelte ich in Kissen fest ein und packte es in meinen Rucksack. So habe ich sie zu ihrem Hof zurückgebracht. Bei der Bäuerin legte ich ein gutes Wort für Antonia ein, denn sie war sehr, sehr schwach. Sie wurde dann auch tatsächlich anständig verköstigt und behandelt.

Ich war oft bei Polinnen zur Entbindung. Sie waren immer sehr tapfer und hatten mich gern. Wenn sie mich in der Stadt sahen, küßten sie mir die Hand.

Manchmal kostete die Ausübung meines Berufes schon Überwindung. Es gab schmutzige Frauen, die vor der Geburt dringend eines Bades bedurft hätten. Ab und zu glaubten welche sogar, es genüge, zur Geburt bloß den Rock zu heben.** Das lehnte ich allerdings strikt ab. Schlimm war es, wenn die Wöchnerinnen alte Lumpen als Vorlage beim Wochenfluß benutzten! Auf diese Weise kam es dann zu Kindbettfieber. Früher waren viele Bauern zwei- oder dreimal verheiratet, weil ihre Frauen ganz jung im Wochenbett gestorben waren. Einer erzählte mir einmal, das Fieber habe den ganzen

* Gegenüber Arbeitern aus dem Osten existierten zahlreiche Diskriminierungen in der Gesundheitsfürsorge und im Krankenhaus, so hatten sie zum Beispiel zum Wartezimmer keinen Zutritt. Es gab während des Krieges den Erlaß, sog. Fremdarbeiter nur bei allerhöchster Lebensgefahr im Krankenhaus aufzunehmen und nur so weit zu behandeln, wie es unabdingbar notwendig war.

** Auf mittelalterlichen Bildern wird die Gebärende immer voll angekleidet gezeigt.

Körper seiner Frau so in Mitleidenschaft gezogen, daß sie nach der Geburt nur noch krank gewesen sei und er sie erst zwei Jahre danach das erste Mal in die Sonne habe heraus tragen können. Sie trug von dem Fieber Lähmungen und Versteifungen davon. Ich fragte ihn: »Vater, sag mal, was hat jetzt das Wochenbett gekostet?« – »Alle Jahr san zwei Küh draufgegangen, daß ich den Doktor hab zahlen können.« Nach einigen Jahren starb seine Frau dennoch.

Im allgemeinen blieben die Bäuerinnen damals einige Tage lang im Bett. Eines Abends kam ich zum Wochenbesuch. Ich merkte sofort die allgemeine Verlegenheit. Als ich fragte, wo denn die Wöchnerin sei, meinte die Schwiegermutter: »Ja mei, im Stall, mir haben eine Kuh, die laßt sich von niemand anderem melken als von der Liesl.« Also fing ich wieder einmal an, über Bazillen im Stall aufzuklären und gab zu überlegen, ob es denn gescheiter sei, wenn die junge Frau krank daliege. Wegen des Viehs ist die Gesundheit der Frau öfter riskiert worden. Bei uns gibt es das Sprichwort: »Weiber sterben ist ned zum verderben, aber Roß oder Kuh verrecken ist zum erschrecken.« So war die Wertschätzung der Frauen damals.

Daß die jungen Frauen nicht zu früh wieder in Haus und Stall schufteten und das Wochenbett einhielten, darauf achteten vor allem die Großmütter auf dem Hof, deren Töchter die Wöchnerinnen waren. Die Schwiegermütter dagegen scherten sich wenig darum. Auf dem Land herrschten krasse Gegensätze. So wurde auch einmal ganz böse auf die Schwiegertochter geschimpft, weil diese ausgerechnet während der Erntezeit im Juni ihr Kind kriegen müsse. Als ich zurückfragte, wann denn ihre sieben Kinder auf die Welt gekommen seien, mußte auch sie ein paar Geburten während der Erntezeit bekennen, worauf sie schwieg. Oft gaben die Schwiegermütter den jungen Frauen überhaupt die Schuld daran, daß wieder ein Kind gekommen war, niemals aber ihrem Sohn, als wäre er nicht mit von der Partie gewesen.

Ein besonderes Drama war es immer, wenn recht lange kein Bub geboren wurde. An eine Frau mit drei Töchtern erinnere ich mich noch besonders gut, weil sie mir furchtbar leid tat und so ein lieber Mensch war: Bei der Geburt waren

Komplikationen zu befürchten, und so fuhr ich die werdende Mutter mit meinem Auto ins Krankenhaus. Beim Abschied sagte der Bauer zu ihr: »Telefonieren brauchst gar nicht, wenn es wieder ein Madl ist.« Tatsächlich war es wieder ein Mädchen. So besuchte er seine Frau die ganze Zeit im Krankenhaus nicht einmal und holte sie auch nicht ab. Sie nahm ihn hingegen wegen der vielen Arbeit auf dem Hof in Schutz und ließ nicht durchblicken, daß sie genau wußte, warum er nicht kam. Sie traute sich nicht einmal selbst einen Namen für das Kind zu suchen, und so blieb es namenlos, bis sie heimkam. Normalerweise schauten die Männer dann das neugeborene Madl auch ein paar Monate gar nicht an. Die Frauen hatten keine Zeit, traurig zu sein oder nachzudenken, und fanden sich mit der Situation ab: »Der hört schon wieder auf zu knurren.« Ich habe deshalb nie etwas zu den Männern gesagt, und sie würdigten mich auch keines Wortes und Blickes, denn die Hebamme war ja auch schuld daran.*

Es war für einen Mann eine große Schande im ganzen Dorf, viele Töchter zu haben, und er wurde von den anderen Männern »der Büchsenmacher« genannt. Sie hängten ihm bei der Geburt eines Mädchens vor seinem Hof lauter leere Büchsen über die Straße, so daß diese laut im Wind klapperten. So viel Dummheit auf einem Fleck bei den Männern! Bei der Geburt eines Buben dagegen sind sie halb übergeschnappt vor Freude. Einer riß einmal seine ganzen Tomaten im Garten ab und packte sie in seinen alten, verschwitzten Hut, um sie mir zu schenken. Aber darauf war ich nicht scharf und lehnte dankend ab. Es gab übrigens einen festen Brauch: Wenn ein Kind in der Familie gestorben war, durfte das nächste Kind nicht »nachgetauft« werden, also nicht den Namen des gestorbenen Geschwisters tragen.

Lange konnte ich die Menschen nicht davon abhalten, nach der Geburt die sogenannte Wöchnerinnenkost zu geben. Das waren alle Tage Brei und viel Milch. Ich glaube, daß die alten Bäuerinnen, die schlau wie die Füchse waren, an diesem Brauch des mickerigen Essens deshalb so hartnäckig fest-

* Ein alter Aberglaube, daß die Hebamme die Macht habe, das Geschlecht des Kindes zu bestimmen.

hielten, weil es ohne Aufwand und billig zu kochen war. »Soll die Junge doch einen Mehlbrei essen, das ist was Leichtes«, war zu hören. Kalbfleisch hat die junge Frau nicht gekriegt, wäre ja auch ein leichtes Essen gewesen! In die Milchsuppe wurde Weißbrot hineingebrockt, Schwarzbrot war streng verboten.

Ich konnte der Wöchnerin noch so zureden, sie solle richtig essen, damit sie wieder zu Kräften komme. Sie weigerte sich meistens aus lauter Angst vor der Schwiegermutter. Von einigen Frauen erfuhr ich aber auch, daß sie nachts oder wenn die Schwiegermutter auf dem Feld war, heimlich in die Speisekammer schlichen und sich satt aßen. Die Wöchnerin durfte keinen Salat, keine Gurke, überhaupt nichts Frisches essen, denn davon sollte angeblich die Muttermilch sauer werden. Wenn ich dann mahnte, daß die Wöchnerin mehr zu essen bekommen müsse, damit sich auch Milch bilden könne und das Kind zunehmen könne, fütterten die alten Weiber dem Säugling erst recht lieber Kuhmilch. Viele Kinder sind davon krank geworden und verloren an Gewicht. In die Milch wurde ja auch kein Haferschleim, Reisschleim oder anderes eingekocht. Es gab damals viel ungereimten Blödsinn.

So wurde behauptet, wenn die Frau zum Beispiel Windeln am Bach wasche, bekomme sie Brustentzündung. Wenn sich die junge Mutter tatsächlich erkältete, dann nur deshalb, weil es niemand anderen gab, der sich zum Waschen an den Bach gestellt und der Frau diese Arbeit abgenommen hätte. Zum Wasserwärmen war man viel zu geizig; die Windelwäsche war kein einziges Scheit Holz im Ofen wert.

In den Familien mit sechzehn, zwölf, zehn und acht Kindern mußten die Großen immer die Kleinen mitschleppen. Ein zehnjähriges Mädchen war nie ohne ein kleines Kind zu sehen. Die Größeren schimpften auch immer mehr als die Mutter selbst, wenn wieder Nachwuchs kam, weil sie die ganze Belastung zu tragen hatten. Oft waren diese Mädchen bei der Geburt eines weiteren Geschwisterchens sehr ungut und wurden später als erwachsene Frauen so kinderscheu, daß sie selbst keine Kinder haben wollten. Meine Großmutter erzählte, daß sie eines Tages bei der Arbeit auf dem Feld vom

Hof Rauch aufsteigen sah. Sie lief natürlich gleich erschrokken heim und entdeckte, daß die vier größeren Kinder unter dem Kinderwagen, in dem meine Mutter als jüngstes Kind lag, Feuer gemacht hatten, um sie zu verbrennen. Sie wollten einfach nicht mehr auf das Kleine aufpassen müssen.

Die Frauen, die soviele Kinder hatten, waren teilweise stabile Personen. Aber es gab auch arg verhungerte, schwächliche Arbeiterfrauen unter ihnen, die sich nie richtig von den Geburten erholen konnten, da sie kurz darauf wieder schwanger waren. Ich riet ihnen, zur Bestimmung des Geburtstermins sich doch wenigstens die ersten Kindsbewegungen zu merken, denn Blutungen hatten manche jahrelang nicht. Aber das klappte nie, denn sie hatten so überdehnte Bäuche, daß sie oft lange nichts vom neuen Kind merkten.

Manche Frauen hatten von den vielen Geburten sehr häßliche Körper. Sie fühlten sich deshalb in der Gemeinschaft immer zurückgesetzt und gingen überhaupt nicht mehr aus dem Haus, es sei denn zur Frühmesse und zum Rosenkranz abends in die Kirche.

Der Krieg veränderte vieles auf dem Land, und es gab schlimme Frauenschicksale, wenn die Ehemänner lange Zeit im Feld waren und die Frauen ein Kind von einem anderen Mann bekamen. So sagte ich einmal gleich nach der Geburt zu einer Frau: »Was machst du denn, wenn dein Mann jetzt heim kommt?« Sie meinte: »An das darf ich gar nicht denken. Hoffentlich kommt er nimma.« Drei Monate darauf war er da, und die Wiedersehensfreude war erheblich gebremst. Zunächst dachte der Mann, das Kind im Bett sei das seiner Tochter. Als er die Wahrheit erfuhr, stellte er seine Frau vor die Entscheidung zwischen ihm und dem Kind, sonst wolle er sie nie wieder sehen. Der Frau brach fast das Herz dabei. Ich war aber dann so frei und sagte ihm, er verstünde gar nichts von der Natur der Frau. So etwas könne er einer Mutter nicht antun. Egal von wem das Kind sei, sie liebe es, denn schließlich habe sie es geboren. Es sei ein Teil von ihr, und er könne nicht so unmenschlich sein. Trotzdem übte er derartigen Druck auf sie aus, daß sie das Kind weggab. Sie war sehr traurig und unglücklich darüber.

Eine andere, sehr nette junge Frau war nach Kriegsende

einmal mit einem schwarzen Amerikaner zusammen. Ein paar Tage später kam ihr Mann aus dem Krieg nach Hause. Und so wußte sie nicht, von wem sie schließlich schwanger war. Schlimm war, daß die Hautfarbe des Kindes es natürlich verraten würde. Oft saß die Frau völlig verzweifelt bei mir im Garten. Das Kind war dann tatsächlich ein Mischling. Frau und Kind – es war ein wunderschöner Bub – durchlitten schwere Zeiten und wurden von dem Mann gedemütigt, wo es nur ging. So schimpfte ich einmal mit ihm, was er sich einbilde, seine Frau wegen eines einzigen Fehltritts derartig zu behandeln. Ich sagte: »Engel sind wir alle keine, auch Sie werden nicht immer treu gewesen sein im Krieg. Deshalb brauchen Sie sich nicht bei Ihrer Frau so aufzuführen.«

Die materielle Not, unter der in der Nachkriegszeit viele litten, brachte eine Frau einmal dazu, ihr viertes Kind – es war eine Steißlage – allein auf einem Eimer zur Welt zu bringen. Man bekam damals für eine Geburt ein Paket Waschpulver, wenn zum Beweis die Plazenta vorgewiesen werden konnte. Damit sie das Waschpulver erhielt, die Plazenta aufgehoben war und sie keine Bettwäsche verschmutzte, hatte die Frau sich einen Eimer hergerichtet und sich zur Geburt darauf gehockt. Erst fiel das Kind hinein. Sie legte es in einer Windel auf den Boden daneben und blieb hocken, die Nabelschnur über den Eimerrand hinweg mit dem Kind verbunden, bis auch die Nachgeburt geboren war. Alles geschah in größter Sauberkeit. Als ich ankam, war die Geburt vorüber, und ich konnte mir nur noch erzählen lassen und mich wundern.

Nach dem Krieg gab es auch viele ledige Mütter. Mit ein oder zwei Kindern bewältigten sie ihr Leben ganz hervorragend. Wurden es dann aber mehr als zwei Kinder, fingen sie an, diese abzuwimmeln. So verschenkte zum Beispiel eine Frau alle ihre sieben Kinder und brüstete sich damit, daß einige sogar bis nach Amerika zur Adoption kamen. Es geschah damals häufig, daß gutsituierte Amerikaner deutsche Kinder adoptierten.

Meine eigenen Kinder kamen 1943 und 1946 zur Welt. Ausspannen oder erholen konnte ich mich allerdings nicht. Nach einer Woche war ich wieder unterwegs, stillte aber doch vier oder fünf Monate lang. Das war möglich, weil ich das

Neugeborene mitnehmen konnte. Selbst wenn ich zu einer Geburt oder Pflege ins Krankenhaus ging, war es dabei. Ich stellte es dann in ein Zimmer nebenan, was damals völlig normal war. Heute wäre so etwas nicht mehr denkbar.

Solange meine Kinder noch sehr klein waren, kümmerte sich mein Mann um sie. Später, nach seinem Tod, mußten sie dann Internatsschulen besuchen. Als Hausmädchen, die sich um Haushalt und Kinder kümmerten, während ich nicht anwesend war, engagierte ich mir immer junge, ledige Mütter. Eines Tages kam eine Mutter und klagte, ihre 15jährige Tochter soll von der Fürsorge in ein Erziehungsheim gesteckt werden, weil sie schwanger sei. Also nahm ich sie in meinem Haushalt auf. Sie war die beste Haushälterin, die ich je hatte, und blieb mit ihrem Kind, das wir alle sehr liebten, bei mir, bis sie heiratete.

Wenn ich Frauen zur Geburt ins Krankenhaus begleitete, war ich zwar froh, dort nicht ohne Hilfe zu sein. Andererseits gab es im Krankenhaus aber manches, das mir nicht gefiel. So halte ich zum Beispiel den Wehentropf für Gewalt an der Natur von Frau und Kind. Aber es geschieht ja im Interesse der Ärzte. Wie viele Stunden und Nächte hatte ich bei den Geburten gesessen, während sich alles bei Frau und Kind schön langsam entwickelte. Nachts verließ ich die Frau sowieso nie. Wir dösten dann ein bißchen zusammen.

Früher waren die Frauen in allen Dingen, die das Kinderkriegen betraf, viel sicherer und selbstbewußter und ließen sich nicht so leicht den Schneid abkaufen (entmutigen). Sie wußten über alles Bescheid und konnten für sich selbst entscheiden. Sicherlich lag es auch daran, daß Mütter und Töchter enger zusammen waren und mehr miteinander sprachen, so daß mütterliche Erfahrungen weitergegeben werden konnten. Heute, so finde ich, sind die Frauen den Ärzten ausgeliefert und werden verunsichert, so daß ich mich oft wundere, was sie sich alles gefallen lassen. Bei uns begannen sich die Dinge zu ändern, als sich der erste Frauenarzt hier niederließ. Von da an war es vorbei mit den traditionellen Geburten, und die Frauen begannen, ins Krankenhaus zu gehen, anstatt mehr auf sich und ihren Körper zu vertrauen.

Barbara Dippert,
82 Jahre, Hebamme in Freising, Oberbayern

Als mein Bruder nach sechs Mädchen in unserer Familie geboren wurde, war ich schon 16 Jahre alt und durfte meiner Großmutter, die als Hebamme die Entbindung leitete, helfen. Nach der Geburt meinte ich allerdings: »Das hätt' jetzt eigentlich auch noch ein Madl sein können.«

Ich selbst wurde 1907 in Freising geboren, wo meine Mutter Näherin war und mein Vater beim Furtnerbräu arbeitete. Mit dem Beruf der Hebamme kam ich nicht nur durch die Großmutter früh in Berührung. Auch meine Tante war Hebamme. Bei ihr verbrachte ich immer meine Sommerferien. Mit dem Zug fuhr ich nach Moosburg und ging dann bis Mauern, wo meine Tante wohnte, zu Fuß. An der Haustüre hing eine große Glocke, an der es oft in der Nacht schellte. Draußen stand dann einer der Bauern und rief: »Jetzt kumm, Kathi, pressieren duads.« Darauf packte sie ihre Hebammentasche und fuhr mit dem Bauern los. Für den Bauern hieß es damals »Jetzt geht er auf den schweren Gang«, wenn er die Hebamme holen mußte. Ich weiß noch gut, daß die Tasche einen besonderen Geruch an sich hatte. Uns Kindern hat die Tante immer gesagt: »Das braucht man alles, wenn die Kinder kommen.« Aber reinschauen durften wir nicht.

Wenn die Tante nachts unterwegs war und ich allein zurückblieb, habe ich mich nie gefürchtet. Ich hatte ja eine wichtige Aufgabe. Tante Käthi schrieb mir nämlich auf, wo sie hinging, und ich mußte, wenn es läutete, Auskunft geben, wo sie anzutreffen war.

Zur Taufe der Kinder nahm mich meine Tante mit. Bei den großen Bauern war das immer etwas ganz Besonderes – vierspännig wurde gefahren, und das sogar noch während des Ersten Weltkrieges. Die Täuflinge waren ein oder zwei Tage alt. Mit bei der Taufe waren der Got (Patin oder Pate), der Bauer, die Großmutter mütterlicherseits und die Hebamme. Nach der Taufe wurde ein großer Taufschmaus gehalten, sofern die Familie das Geld dazu hatte.

Weil ich ein aufgewecktes Kind war, hat mir in all den Jahren Tante Käthi viel erzählt. Natürlich habe ich auch sehr viel gefragt, und dadurch kam ich auf die Idee, selbst Hebamme werden zu wollen. Der Entschluß stand schon sehr früh fest. Schon als wir einmal in der Schule gefragt wurden, was wir werden wollten – ich war sieben Jahre alt –, antwortete ich ganz klar, daß ich Hebamme würde. Die Schulschwester war ganz erschrocken und flüsterte: »Das darfst du doch noch gar nicht wissen, laß dir was anderes einfallen.« Aber mir ist nichts anderes eingefallen. Als ich dreizehn Jahre alt war, hab ich aber auf dieselbe Frage geantwortet: »Ich geh ins Büro.« Aber ich wußte noch immer ganz genau, daß ich Hebamme werden wollte. Tante Käthi, 1869 geboren, hat für ihre Ausbildung zur Hebamme ein Vierteljahr gebraucht, und meine Großmutter war sogar nur acht Wochen in München zur Ausbildung, mußte allerdings jedes vierte Jahr nach Freising in die Hebammenfortbildung zum Medizinalrat, der neue Dinge lehrte und sich in einer Aussprache mit den Hebammen über deren Erfahrungen informierte.*

Merkwürdig war, daß sich die Hebamme einerseits vom Doktor belehren lassen mußte, andererseits die Landärzte aber zur Zeit meiner Großmutter nicht gern mit Geburten befaßt waren, es sogar sehr beschämend fanden, wenn sie gerufen wurden. Vielleicht holten die Frauen sie auch deshalb nicht so gerne zu einer Geburt, und nicht aus Scham.

Bei meiner Großmutter und auch bei meiner Tante war es üblich, daß die Kindswäsche des Neugeborenen in den ersten zehn Tagen von der Hebamme gemacht wurde. Das war zwar viel Arbeit, aber beide fanden die Vorschrift richtig, denn sie fürchteten, die Bauern würden bloß mit Dreckwasser waschen.

Direkt nach der Schulzeit war ich noch zu jung für die Hebammenausbildung. Also ging ich zunächst tatsächlich ins

* Schon im Mittelalter beklagten sich Ärzte, daß Hebammen nicht gerne und freimütig ihre Kenntnisse preisgaben. Man(n) verpflichtete sie dann dazu (siehe S. 216f.).

Büro. Aber ich verlor mein Berufsziel nicht aus den Augen. Mit 23 Jahren machte ich meine erste Eingabe – von vielen –, in die Hebammenschule aufgenommen zu werden. Regelmäßig antwortete man mir, ich hätte einen Arbeitsplatz und solle dort bleiben. Ich könnte nur mit einem positiven Bescheid rechnen, wenn eine Bewerberin aus dem Landkreis durchfiele. Vier Jahre mußte ich warten, bis ich aufgenommen wurde. Niemandem hatte ich von meinen Bemühungen erzählt, weder zu Hause noch im Büro. Als es dann endlich klappte und ich kündigte, hielt mich mein Chef für spinnert und fragte gleich, wovon ich diese Ausbildung überhaupt bezahlen wolle. Ich hatte aber die ganzen Jahre darauf gespart.

Im selben Jahr heiratete ich auch. Mein Mann wußte, daß ich Hebamme werden wollte, da gab es weiter nichts zu bereden. Hätte ihm das nicht gefallen, wäre es mit uns eben nichts geworden. Später, wenn es ihm manchmal zuviel wurde, daß ich immer unterwegs war – wir sahen uns manchmal fast zwei Wochen lang nicht –, erinnerte ich ihn manchmal: »Du wußtest vorher, daß du mit einer Hebamme verheiratet bist.«

Trotz meiner großen Arbeitsbelastung gab es nie echte Probleme zwischen uns. Zwar war er anfangs der »typische Mann«, aber das verlor sich! Ich sagte zu meiner Familie einfach: »Wenn ihr euch nichts kocht, dann habt ihr auch nichts. Da kann ich nicht helfen.« Und wenn er fragte: »Wann wirst du kommen«, sagte ich ihm von vorneherein, ich wisse es nicht, ich könne doch nicht bei einer Geburt weglaufen. Nach einiger Zeit fragte er dann nicht mehr. Manchmal aber, wenn ich recht erschöpft heimkam, war er schon der Meinung, ich solle nicht mehr ans Telefon gehen. Meine Antwort war dann immer: »Ja, ja, bis zum nächsten Klingeln.«

Meinen Beruf aufzugeben, zog ich nie in Erwägung – im Gegenteil. Lieber hätte ich anderes zurückgestellt. Hätte mein Mann das nicht akzeptiert, hätte ich ihm nicht helfen können. Hebamme ist ein Beruf, den kann man einer Frau nicht austreiben. Und im Lauf der Jahre hat mein Mann das eingesehen und sogar mitgeholfen. Er mußte sich ja auch, nachdem die Schwiegermutter nicht mehr lebte, viel um unsere zwei Kinder und den Haushalt kümmern.

Mit 27 Jahren, 1934, ging ich nach München. Die Hebammenausbildung dort war rein theoretisch. In den Hörsälen saßen wir oft zusammen mit den jungen Ärzten. Das ewige Repetieren ohne Bezug zur Hausgeburt war eine Qual. So haben wir zwar gehört, daß alles steril sein müsse, aber wie wir das machen müßten, lernten wir nicht. Wir durften während der ganzen Ausbildung nur einen Dammschutz machen und zwei vaginale Untersuchungen. Bei meinen ersten praktischen Untersuchungen nach der Ausbildung konnte ich nicht einmal einen geschlossenen Muttermund fühlen.

Es gab eine Gruppe von etwa sechs besonders fleißigen Schülerinnen, die am Phantom übten und sich dazu die Körper verstorbener Frühgeburten holten.

Am Ende der Ausbildung 1935 bekamen wir das Zeugnis und das Hebammengesetz ausgehändigt. Zusätzlich gab man uns noch einen Zettel mit der Vorschrift, daß wir bei der Geburt bresthafter* Kinder nichts tun dürften, um sie am Leben zu erhalten. Wir sollten das Neugeborene einfach zur Seite legen und es seinem Schicksal überlassen. Das sprach sich herum. Sah man später ein behindertes Kind, so hieß es: »Aha, da hat es die Hebamme nicht lassen können, doch was zu tun.«

Die Frauen, die früher Hebamme wurden, waren vom Typ her alle ähnlich: intelligent, fleißig und charakterfest. Die jüngeren hatten zumeist den Beruf von Mutter und Großmutter »geerbt«. Dreiviertel der Frauen waren Ende Zwanzig und vorher schon in einem Beruf tüchtig gewesen. Vom Hebammenberuf erwarteten sie sich mehr berufliche Selbständigkeit. Alle waren entscheidungsfreudig, und keine ist mit im Stall** gelaufen. Vielleicht ist das auch der Grund, warum sich keine dieser Hebammen, die sich für die freie Praxis entschieden hatten, später auf den Krankenhausbetrieb umstellen konnte.

Einen Charakterzug hatten wir alle gemeinsam: Wir waren auf eine gewisse Art sehr empfindlich, wenn man uns zu nahe trat: blödes Gerede von Männern oder gar Annäherungsver-

* Behinderte, besonders schwache, kranke Neugeborene.
** Synonym für Eigenwilligkeit.

suche konnten wir nicht vertragen. Ich unterhielt mich mit manch einer Kollegin darüber und hörte immer wieder von Zwischenfällen. Mir ist es zweimal passiert, daß Männer meinten, sie könnten mit der Hebamme anbandeln, während ihre Frau im Wochenbett lag. Als ich einem eine Watschn gegeben hatte und wieder ins Zimmer seiner Frau kam, sagte sie zu mir: »Gell, Frau Dippert, heut haben's schon viel arbeiten müssen, weil Sie so zittern.« Dabei war ich so aufgeregt über das, was sich der Kerl draußen erlaubt hatte. Als ich einmal in eine Wohnung »zur Geburt« kam, traf ich nur einen Mann an. Der lachte und sagte: »So, Hebamm, jetzt lade ich dich einmal zu mir ein, jetzt bleibst bei mir.« Dem hab ich vielleicht was erzählt, nachdem ich meinen ersten Schrecken überwunden hatte. Es war gefährlich, irgendwohin geholt zu werden – besonders nachts –, wenn man die werdende Mutter noch nicht kannte.

Weil in Freising nach der zweijährigen Ausbildung keine Stelle frei war, ging ich für ein Jahr in die Klinik nach Bamberg. Einer der Professoren, bei dem ich arbeitete, fragte mich, ob ich mit ihm nach San Francisco gehen wolle. Weil keine Aussicht bestand, einen Sprengel in Freising zu bekommen, sagte ich zu. Ich hatte erfahren, daß auch mein Mann in den USA gute Chancen in seinem Beruf haben würde, und hätte ihn mitgenommen. Aber dann wurde doch überraschend innerhalb von drei Wochen in Freising ein Sprengel frei, und so blieb ich hier.

Als ich 1936 ins Lerchenfeld heiratete, gab es in Freising noch fünf Hebammen. Die älteste, die Graf-Mutter, war schon über 80 Jahre alt, und so übernahm ich ihren Bezirk und betreute auch die umliegenden Höfe im Moos (Moorgegend).

Gleich in der ersten Woche nach meinem Arbeitsbeginn rief man mich schon zu drei Geburten. Durch meine vielen Geschwister und Schulfreundinnen sprach es sich wie ein Lauffeuer herum, daß ich Hebamme geworden war. Da hieß es dann überall: »Kommst zu uns dann a?« Innerhalb von zwei Jahren war ich eingeführt. Anfangs, wenn ich zu den Geburten hinaus ins Moos mußte, war es mühsam mit dem Fahrrad auf den Lehmwegen. Oft mußte ich schieben, wenn man vor lauter Matsch keinen Weg mehr sah.

Nach dem ersten Jahr kaufte ich mir ein Motorrad, eine 250er BMW. Ich war damals in Freising die einzige Frau, die ein Motorrad hatte. Wenn mich die Freisinger vorbeifahren sahen, hieß es dann immer: »Das kann bloß die Hebamm sein.« Und die Kinder liefen schnell zur Mutter und schrien: »Sperr zu, Muada, d' Hebamm kimmt, sonst gibt's wieda wos Kloans.«

Während der Winterzeit hatte ich einige schwere Unfälle. Einmal fuhr ich sogar in einen Bach und lag im Wasser, eingeklemmt unter der Maschine. Der Bauer kam mir auf dem Weg mit der Laterne entgegen und konnte es gar nicht glauben, daß die Hebamme im Bach lag. Er holte ein paar Burschen, und sie zogen mich heraus. Da war es dann aber auch höchste Zeit, zur Geburt zu kommen.

Die Frauen damals halfen sich immer gegenseitig, besonders die alte Wagnermutter aus Attaching stand vielen bei. Ihr Mann besaß die Wagnerei, und dort gab es auch das einzige öffentliche Telefon weit und breit. Zur Wagnermutter kamen die Bauern deshalb gelaufen, wenn sie mich brauchten. Sie rief mich an und sagte dann: »Ich paß schon auf und geh' jetzt zur Frau. Wenn es pressiert, schick ich ihren Mann zu meinem Mann, daß er dich noch mal anruft.« Denn ich hatte natürlich von Anfang an Telefon.

Einen Frauenarzt gab es in meinem Bezirk lange Zeit nicht. Wenn sich die Frauen früher nicht gesund fühlten, gingen sie zur Hebamme. Auch eine Schwangerschaft war lange kein Grund, zum Arzt zu gehen. Ich hatte zwar einen kleinen Untersuchungsraum, aber die Frauen vom Land riefen bloß an: »I hob ghört, du bist a Hebamm, kummst zu mir a?« Das war die ganze Anmeldung. Und wenn ich dann meinte, mir wär's recht, ich konnte sie vorher sehen, hieß es oft nur: »Mir geht's gut, ich hab schon dreimal entbunden.« Weil die Frauen so unbeweglich waren, bin ich zu ihnen rausgefahren. Wenn ich ihnen erzählte, das Becken sei ein wenig verengt, wunderten sie sich zwar, waren aber auch erleichtert, zu wissen, warum bei ihnen die Geburt immer so lange dauerte. Bei den Untersuchungen erkundigte ich mich genau, wie bei der Mutter und den anderen Frauen in der Verwandtschaft die Geburten verlaufen waren. Das half mir manchmal, die möglichen

Schwierigkeiten bereits vorher einzuschätzen. Dabei rechnete ich den Frauen dann den Geburtstermin aus. Auch die einfachsten Landfrauen merkten sich damals genau, wann sie das letzte Mal »ihre Gschicht« oder »an Schuasta« (Menstruation) hatten. Erst wenn die Frauen bereits sieben oder acht Kinder hatten und mich fragten, wie sie verhüten könnten, erklärte ich ihnen den Zyklus und berechnete die empfängnisfreien Tage danach. Das hab ich aber wirklich nur bei den Frauen gemacht, die schon viele Kinder hatten. Eine, bei der dann tatsächlich nach dem achten Kind Schluß war, sagte später zu mir: »Wenn ich Sie nicht gehabt hätte, wären bestimmt noch sechs gekommen. Und mit denen, die wir haben, war's eh schon zuviel.«

Gespräche über Verhütung gab es nur unter Frauen, und sie haben sich gegenseitig mit Ratschlägen geholfen. Neben der Zeitrechnung waren damals Präservative und »das Aufpassen« üblich. Von der Ausbildung her kannte ich die Methode, die empfängnisfreien Tage nach der Fieberkurve zu bestimmen, konnte sie aber nur wenigen, aufgeweckten Frauen empfehlen. Die anderen haben das einfach nicht verstanden oder waren auch zu faul, es zu verstehen. Präservative wurden auf dem Land und bei den Arbeitern nicht benutzt, so daß ich dort jedes Jahr geholt wurde. Um Rücksicht auf seine Frau kümmerte sich ein Bauer nicht.

Mein Bezirk war sehr groß. Er ging bis Langenbach, Kranzberg, das ganze Eittingermoos und Hallbergmoos, weshalb ich oft mit dem Gespann geholt wurde. Da während des Krieges das Benzin sehr knapp war, benutzte ich das Auto nur für die entferntesten und dringendsten Fälle. Manchmal brachten mir die Leute selbst Benzinberechtigungsscheine, damit ich zur Geburt fahren konnte.

Die meisten Frauen haben damals bei der Geburt geschrien. Nur von ganz wenigen, den Bessergestellten und denen, die es mit Köpfchen machten, hörte ich nichts. Die Bäuerinnen mußten eben schreien, weil sie das richtige Atmen nicht beherrschten, überarbeitet und nervös waren. Es stimmte nicht, daß die Bäuerinnen, wie ein Arzt einmal sagte, »im Laufen« entbinden. Ich dachte mir, du täuschst dich, die Frauen sind so abgeschunden, daß sie den Schmerz doppelt fühlen im Vergleich zu anderen. Wenn die Frauen schon mehr Kinder geboren hatten, konnten sie Schwangerschaft und Geburt besser verkraften und waren mehr an das Prinzip gewöhnt: »So anstellen darfst du dich nicht.«

Bei Wehenschwäche legte ich heiße Tücher auf den Bauch und gab den Frauen eine Tasse Kaffee. Das hat sie angetrieben, denn sie waren ja sonst nichts anderes als Malzkaffee gewohnt. Während des Krieges gab es für die Hebammen zusätzliche Kaffeerationen.

Schlimm war bei den zahlreichen Geburten der Landfrauen, daß die Gebärmutter und die Muskeln allgemein vom Arbeiten und Kinderkriegen so schwach waren, daß keine Kontraktionen mehr zustande kamen und deshalb Blutungen nach der Geburt oft nicht mehr aufhören wollten. Das war lebensgefährlich. Weil ich soviel über Land unterwegs war, gab mir ein Arzt ein blutstillendes Medikament, das ich bei den abgeschafften Frauen brauchte. Aber bevor ich es gab, versorgte ich das Kind. Dem Mann schärfte ich vor der Geburt ein, er solle an der Tür horchen und, sobald das Kind schrie, kommen und es mir abnehmen. So blieb mir dann die Zeit, die Gebärmutter von außen mit der Hand fest zu massieren, so daß Kontraktionen entstanden. Zusätzlich legte ich das Neugeborene gleich an die Brust zum Stillen, um dadurch die Nachwehen anzuregen. Ich arbeitete mit allen Tricks. Erst wenn nichts Hilfe brachte, griff ich zum Medikament. In solchen Problemfällen versuchte ich bei der nächsten Schwangerschaft die Frauen davon zu überzeugen, daß eine Geburt im Krankenhaus besser sei. Dabei mußte ich den Frauen meistens versprechen, sie selbst ins Krankenhaus zu fahren, weil der Bauer oft nicht damit einverstanden war und sie nicht hingebracht hätte.

Besonders problematisch war es, wenn die Nachgeburt nicht kommen wollte. Löste sie sich nämlich nicht innerhalb von zwei Stunden auf Grund von Wehen, dann stimmte etwas nicht. So massierte ich vorsichtshalber immer schon vorher die Gebärmutter am Grunde und führte damit kräftige Wehen herbei. Dabei beobachtete ich genau, ob die Nabelschnur unverändert blieb. Zog sie sich nämlich zurück, war etwas nicht in Ordnung. Zog sie sich gar hinein, obwohl ich die

Gebärmutter drückte, war für mich klar, daß nichts anderes half als die vorgeschriebene Plazentalösung im Krankenhaus.

In diesen Situationen braucht die Hebamme sehr viel Gefühl. Sie soll einerseits das ihr Mögliche zu erreichen versuchen, um der Frau die Aufregung wegen des Krankenhauses zu ersparen, andererseits darf sie nicht etwas erzwingen wollen.

Einmal aber mußte ich doch die Plazentalösung selbst machen, als 1945, drei Tage nach dem Einmarsch der Amerikaner, kein Arzt sich über die Pontonbrücke an der Isar traute und alle Telefonverbindungen unterbrochen waren. Schnelles Handeln war aber notwendig. So habe ich meine zusammengerollte Hand mit dem Gummihandschuh eingeführt und die Plazenta vom oberen Rand nach und nach ein bißchen gelokkert. Sie löste sich tatsächlich, und bald darauf war sie vollständig geboren. Die Frau war gerettet. Ein Risiko ist dieser Eingriff immer, aber hätte ich nichts unternommen, wäre die Frau sicher verblutet.

Vor der Geburt haben sich alle Männer gedrückt. Ich war immer allein mit den Frauen. Manch einem Bauern, der recht nervös während der Geburt vor der Kammertür herumschlich, empfahl ich deshalb: »Geh runter und bet ein paar Vaterunser. Bis du fertig bist, ist das Kind da.« Da kamen dann schon einige Vaterunser zusammen. Währenddessen saßen seine Frau und ich zusammen, redeten zur Ablenkung und richteten die letzten Sachen. Ich löste ihr den Haarknoten, sofern sie noch die damals üblichen langen Haare hatte, und flocht einen ganz lockeren Zopf, der sie nicht drückte.*

War das Kind geboren, hab ich es leicht am Rücken massiert, damit es zum Atmen kam. Vom Klopfen auf den Po hielt ich nichts. Die Nabelschnur ließ ich auspulsieren und band sie dann mit zwei Bändern so, daß es rückpulsierte, der Blutdruck anstieg und mit den stärkeren Wehen die Plazenta eher kam.

Ich fing die Plazenta in meiner eigenen Leibschüssel auf, legte sie auf ein Batisttuch zum Kontrollieren, wickelte sie dann dick in Papier und verbrannte sie im großen Hausofen. Damit es auch richtig fest brannte, wurde zuvor noch mal

* Das Lösen der Haare war im antiken Rom bereits üblich (siehe S. 196).

ordentlich eingeschürt. Das Feuer war ganz blau, violettblau – wie Gas. Dann bildete sich eine weiße Schicht, und alles fiel zusammen, brannte aber noch lange weiter. Ich stand immer ganz still davor und sann über den Lebensaustausch von Mutter und Kind nach. Das Gas war wie das vorherige Leben des Kindes in der Mutter – ein Wunder.

Auf den Höfen führten die Schwiegermütter das Regiment, die jungen Bäuerinnen waren die Narren. Selbst die alten Weiber sagten, wenn ein Mädchen zur Welt kam: »Die kann ja nichts«, damit meinten sie die Wöchnerin. Manche waren schon arg unvernünftig und bösartig und jagten die junge Frau am zweiten Tag wieder aus dem Bett. Sie wollten sich unbedingt mit mir anlegen, wenn ich darauf bestand, daß die Frauen eine Woche liegen blieben.

So richtete ich meine Wochenbesuche immer zu anderen Zeiten ein, damit die junge Frau nicht aufstand. Und jeden Tag schärfte ich ihr ein: »Du gehst nicht raus.« Die Frauen blieben sehr gerne liegen. Nach der Arbeit jahraus, jahrein war das für viele fast wie Urlaub.

Einige Männer gab's, die schon in der ersten Woche wieder zu ihrer Frau ins Bett kamen. Ich merkte es am blutigen Wochenfluß und fragte dann die Frau, ob er vielleicht »da« war. »Ja, er war da, und meinst, daß er sich darum kümmerte, wie weh es getan hat«, hörte ich dann.

Diese Männer hab ich mir aber gekauft: »So, meinst du«, hieß es dann meist recht von oben herab. Das reichte mir und ich sagte: »Das meine ich nicht nur, sondern du kriegst Schwierigkeiten mit mir, wenn du dich nicht daran hältst, ich bin nämlich hier eine Amtsperson.« Und meistens geschah bei weiteren Kindern dann nichts mehr.

Stets fragte ich bei den Frauen ausdrücklich nach, wenn ich ein Symptom merkte: gedrückte Stimmung, weinen, sich auf »melancholisch« hinausreden. Wenn ich dann recht tobte und die betreffenden Männer alles mögliche hieß, war es mir völlig gleichgültig, wenn sie mich wegen Beleidigung anzeigen wollten. Ich hätte sie dann nämlich wegen Körperverletzung angezeigt. Solche Männer waren mich ziemlich leid und wollten mich gar nicht holen. Aber die Frauen mochten mich sehr und holten mich zu all ihren Geburten.

Frühgeburten waren oft die Folge davon, daß die Männer ihre Frauen jeden Tag packten, und nicht wenig brutal, wie die Frauen mir erzählten. Eine von ihnen kam zum Beispiel drei Wochen vor dem Termin mit gebrochener Blase direkt vom Feld zu mir, weil ihr Mann es nicht aushalten konnte und sie auf dem Feld draußen gezwungen hatte.

In puncto Sauberkeit schärfte ich den Frauen ein, sämtliche Bettwäsche vorher noch zu waschen und zu bügeln. Ich zeigte auch, wie sie mit der reinen Watte aus der Wochenbettpackung umgehen müßten. Nach zwei Wochenbetten haben es dann fast alle beherrscht. So gab es bei mir nie ein Wochenbettfieber. Ich brauchte immer viel Bettwäsche. Die erste Zeit hieß es: »Die Dippertin reißt dir alles aus dem Schrank.« Wenn mir die Frau freiwillig nicht genug Tücher hingelegt hatte, holte ich sie mir selbst. Das Gerede war mir egal. Hauptsache war, die Frau lag sauber und trocken, und es kam keine fiebrige Entzündung nach.

Die Schwiegermütter probierten anfangs, mir alte Lumpen hinzulegen. Da hab ich bloß gesagt: »Die kannst wieder mitnehmen, wo ist denn euer Wäscheschrank?« Eine fragte mich dann, warum ich die Lumpen nicht nehmen wolle. Bei ihr sei es doch auch so gewesen. Ich klärte sie über den Zusammenhang von Sauberkeit und Gesundheit auf, und so ging ihr ein Licht auf. »Ja, stimmt, früher san ja vui mehr Weiba bei der Geburt gstorm.« Für ein gutes Wort waren sie dann doch aufgeschlossen und dankbar.

Waren die Mütter der Wöchnerin im Haus, kümmerten sie sich sehr um ihre Töchter; aber es gab auch nette Schwiegermütter – nicht alle waren böse.

Angst machte ich den Frauen nie. Waren Komplikationen zu erwarten, erklärte ich ganz ruhig vor der Geburt, daß es richtiger wäre, ins Krankenhaus zu gehen. Die Frauen sträubten sich zwar anfangs dagegen, aber ich redete ihnen gut zu. Damals gab es das Städtische Krankenhaus und das Landkrankenhaus, in die ich mit meinen Frauen zur Entbindung gehen konnte, und wo ich sie auch selbst betreute. Oft ergaben sich Komplikationen unerwartet während der Geburt zu Hause, etwa bei Steiß- oder Querlagen. Den Arzt zu holen, war ich dann verpflichtet, auch wenn ich wußte, daß manch einer kein guter Geburtshelfer war. Rief ich in einem solchen Fall den Arzt an, hieß es meistens, ich solle die Frau ins Krankenhaus fahren. Das ging jedoch in solch einer Situation nicht mehr, wenn das Kind schon halb geboren war. Die Fahrt wäre eine größere Gefahr gewesen als die Komplikation selbst. Ich glaub, die Ärzte scheuten die Verantwortung, und deshalb hieß es: »Ab ins Krankenhaus.« Oft setzte ich meinen Willen aber durch, und bis der Arzt eintraf, hatten die Frau und ich meistens alles alleine bewältigt, und die Geburt war beendet.

Querlagen des Kindes kommen meistens nur bei Mehrgebärenden mit schlaffer Bauchdecke vor, weil sich in dem ausgeweiteten Bauch die Kinder so schön drehen und wenden können, und es besteht auch nur bei diesen Frauen eine Chance, ohne Kaiserschnitt gebären zu können, was ja in Kriegszeiten oft notwendig war. Während eines schweren Fliegerangriffs auf München, als die Bomber über Freising donnerten, hatte ich eine solche Geburt. Der Arzt war telefonisch nicht zu erreichen, und so veränderte ich die Querlage allein. Ich lagerte die Frau so lange auf die notwendige Seite und drehte am Kind von außen, bis ich den Steiß nach unten brachte. Dann banden der Mann und ich ganz schnell einen Gürtel oberhalb des Kindes um den Bauch der Mutter, um zu verhindern, daß das Kind nochmals rutschte, und so konnte ich ganz ruhig die Steißlage zur Welt holen. Das war nichts Besonderes mehr für mich. Steißlagen habe ich immer geholt, selbst bei einem neun Pfund schweren Kind. Bei schweren Kindern mit kräftigen Köpfen muß die Hebamme das Kind mit seinem Körperchen sachte auf ihrem Unterarm reiten lassen, um den Kopf behutsam holen zu können.

Es gab auch die Kopfeinstellung mit einem Armvorfall; d.h. der Kopf des Kindes stellte sich normal ein, aber es schaute zuerst ein Ärmchen heraus. Da kitzelte ich am Händchen, um zu sehen, ob es sich noch bewegte, das Kind also lebte.* Dann lagerte ich die Frau in eine dafür notwendige Seitenlage so lange, bis eine spontane Drehung der Schulter

* Dieser Test findet sich bereits in mittelalterlichen Schriften.

des Kindes das Ärmchen ganz heraustreten ließ, worauf der Kopf in den Eingang trat und das Kind ganz natürlich geboren wurde. Wenn ein Kind zuerst mit den Füßen herauskam, wurde abgewartet, bis der Steiß geboren war, eh man beim Geburtsvorgang half.

Ich hatte eigentlich vor keiner Komplikation Angst, bis auf die Blutungen nach der Geburt. Aus der Praxis meiner Großmutter erzählte mir ein Arzt, der damals als junger Mann mit ihr zusammengearbeitet hatte, daß sie sich bei Blutungen, die nicht stillstehen wollten, auf den Boden hockte und betete. Und oft sei es passiert, daß sie beim Erscheinen des Arztes gerade aufstand und sagte: »Jetzt steht es schon.« Tatsächlich war die Blutung beendet. Ich glaube, das ruhige Beten, die Gelassenheit und Konzentration der Hebamme flößten den Frauen Vertrauen ein und nahmen viel von der Aufregung und Angst. Meine Großmutter hat damit sicher sehr viel von der Gebärenden genommen und sich selbst aufgeladen. Es war überhaupt sehr anstrengend, als Hebamme nach außen immer ruhig und ausgeglichen zu wirken – auch wenn die Situation manchmal gefährlich war –, um dadurch die Nerven der Frauen zu schonen und die Geburt nicht zu gefährden. Manchmal war ich völlig fertig und nervös, wenn ich heimkam, so daß ich meistens gar nichts essen wollte.

Ich konnte mir in vielen Situationen selbst helfen, bei denen ich laut Vorschrift den Arzt hätte zuziehen müssen. Weil die Wege weit waren, mußte es oft auch ohne ihn gehen. Ich hatte den Eindruck, den Hebammen war durch Vorschriften mehr verboten, als sie tatsächlich leisten konnten. So wurde zum Beispiel eine Kollegin meiner Großmutter, die, als der Arzt sehr lange nicht kam, die Plazenta mit der Hand gelöst hatte, zu zwei Jahren Haft verurteilt; der Arzt hatte sie angezeigt. Er wurde daraufhin aber von der Bevölkerung so sehr angefeindet, daß er wegziehen mußte.

Bei einer komplizierten Geburt muß die Hebamme auch aufs Ganze gehen, ehe der Arzt da ist, um dadurch die Mutter zu retten. Aber das wollten die Ärzte nicht einsehen. Oft hatte ich aber auch das Gefühl, daß die Ärzte in mir nicht die Konkurrenz sahen, sondern sich vielmehr ganz auf mich verließen. Bei diesem Beruf bedeutet die Erfahrung sehr viel. So legte ich auch nach der Geburt das in Tücher gewickelte Kind ins Bett neben die Mutter, obwohl dies nicht vorschriftsmäßig war. Ich habe das auch bei meinen eigenen Kindern so gehalten. Denn die meisten Mütter wollen ihre Kinder gleich bei sich haben.

Häufig waren Wochenbettdepressionen. Da saßen dann die Frauen und haben geweint, manchmal, weil sie von ihren Männern geschimpft wurden, wenn sie ein Mädchen geboren hatten. Es hieß dann: »Schon wieder ein Weiberleut, du kannst auch gar nichts.« Die Frauen sagten dann zu mir: »Da hören Sie es wieder, was ich wert bin« und weinten bitterlich. So böse waren aber nur die großen Protzbauern. Sie kamen nie unter andere Leute und glaubten, sie seien der Nabel der Welt. Erst nach 1945 änderte sich das, als sich die Frauen langsam besser durchsetzen lernten.

Natürlich erlebte ich auch Mißgeburten. Von einer weiß ich ganz bestimmt, daß es »ein Versehen« der Mutter war.* Sie entband im siebten Monat, und das Kind, das zur Welt kam, war eine Maus. Es hatte einen langen Körper, spitzes Gesicht, kleine Öhrchen, kleine Äuglein, einen richtigen Mauskopf, ein graues Fell und einen Schwanz. Die Frau hat mir erzählt, daß sie, ehe sie von der Schwangerschaft wußte, über die Isarbrücke gegangen und ihr dabei eine Maus auf die Brust gesprungen war. Sie habe sich fürchterlich erschrocken und sich so »versehen«. Ich schrieb deshalb an den Professor in München, erhielt aber keine Antwort. Aber von dem Arzt, dem ich die Frucht gegeben hatte, verlangte er sie und ließ sie sich nach München schicken. Ein anderes Kind hatte auf dem Bein von oben nach unten ein feuerrotes Mal in der Form einer Flamme. Als die Mutter das nach der Geburt sah, wußte sie gleich dessen Ursprung. Sie erzählte mir, daß sie den Brand beim Erl-Bauern im fünften Monat gesehen hatte. Weil sie so darüber erschrocken war, habe sie sich die Hände an die Beine geschlagen, und genau da habe das Mädchen ihr Mal.

* Bereits in der Bibel zu findender Aberglaube, wonach sich ein Schreckenserlebnis der Mutter während der Schwangerschaft auf das Ungeborene überträgt und es zeichnet (siehe S. 189).

Ich erlebte es auch, daß ein völlig gesundgeborenes Kind einige Wochen nach der Geburt gestorben ist. Die Mutter hatte ihrem Mann, der bei der Geburt noch im Kriege gewesen war, gesagt, daß sie eine Frühgeburt hatte. Aber ich wußte, daß das Kind vollkommen ausgewachsen war, sagte es ihm aber nicht, obwohl er mißtrauisch war und bei mir nachfragte. Jedenfalls klagte die Frau, daß das Kind etwas am Magen hätte. Es wurde immer weniger und weniger, und nach vier Wochen war es zum Skelett abgemagert und ist gestorben. Man kann darüber denken, was man will, es war halt nicht das Kind ihres Mannes.

Einige Zeit, nachdem die Amerikaner 1945 uns befreit hatten, wurde ich zur Geburt bei einem ledigen Mädchen gerufen. Als ich kam, sagte man mir: »Das Kind ist schon da, ich brauche Sie nicht mehr.« Ich ging aber trotzdem ins Haus und fand das Kind in einer großen Blutlache. Die Nabelschnur war durchgeschnitten, und so war das Kind verblutet. Es war ein schwarzes Kind. Ich hab's dem Obermedizinalrat erzählt, der nur meinte: »Die Amerikaner sind da, der Vater ist auch Amerikaner; jetzt ist es schon tot – also, was wollen wir da noch lang.«

Als ich 1936 in meinem Beruf anfing, waren die meisten Kolleginnen Parteimitglieder, aber ich wollte nicht in die NSDAP eintreten. Die Kreisleiterin und auch der Medizinalrat setzten mich unter Druck. Ich blieb aber bei meinem Entschluß. Eines Tages erhielt ich ein Schreiben vom damaligen Landrat mit der Ankündigung, ich würde nach Posen versetzt, weil ich nicht Parteigenossin und zudem die Jüngste im Bezirk sei und weil auch die Frauen im Osten als deutsches Bollwerk gegen die Bolschewiken »gut versorgt sein müßten«. Ich antwortete, indem ich mich über das Schreiben lustig machte, daß ich für den ehrenvollen Auftrag danke, aber leider wegen meines eigenen Kindes diese schöne Aufgabe nicht wahrnehmen könne und deshalb meine Zulassung hiermit zurückgäbe.* Daraufhin habe ich nie mehr etwas gehört. Aber ein paar Wochen nach Ende des Krieges wurde ich in die amerikanische Kommandantur im »Bayrischen Hof« be-

* Versetzungen in den Osten galten allgemein als Strafversetzungen.

stellt. Sie wollten mich zur Hebammenvorsitzenden machen, weil ich keine Parteigenossin gewesen war. Aber auch das wollte ich nicht.

Oft in Not waren während des Krieges die polnischen Fremdarbeiterinnen. Sie mußten auf den großen Gütern hart arbeiten und bekamen halt auch Kinder. So erlebte ich bei einem Großbauern, auf dessen Hof ich zur Entbindung einer Polin geholt worden war, folgendes: Ich wurde am zweiten Tag nach dieser Geburt aus dem Gesundheitsamt vom Medizinalrat angerufen, der mich darauf aufmerksam machte, daß ich bei Polinnen nur zur Geburt gehen und nichts anderes bei Frau und Kind machen dürfe. Das sei Verordnung, und daran müsse ich mich halten. Es wurde mir eine entsprechende Vorschrift vorgelesen, die Wochenbesuche untersagte. Also hatte mich dieser Bauer bei der Kreisleitung angezeigt, weil ich die junge Polin versorgt und mit ihm gestritten hatte, als er sie gleich wieder zum Arbeiten in den Stall schicken wollte.

Ich ging daraufhin zum Pfarrer – das Kind war nämlich noch nicht getauft – und erzählte ihm das Vorgefallene. Als wir zusammen zum Hof kamen, hatte die Polin lediglich eine dünne Decke, obwohl es kalter Dezember war. Weil sie sehr fror, war sie mit dem Kind in ein Loch im Strohsack gekrochen. Der Pfarrer holte von der alten Bäuerin des Hofes eine zweite Decke, taufte das Kind, und ich versorgte beide. Am Tag darauf wurde schon wieder angerufen, ich solle nicht mehr hingehen. Nun ging ich erst recht, denn angezeigt war ich schon. Schließlich ist auch diese polnische Mutter mit ihrem Kind ein Mensch, und darauf kam es mir an. Als ich am sechsten Tag morgens um halb sechs Uhr aus meinem Haus gehen wollte, war diese Polin, das Kind in die Windel eingewickelt, eben auf dem Weg zu mir ins Lerchenfeld. Die alte Bäuerin hatte sie geschlagen, weil sie irgendeine schwere Arbeit noch nicht verrichten konnte und das Kind stillte. Der Rücken der jungen Frau war ganz blau. So ist sie davongelaufen, und ich nahm sie zunächst bei mir auf. Später brachte ich sie – mit Hilfe des Medizinalrats – bei einer anderen Bäuerin in Attenkirchen unter, bei der schon eine Polin mit Kind lebte und die ein guter Mensch war.

Nach dem Krieg überhäuften mich die Polen mit Geschenken, die sie bei Plünderungen ergattert hatten. Und an unserem Haus brachten sie ein Plakat in polnischer Sprache an: »Hier darf nicht geplündert werden.« Auch zum Kindstaufschmaus war ich eingeladen. Ich sagte allerdings nur unter der Bedingung zu, daß sie die geplünderten Sachen zurückbrächten, was geschah.

Der Unterschied zwischen einer heutigen Krankenhausgeburt und einer früheren Hausgeburt ist wie Tag und Nacht. Zwischen der Hebamme und den Frauen entsteht nicht mehr die intime Atmosphäre, die beide bräuchten. Das wurde mir deutlich, als ich jahrelang bei Geburten im Krankenhaus war. Einer der Ärzte meinte: »Sie sind die einzige, die so lange sitzt, wie die Natur es braucht.« Die Frauen haben sich auch alle auf meine Diagnose verlassen, besonders am Anfang, so daß sie noch spazierengingen und sich Zeit ließen, auch wenn es nach den Vorwehen noch einen oder zwei Tage bis zur Geburt dauerte. Den Ärzten wäre manchmal ein schneller Kaiserschnitt lieber gewesen.

Im Krankenhaus werden die Frauen nervös gemacht, anstatt sie schlafen zu lassen, denn erfahrungsgemäß verläuft die Geburt nach einer Ruhepause viel einfacher. Daheim dagegen blieben die Frauen ruhig. Ihre Angehörigen waren in der Nähe, und zwischendurch gingen wir auch mal um das Haus herum spazieren. Das alles wirkte intensiv auf die Frauen ein – mehr als man sich heutzutage vorstellt.

Mein Beruf war schön, solange wir als freie Hebammen gebraucht wurden. Im Krankenhaus wollte ich mich dann nicht mehr anstellen lassen. Habe ich nämlich in acht Stunden zwei oder drei Geburten geleitet, fühle ich mich nicht befriedigt, denn es fehlt mir der Anfang des Geschehens mit der Schwangerschaft und das Ende mit der ganzen Wochenbettbetreuung und der Versorgung des Neugeborenen. Nur diesen kleinen Ausschnitt der Geburt selbst mitzuerleben, reichte mir nicht. Als Hebamme ist man ja auch als *ganze* Person gefordert – körperlich, seelisch und moralisch. Das eigene Ich muß zurückstehen. Daran darf eine Hebamme nicht denken. Saß ich gerade bei einer Geburt, aß ich nicht einmal etwas, auch wenn es mir von der Großmutter angeboten wurde. Denn ich war voll von dem Erleben mit der Mutter in Anspruch genommen.

Ich gab sehr viel von meiner eigenen Kraft für die Frauen. Wenn ich von einer schweren Geburt nach Hause kam, war ich schweigsam und mußte erst wieder mich selbst sammeln.

Dieser Beruf ist keine Sache der Technik oder des Lernens – da muß man die Frauen mögen.

Berta Schricker,
92 Jahre, Hebamme in Allershausen und Freising, Oberbayern

Ich kam 1903 als Sechsjährige mit meinen Eltern von Schongau am Lech nach Allershausen. Mein Vater kaufte ein altes Bauernhaus, das er für sein Geschäft umbaute. Er war approbierter Bader, denn er hatte als Friseurlehrling einen Kurs besucht, in dem er lernte, Wunden zu nähen und zu verbinden, Fäden zu ziehen, Einreibungen zu machen, Gipsverbände anzulegen, zur Ader zu lassen und zu schröpfen. Mein Vater kannte sich sehr gut in Heilkräutern aus und stellte auch selbst Medizin her. Er wußte, welche Kräuter für Tee und zum Heilen von Krankheiten taugten und zeigte sie uns Kindern. Die wichtigsten waren für ihn Johanniskraut, Frauenmanterl und Tausendguldenkraut. Er schärfte uns aber ein, die gesammelten Kräuter niemandem zu geben. Dies war den Badern verboten.* Aber Ratschläge gab er den Leuten schon: »Nehmt halt einen Kamillentee oder Wundklee für die Wunden beim Zahnreißen oder beim Nähen.«

Ich gab mein Kräuterwissen auch als Hebamme den Frauen nicht weiter, denn in meiner Ausbildung wurde es auch nicht gelehrt.

Von uns neun Kindern blieben nur fünf am Leben. Innerhalb von fünf Wochen starben meine Schwester sieben- und mein Bruder fünfjährig an ansteckender Gehirnhautentzündung. Nachdem die beiden Geschwister tot waren, legte ich mich mit der gleichen Krankheit hin. Ich war damals acht Jahre alt und kann mich erinnern, daß meine Mutter aus dem Weinen nicht mehr herauskam. Ein anderes Geschwister starb bei der allgemeinen Pockenimpfung und die letzte Schwester mit einem Jahr an Rachitis. Ich war schon achtzehn Jahre alt, als mein jüngster Bruder 1915 geboren wurde. Damals lief ich um die Hebamme, denn mein Vater sagte nur: »Ich will davon nichts wissen, ich geh zum Fischen. Das machst du, Berta.«

* Auf das Spätmittelalter zurückgehendes Verbot (siehe S. 208).

Meine Mutter bekam ihre acht Tage im Wochenbett Semmelsuppe zu essen, also Semmeln in Wasser gekocht. In dieser Zeit kümmerte sich die Nachbarin ein wenig um den Haushalt und versorgte die Mutter.

Mein Berufsziel war es eigentlich, Ärztin zu werden. Aber der Vater schlug es mir ab mit der Begründung: »Ich hab fünf Kinder zu versorgen, und alle wollen etwas lernen. Es geht nicht, daß nur du allein studierst, und für alle kann ich nicht zahlen.« So lernte ich in München den Beruf der Modistin, aber es bekam mir gesundheitlich nicht, und so ging ich wieder nach Hause und arbeitete im Laden mit.

Während des Ersten Weltkrieges, als der Arzt und mein Vater beim Militär waren, also niemand Verunglückte versorgen konnte, kamen die Leute zu mir. Ich konnte in allen Fällen helfen, denn ich hatte es bei meinem Vater oft gesehen. Einmal kam ein Bub mit heftigem Zahnweh. Er weinte schrecklich. Ich setzte ihn auf die Bank und ließ ihn eine Viertelstunde warten. Als er immer noch weinte, fragte ich ihn, ob er Schneid (Mut) habe: »Ja, bloß raus«, sagte er. Ich kochte also die Zange und die anderen Instrumente aus und zog den Zahn. Darauf lachte der Junge nur und sagte: »Grad guad is' jetzt, daß er nimmer weh duad.«

Ein andermal kam ein Mann, der sich mit einer abgebrochenen Flasche eine große Triangelwunde in den Oberarm gerissen hatte. Die Haut klaffte weit auseinander. Ich nähte ihm die Wunde so gut zusammen, daß er am nächsten Tag ganz begeistert herumlief und sie jedem zeigte.

Oft kamen Menschen auch zum Schneiden von Abszessen. Das Schröpfen war bei Rücken- und Kreuzschmerzen üblich, und zum Aderlaß erschienen die alten Leute regelmäßig einmal im Jahr, wenn sie Herzanfälle bekamen. Der nächste Arzt war in Freising. Dorthin kam man aber nur morgens und am Abend mit der Pferdepost, in der für sechs Gäste Platz war. Der Einfachheit halber kamen also die Menschen zu mir. Ich war ja auch billiger als der Doktor.

Gegen Ende des Ersten Weltkrieges praktizierte in Allershausen keine Hebamme mehr. Wahrscheinlich meinte deswegen der Bezirksarzt 1919, als er am Impftag bei der jährlichen Visite den Laden des Vaters auf Sauberkeit und Ordnung kontrollierte, ich solle Hebamme werden. Er erzählte, daß er mit den Leuten in der Umgebung geredet hätte und alle meinten, ich würde mich dafür eignen, weil ich es mit ihnen verstünde und mir zu helfen wüßte. Dem Vater war es recht. Ich sagte aber erst einmal nein, denn vom Kinderkriegen hatte ich keine Ahnung. Der Bezirksarzt redete jedoch heftig auf mich ein und argumentierte, daß Hebamme ein sicherer Beruf mit Zukunft und Pension sei, weil die Hebammen bald dem Staat unterstehen würden. Aber ich hab ihm das alles nicht geglaubt und damit recht behalten. Staatlich sind sie nämlich bis heute nicht.* Ungefähr eine Woche nach diesem Gespräch kam ein Brief des Bezirksarztes aus Freising. Ich mußte zu ihm hinfahren, und er prüfte mich auf verschiedenen Gebieten. Danach meldete mich der Arzt einfach an, und so landete ich im nächsten Kurs 1920 für ein Jahr in der Universitätsfrauenklinik in München. Eigentlich wollte ich zu diesem Zeitpunkt immer noch nicht so recht, aber nachdem ich mir alles angeschaut hatte, gefiel es mir doch, und ich fühlte mich schnell wohl. Wir waren 51 Frauen im Kurs. Einige der Frauen waren schon über 40 Jahre alt und hatten davor öfter schon Geburten geleitet, weil es sich in der Nachbarschaft des Dorfes so ergeben hatte. Die meisten Mitschülerinnen waren Hebammentöchter.

Das Geld für den Kurs hatte mein Vater aufgebracht. Ehe ich überhaupt anfangen durfte, mußten 900 Mark bezahlt werden. Dann hieß es, wir müßten noch einmal 500 Mark draufzahlen. Und so ging es von Woche zu Woche weiter. Es war Inflation! Mein Vater mußte am Ende sogar Geld aufnehmen. Das war eine harte Zeit, und das Essen in der Klinik war wenig, aber zu der Zeit hungerten alle in der Stadt.

Die Ausbildung war anfangs hauptsächlich theoretisch, erst später durften wir praktisch arbeiten. Zu jeder Geburt wurden zwei Schülerinnen neben der Lehrhebamme, ob Tag oder Nacht, eingeteilt. Eine Schülerin war für die Frau, die andere fürs Kindversorgen zuständig; bei der nächsten Geburt sollte es umgekehrt sein. Aber schon die zweite Geburt,

* Gemeint ist damit ein festes Dienstverhältnis im öffentlichen Dienst mit gleichbleibendem Gehalt, unabhängig von der Zahl der Geburten.

bei der ich dabei war, hab ich alleine geleitet. Die Lehrhebamme war weggegangen und hatte uns befohlen, sie zu rufen, wenn es soweit sei. Doch dann rief ich die Lehrhebamme einfach nicht. Ich war mir sicher, daß ich es konnte, ich hatte doch beim ersten Mal genau zugeschaut. Und es lief alles prima, sogar ohne Dammriß. In unserem Lehrsaal hatten wir schon an einer Figur geübt und Frauen untersucht. In die Frauenklinik kamen damals zur Entbindung nur die Ledigen und die ganz Armen, die gar nicht wußten wohin. Alle anderen blieben zu Hause.

In der Klinik wurden wir sehr ausgenutzt. Unser Professor schickte uns zum Beispiel zu Fuß zur medizinischen Fabrik hinaus – der Weg dauerte zwei Stunden –, um Medizin zu holen. Überhaupt mußten wir überall im ganzen Haus arbeiten. Untergebracht waren wir im sechsten Stock in großen Schlafsälen. Die Kreißsäle waren damals für jeweils zwei Frauen eingerichtet. Aber in den Zimmern lagen die Wöchnerinnen zu acht oder zehnt. Die Kinder lagen in einem kleinen Bettchen neben der Mutter. Säuglingszimmer gab es nicht. Lediglich abends wurden die Neugeborenen hinausgeschoben.

Am 28. Februar 1921 machte ich meine Prüfung, und am 1. März fing ich in Allershausen an. Ich stammte aus Allershausen, und da wollte ich wieder hin. Eigentlich wünschte ich mir als Bezirk Freising. Aber es hieß, erst müsse ich mich auf dem Land bewähren. Schon am dritten Tag, kaum daß ich als neue Hebamme ausgeschrieben war, wurde ich zur ersten Geburt bei einer ehemaligen Schulfreundin geholt. Es war eine Steißlage. Eigentlich, so hatte ich überlegt, hätte ich laut Vorschrift den Arzt rufen müssen. Aber so wollte ich meine Arbeit nicht beginnen und mir nicht schon bei der ersten Geburt einen schlechten Ruf erwerben. Außerdem war ich überzeugt, eine Steißlage holen zu können. Es ging alles gut.

In der ersten Zeit meiner Berufstätigkeit hatte ich gegenüber den Kolleginnen einen schweren Stand. Denn die alten Hebammen der Umgebung, hauptsächlich die von Kranzberg, hatten bisher die Frauen in meinem Bezirk versorgt und waren nun verärgert, weil ich ihnen Verdienstmöglichkeiten nahm! Sie waren aber alle schon recht alt, besonders eine von ihnen war so gebrechlich, daß keine Frau sie mehr haben wollte. Die in Freising ansässigen Hebammen wurden von den Frauen abgelehnt, weil sie alle in schlechtem Ruf standen. So hatte ich mich auch gar nicht mit den Kolleginnen getroffen oder mich mit ihnen über unseren Beruf unterhalten. Unter Hebammen, so sagt man, gibt es keine Freundschaft. Wir waren 1921 im ganzen Landkreis 28 Hebammen, ich kannte aber nur eine von der Ausbildung her. Ihre Mutter war auch in Freising Hebamme gewesen. Selbst diese Kollegin unterstützte die eigene Tochter nicht in ihrer Arbeit. Ging sie zu einer Frau, die ihre Mutter vorher entbunden hatte, wurde diese giftig. Dabei hatte die Mutter doch im Jahr ihre 200 Geburten. Sie war aber so eifersüchtig, daß die Tochter schließlich nach Amerika auswanderte.

Zu meiner Anfangszeit kostete eine Geburt 15 Mark, und es dauerte nicht lange, bis ich davon leben konnte: ungefähr 70 bis 75 Geburten waren es pro Jahr. Es wurden bald mehr, nachdem ein Bezirk nach dem anderen um mich herum verwaiste, weil die alten Hebammen aufhörten. Auf dem Land sind 70 oder 80 Geburten im Jahr schon sehr viel. Anders ist es in der Klinik, wo die Frauen von weit her zusammenkommen und die Hebamme nicht unterwegs sein muß. Hier finden Geburten sozusagen am laufenden Band statt. In meinem Bezirk bezahlte mir die Gemeinde nichts. Ich verdiente lediglich, was mir die Leute gaben. Es gab für sie nämlich erst seit 1919/20 eine Krankenversicherung. Nicht alle aber waren versichert, und so waren es genug Nichtversicherte, die mir das Geld für die Geburt schuldig blieben.

Bei den Ledigen – das war ungefähr einmal im Jahr – bezahlte meine Niederkunftskosten aber doch die Gemeinde, in der die Frau entband. Die Unterhaltskosten für das Kind mußte aber die Gemeinde tragen, in der die Frau im zehnten Monat vor der Niederkunft wohnte, weil man davon ausging, daß der Vater dort gelebt hatte. Ledige Mütter waren meistens die Dienstmägde bei den Bauern. Um zu meinem Geld zu kommen, mußte ich die ledige Mutter beim Pfarrer anmelden. Einer von ihnen, bei dem ich ein Kind angemeldet hatte, schuldet mir das Geld heute noch. Er sagte später einfach, daß er nichts mehr davon wisse. Stammte eine ledige Mutter aus einer auswärtigen Gemeinde, hatte diese Gemeinde für die Geburt zu bezahlen, nachdem der Pfarrer es dorthin gemeldet hatte. Aber auch das tat er nicht immer.

Am zurückhaltendsten mit dem Bezahlen waren die reichen Bauern. Ich bekam hier zum Beispiel zu hören: »Du brauchst das Geld nicht so notwendig wie wir.« Das war ein rechter Hungerleiderbauer! Wenn seine Frau nachts entbunden hatte und um ein Uhr alles fertig war, weckte er die Dienstboten und ließ sie in der Nacht arbeiten. Es war nämlich Brauch, daß die Dienstboten am Tauftag-Nachmittag frei hatten. Und Tauftag war immer gleich der erste Tag nach der Geburt.* »Ich muß ihnen sowieso nachmittags frei geben, da können's in der Nacht arbeiten.« Auf solche Weise nutzt dieser notige (geizige) Bauer seine Leute aus.

Nachts wurde ich zur Geburt von den Ehemännern oder dem Knecht geholt. Sie klopften bei mir ans Fenster, denn wie es sich für eine richtige Hebamme gehört, wohnte ich Parterre. Ich hatte allerdings einen sehr leichten Schlaf, manchmal gar keinen! Um die Hebamme gehen wollte keiner gern. Das war den Männern unangenehm, und sie drückten sich davor, wie es bei der Geburt meines jüngsten Bruders mein Vater auch getan hatte.**

Von 1933 an hatte die Hausfrau, bei der ich wohnte, ein Telefon. Jetzt wurde ich nur noch per Telefon gerufen, was notwendig wurde, nachdem mein Bezirk immer größer und die Wege immer weiter geworden waren. Früher war ich ab und zu mit Roß und Wagen geholt worden. Zurückgebracht hat mich keiner der Männer nach der Geburt. Sie ließen mich mit meinem Rad fahren oder laufen. Wenn die Geburt in der Nacht war, blieb ich deshalb immer bis zum Morgen und ging dann erst nach Hause.

Ein einziges Mal nur habe ich mich sehr gefürchtet. Es war an einem Samstagabend um 23 Uhr, als ich noch im Geschäft

* Wegen der hohen Neugeborenensterblichkeit von der katholischen Kirche im späten Mittelalter eingeführtes Gebot.

** Einige Jahrzehnte vorher galt der Gang des Mannes zur Hebamme als von den Hexen begleitet, die dem Mann etwas Böses wollten. Aus diesem Grund nahmen die Männer geweihte Gegenstände mit auf den Weg.

des Vaters stand. Es klopfte plötzlich an die Ladentür, und ich sah durch die Glastür ein ganz verwildertes Mannsbild stehen. Ich frage ihn durch die Tür, was er wolle. »Ja, bist du die Hebamm? Du mußt nach Aiterbach kumma.« Das war eine halbe Stunde Weg. So wie der Mann aussah, machte er mir wirklich angst, aber ich mußte mit ihm gehen. Den ganzen Weg fürchtete ich mich sehr, denn hätte er mich im Wald niedergestochen, hätte kein Mensch davon gewußt. Aber draußen in Aiterbach lag im Stall auf dem Stroh tatsächlich seine Frau und wartete auf mich. Es waren Hausierersleute mit einem Dachwagen, den sie selber von Ortschaft zu Ortschaft zogen.

Die Hausierersfrauen wurden zur Geburt von den Wirten nicht ins Haus gelassen. So lagen sie ihre acht Tage immer im Pferde- oder Kuhstall. In einer Ecke auf einem Strohhaufen kamen die Kinder zur Welt. Die Bauern hätten nicht einmal das erlaubt, und so haben die Hausierer erst gar nicht gefragt. Mit der Sauberkeit war's da dann nicht weit her. Über den Strohhaufen wurde auch keine Bettwäsche gelegt. Oft besaßen die Hausierersleute nicht einmal Kindswäsche. So bettelte ich von den Wirtsleuten das Nötigste für das Kind zusammen. Zuweilen wurde das Neugeborene sogar nur in eine Windel gewickelt und zur Mutter aufs Stroh gelegt. Das Wasser, das ich brauchte, mußte ich selbst bei der Wirtin holen. Einmal war ich zur Geburt bei einer Hausiererin im Stall abends um halb acht. Am nächsten Morgen, als ich bei ihr nachschauen wollte, war die Familie bereits wieder weitergezogen. Geld sah ich da nie – sie hatten einfach keines. Geburten bei Hausiererinnen waren meistens sehr einfach, und solange ich die Frauen betreute, habe ich keine Entzündungen erlebt. Einmal hatte ich eine Frau, die nicht einmal im Stall zur Geburt untergekommen war, sondern in ihrem Hausiererwagen entband. Es ging gerade ein schlimmes Gewitter nieder, und der Wagen stand unter einem Kastanienbaum. Das Wasser lief vom Baum herunter in den Wagen hinten rein und vorne als Bach wieder hinaus. Ich fragte den Mann, ob er noch andere Kinder habe, und da zeigte er mir sechs Kinder, die unter der Sitzbank im Wagen schliefen. Die Bank war das Bett der Eltern. Lediglich auf ein paar Kissen gestützt, hat die

Frau das siebte Kind geboren. Die Geschwisterchen hatten von der ganzen Geburt und vom Gewitter nichts gehört. Von den Lippen der Mutter war kein Laut gekommen. Meine Bezahlung war dann ein Weidenstühlchen, das mir der sehr nette und besorgte Vater geflochten hatte.

Fast alle Kinder kamen früher nachts auf die Welt. Ein altes Sprichwort heißt: »Die Kinder werden bei Nacht bestellt, und bei Nacht kommen's heim.« Heute dagegen gibt es mehr Tagkinder, weil in den Kliniken nicht gewartet wird. Warten aber muß man im Hebammenberuf können.

Während ihrer Schwangerschaft sind nur die Frauen aus Allershausen zu mir gekommen. Auswärtige besuchten mich nie, so wußte ich oft nicht, wo eine Geburt zu erwarten war. Mein Bezirk war recht groß, er umfaßte Entfernungen bis zu 19 Kilometern. Alles bewältigte ich mit dem Rad, sogar im Winter. Und wenn das nicht mehr ging, mußte ich eben zu Fuß gehen. Wenn es sehr kalt war, zog ich die Unterröcke, Unterhosen, Strümpfe, Socken doppelt an. Richtige Stiefel gab es damals nicht. Ich hatte nur gewöhnliche Lederschuhe. Oft habe ich bei meiner Arbeit sehr gefroren und erkrankte an Grippe. Selbst meine Täuflinge nahm ich aufs Fahrrad. Damals war es üblich, daß niemand außer mir und dem Paten mit zur Taufe ging. Nur wenige Male fuhr ein Großbauer mit der Chaise zur Taufe. Damit ich das Kind wohlbehalten zur Taufe brächte, bastelte ich auch einmal ein Gestell aus meinem alten Dressierrahmen (Friseurhandwerkszeug). Ich befestigte ihn auf dem Gepäckträger vorne an der Lenkstange, flocht eine Einfassung aus Schnüren außenherum, legte eine feste Zwischenlage hinein, so daß das Kind nicht durchbrechen konnte. Eingewickelt in Kissen, fand der Täufling darin bequem Platz.

1930 kaufte ich mir dann ein Motorrad und war in der Gegend die einzige Frau, die eines besaß. Es brachte für mich eine große Erleichterung. Erst nach meiner Heirat 1933 fuhr mich mein Mann zu den Geburten; er war damals schon pensioniert. Anstrengend waren die Wege aber immer noch. So kauften wir 1938 ein Auto, und ich machte den Führerschein. Doch während des Krieges mußten wir wieder auf Auto und Motorrad verzichten, denn es gab kein Benzin.

Manche der Frauen waren noch bei der Arbeit, wenn ich zu ihnen geholt wurde, andere lagen schon im Bett. In der Ehekammer war es kalt. Denn nur einmal im Jahr, für die Geburt, wurde der Ofen eingeheizt. Unter den Bettladen hervor, wo die ganze Luft stehenblieb, zog es eiskalt direkt an meine Füße.

Zuweilen hätten die Frauen gern ihre Männer bei der Geburt dabeigehabt. Ich wollte das jedoch nicht und schob sie, wenn notwendig, mit Gewalt, hinaus. Meiner Meinung nach brauchten die Männer eine Geburt nicht zu sehen. Eines Tages aber ermahnte mich meine Mutter: »Du darfst die Männer nicht hinausschicken. Die Frauen wollen sie doch bei sich haben.«

Wurde ich gerufen, merkte aber, es würde noch ein paar Tage dauern, doch die junge Frau war anderer Ansicht, so übernachtete ich eben bei ihr. Am nächsten Tag sah sie selbst, daß es noch nicht soweit war, und schickte mich wieder nach Hause.

Manche von den bessergestellten Frauen, zum Beispiel die Lehrersfrau, gingen ins Haus des Doktors zum Entbinden. Er hatte ein Zimmer extra dafür eingerichtet, und ich besuchte die Frauen dort zur Wochenpflege.

Zu spät kam ich nie zu einer Geburt. Denn aus Angst, ich würde es bei dem weiten Weg womöglich nicht rechtzeitig schaffen, ließen die Frauen mich immer zu früh rufen. Auf dem Land wußten eben alle, daß es zur Hebamme eine Stunde Fußweg oder mehr war. Darauf hat man sich eingerichtet.

Ich kam mit allen Frauen sehr gut aus und hatte zu jeder ein nettes Verhältnis. Vor der Geburt redeten wir über alles mögliche, danach aber brauchten die Frauen ihre Ruhe; sie waren heilfroh, alles hinter sich gebracht zu haben. Probleme waren da meist nicht mehr wichtig.

Häufig erlebte ich bei den Frauen Wehenschwächen. Ich machte ihnen dann einen Kamillendampf oder wärmte sie – wenn sie keine Wärmflasche hatten – mit dem Bügeleisen auf. Sie stützten sich mit dem Ellbogen irgendwo auf, machten den Rücken rund, ich legte dann eine Decke auf den Rücken und bügelte drüber. Das wärmte den Körper und entspannte. Zum Trinken gab's bei Bedarf Kamillentee. Wenn aber all das nichts half, mußte doch der Arzt her. Denn meistens mußte das Kind in solchen Fällen mit der Zange geholt werden. Während der Entbindung hatten die Frauen oft etwas Geweihtes in der Hand: ein Heiligenbild oder ein kleines Amulett. In einem Fall mußte ich sogar eine Frau während des Geburtsvorgangs nach Freising in die Klinik schaffen, weil nur noch ein Kaiserschnitt half. Da sie große Angst hatte, sollte ich sie begleiten. So blieb ich eine ganze Woche bei ihr im Krankenhaus. Als reiche Bäuerin konnte sie sich das leisten.

All meinen Frauen bandagierte ich nach der Geburt den Bauch mit Handtüchern und später mit Elastikbinden. Heute ist das nicht mehr notwendig, weil die Frauen Gymnastik machen.

Bei alteingesessenen und bekannten Familien war es üblich, daß einige Tage nach der Geburt alle Nachbarinnen, Freundinnen und weiblichen Verwandten die junge Mutter besuchten und ihr Geschenke brachten: Weißbrot, Kaffee, Zucker oder andere Lebensmittel. »Ins Gweisset gehen«, nannte sich dieser Brauch.* Zu meiner Mutter zum Beispiel kam nach der Geburt der jüngeren Geschwister niemand ins »Gweisset«, denn sie war eine zugezogene Geschäftsfrau, keine Allershauserin und hatte es deshalb schwer mit den Freundschaften.

Zu meiner Jugendzeit hatte fast jede Familie vierzehn oder fünfzehn Kinder. Als ich Hebamme war, waren es meist »nur noch« zwischen fünf und acht Kinder. Nie hat eine meiner Frauen über eine große Kinderzahl geklagt.

Um eine Abtreibung baten nur einmal eine Witwe und einige ledige Mädchen. Da ich in diesen Fällen nicht half, sind die Kinder dann doch auf die Welt gekommen. Über Verhütung ist sehr selten geredet worden. Für mich existierte das Thema nicht. Ich antwortete einfach, daß ich nichts wisse und verwies an den Doktor. Während der Ausbildung lernten wir absolut nichts darüber, nicht einmal die Zeitrechnung.

Ledige Mütter gingen zur Entbindung ins Elternhaus, oder sie mußten sich irgendwo einen Unterschlupf suchen. In ihrer

* Siehe den Bericht von Anna Sinn.

Arbeitsstelle jedenfalls gebar keine ihr Kind. Waren die Mädchen zu Hause, hieß es meistens: »Jetzt kannst gleich dableiben und dein Bankert selber aufziehen.« Besonders gut hatte es so eine Frau im Elternhaus natürlich nicht! Andere Mädchen mußten ihr Kind in Pflege geben, wenn die Fürsorgeschwester ihnen eine Pflegestelle vermitteln konnte. Die Hebamme hatte die Pflicht, die Fürsorgeschwester von der Geburt eines unehelichen Kindes zu verständigen.

Auch ich nahm ein solches Pflegekind auf, als die Fürsorgeschwester wieder mal einen Pflegeplatz suchte. Grad ein paar Tage war das Bübchen alt, als es mir seine Mutter direkt aus der Klinik von München brachte. Ich war damals noch nicht verheiratet, und mein Vater hatte die größte Freude mit dem Kleinen. Mein jüngster Bruder war ja schon in der Lehre, und es freute ihn, daß noch mal etwas Kleines nachgekommen war. Bepp (Josef) wurde sehr verzogen. Seine Mutter kümmerte sich nie mehr um ihn. Die Kosten für die Pflege übernahm die Gemeinde, in der die Mutter zehn Monate vor der Geburt gelebt hatte. Später hatte ich auch noch ein Mädchen als Pflegekind. Nach einiger Zeit bezahlte kein Mensch mehr für das Kind. Als es zwei Jahre alt war und die Fürsorge wieder bei den Eltern des Kindsvaters wegen des Geldes nachfragte, wurde es mir weggenommen. Das war bitter für mich.

Für die Fürsorgeschwestern war ich immer eine Anlaufstelle. Sie sind bei mir ein und aus gegangen und fragten nach Pflegestellen.

Mißbildungen an Neugeborenen erlebte ich nur zweimal – einmal war es ein Kind mit verstümmelter Hand, das zweitemal eine Totgeburt, die aussah wie ein Frosch. In solchen Fällen redeten die Leute immer vom »Versehen«*. Aber das ist Unsinn. Aberglaube war es auch, wenn sie die Kindswäsche nicht zum Trocknen heraushängen wollten.** Ich redete dann auf sie ein und kontrollierte, ob die Wäsche auch wirklich trocken war, und riet, sie dem Kind zuliebe zu bügeln. Es

* Siehe Kapitel Barbara Dippert.

** Alter Aberglaube im Volk, daß in die Wäsche der Wöchnerin oder des Neugeborenen die Hexen und Teufel fahren könnten und sich so Zugang zur Wochenstube verschafften, um Krankheit zu verursachen (siehe Maria Berger).

gab da tatsächlich Leut, die die Kinder in die nassen Windeln wickelten! Kein Wunder, wenn die Kleinen krank wurden. Als Windeln dienten damals übrigens ausrangierte Hemden oder Bettücher, Unterröcke oder anderes Wäschezeug. Es sah eben entsprechend aus, je nachdem, ob die Leute arm oder reich waren.

Auf dem Land war es zu meiner Zeit auch üblich, daß die Kinder bei der Mutter im Bett lagen. Ein schöner Brauch. Denn es sind die schönsten Momente und Tage, die beide miteinander haben können.

1936 war es für mich endlich soweit: Ich wurde vom Bezirksarzt für Freising eingeteilt. Besonders mein Mann war sehr froh darüber, in der Stadt zu sein. Für ihn brachte das mehr Unterhaltung und Abwechslung, denn ich war ja ständig unterwegs. Selbst am Hochzeitstag stand ich um 5 Uhr morgens auf, um meine Wöchnerinnen noch zu versorgen, bevor es – schnell, schnell – zur Kirche ging. Den Beruf der Hebamme kann eine verheiratete Frau nur ausüben, wenn sie einen guten und verständnisvollen Mann hat, der akzeptiert, daß sie die meiste Zeit unterwegs ist.

Nach einem Jahr in Freising fragte mich der Bezirksarzt, ob ich nicht ein Entbindungsheim einrichten wolle. In unserem Haus war Platz genug, so kam ich dem Vorschlag nach und richtete zwei Zimmer mit je zwei Betten dafür ein. Zwar galt die Genehmigung nur für ein Zimmer, weshalb das zweite kurzerhand unser »Fremdenzimmer« wurde. Zu mir ins Haus kamen hauptsächlich die Frauen zur Entbindung, die nicht wußten, wohin sie gehen sollten. Aber auch Frauen aus Allershausen, die ich früher schon entbunden hatte und die keine andere Hebamme wollten, fanden sich ein. Die Frauen blieben meist eine Woche, sie waren sehr gerne bei mir. Eine Bauersfrau, die vom Arzt nur widerwillig wegen einer zu erwartenden Komplikation zu mir geschickt worden war, erzählte mir später: »Wenn ich gewußt hätte, wie schön ich es hab mit der Ruhe bei Ihnen, wär ich bei den anderen Kindern auch schon gekommen.«

Für mich war die Situation sehr praktisch, denn ich konnte die Frauen im eigenen Haus versorgen und mußte nicht ständig losziehen. Ich machte aber lediglich Hebammenarbeit, alles andere war Aufgabe meines Dienstmädchens. Allerdings fing mein Arbeitstag schon vor dem Frühstück an. Einmal im Jahr kam der Medizinalrat zur Kontrolle, wie ehemals bei meinem Vater im Badergeschäft, denn es mußte alles sauber und ordentlich sein.

Die Krankenkasse bezahlte für den Aufenthalt in meiner Wochenstube nichts. Diese Summe mußten die Mütter selbst aufbringen. Zur Geburt im Krankenhaus begleitete ich diejenigen Frauen, die sich dort wohler fühlten oder bei denen Komplikationen zu erwarten waren. Gut gehen ließen sich's im Krankenhaus vor allem auch die Bessergestellten, die sich die erste Klasse leisten konnten. Eines Tages erklärte mir der Bezirksarzt: »Sie dürfen nicht alle Frauen annehmen, die zu Ihnen wollen, Sie nehmen den anderen Hebammen dadurch Arbeit und Verdienst.« Ich war also so eine Art Modehebamme.

Keine meiner »besseren« Frauen im Krankenhaus ging in den Kreißsaal zur Geburt. Alle blieben mit mir alleine in ihrem Privatzimmer – wie zu Hause. Nur ab und zu schaute der Doktor vorbei. Bei den Frauen im Kreißsaal dagegen konnte die Hebamme nicht die ganze Zeit nur an einem Bett sitzen bleiben.

Natürlich ist die Arbeit für eine Hebamme im Krankenhaus bequemer, weil jederzeit jemand zum Helfen da ist. Auch ist die Technik, die hier zur Verfügung steht, recht gut. Zwar beherrschten wir alten Hebammen das alles genau so gut oder besser, aber es war für uns sehr mühselig. Die Hebammen heute haben es leichter in ihrem Beruf und müssen sich nicht mehr so plagen wie wir damals.

Die Zusammenarbeit mit den Ärzten war während meiner gesamten Berufstätigkeit immer gut. Ich ließ den Doktor lieber einmal umsonst als einmal zu wenig rufen.

Nur einmal mußte ich, entgegen der Vorschrift, eine Plazentaablösung alleine machen, bevor der Arzt da war. Ich hatte den Ehemann losgeschickt, ihn zu holen, aber der ging schnurstracks ins nächste Wirtshaus und hat sich dort drei Stunden lang betrunken. Ich wartete ungeduldig, denn seine

Frau lag so elend im Bett, daß ich fürchtete, sie werde sterben. In dieser Situation half ich mir dann eben selbst und habe so die Frau gerettet.

Ganz offensichtlich behielten sich die Ärzte viele Handgriffe eifersüchtig selbst vor, weil sie so auch mehr Geld verdienten. Wir lernten zwar in der Ausbildung die Steißlage entwickeln und extrahieren – und konnten es ja auch –, aber trotzdem sahen die Ärzte das als ihr Privileg, wie vieles andere auch, zum Beispiel Schneiden und Nähen, das wir Hebammen leicht hätten machen können.

Daß ich Hebamme geworden bin, habe ich nie bereut. Das Schönste ist für mich, daß ich alles getan habe, was in meinen Kräften lag, auch wenn ich manchmal unzufrieden war, weil mein ganzes Leben nur aus Arbeit bestand. Es gab keinen Feiertag und keine Ruhe! Trotzdem heulte ich, als mein Hausarzt nach 43 Dienstjahren und etwa 6000 Geburten 1957 mir erklärte: »Jetzt ist Schluß, Frau Schricker, jetzt hören Sie auf, sonst werden Sie nicht mehr gesund.« Erst als ich pensioniert war, merkte ich, wie schön es ist, in der Nacht schlafen zu können.

Das Wichtigste für eine Hebamme ist, sich mit den Frauen zu verstehen. Alles andere ist Nebensache. Mir waren alle sympathisch. Ich kenne das Gefühl gar nicht, eine Frau nicht zu mögen. Warten und Geduldhaben wirken auf die Frauen entspannend und sind überhaupt das A und O einer Geburt.

Ich hab mich immer wieder mit jeder Frau so richtig von Herzen freuen können, wenn das Kindl da war, denn es war für mich ein Wunder, wie sich ein kleiner Mensch aus dem anderen Menschen herausschält.

Marietta Hubacher,
83 Jahre, Hebamme in Pommern und im Allgäu

Ich stamme aus Hückeshagen im Oberbergischen Land, wo sich mein Vater eine Fabrik aufgebaut hatte und mit meiner Mutter und uns sieben Kindern lebte. Eigentlich hatte ich acht Geschwister, aber zwei waren bereits vor meiner Geburt an Diphtherie gestorben. Ich kam 1906 als vorletztes Kind zur Welt. Beim letzten Kind starb meine Mutter im Alter von 42 Jahren im Wochenbett an einer Infektion, obwohl der Arzt bei der Geburt anwesend war.

Als junges Mädchen wurde ich zuerst Kindergärtnerin. Dies bedeutete damals nur ein besseres Dienstmädchenleben, und da mein väterliches Erbe nach der Inflation nichts mehr wert war, lernte ich den Beruf der Krankenschwester dazu.

Mit 20 Jahren heiratete ich und lebte auf der Insel Darß vor Rügen. Das Leben dort war sehr frei und ungebunden. Mein Mann, ein Musiker, war in der Wandervogelbewegung und machte abenteuerliche Reisen. Da ich deshalb oft alleine war, klappte es nicht mit der Ehe – ich lief ihm zwischendurch auch davon. Wir wurden 1936 geschieden, und ich blieb mit meinem inzwischen geborenen Sohn auf der Insel allein.

Dort lebten zwei unterschiedliche Menschentypen:

Die zugezogenen Künstler und Schriftsteller, die sich in einer Art Kolonie zusammengeschlossen hatten, und die Einheimischen, die eher mißtrauisch waren und einen finsteren, merkwürdigen Eindruck machten. Friedrich der Große hatte die Insel einst mit Sträflingen besiedeln lassen.

Auch die Nazis trieben dort sehr früh ihr Unwesen. Es gab die Störtebeker-Burg, in der sie »Nachtübungen mit Damen« abhielten – was immer das bedeutete. Dort auf der Insel wurde ich auch das erste Mal mit Hakenkreuz und Naziparolen konfrontiert.

Der Aberglaube war auf der Insel sehr verbreitet. So spielte das »Versehen« für die schwangeren Frauen eine große Rolle. Jede fürchtete sich davor, während der Schwangerschaft eine

Maus zu sehen, um nur ja kein Kind mit einem entsprechenden Muttermal zu gebären.

Die »Hexe« mit dem bösen, »verschießenden Blick« gab es natürlich auch. Das war eine etwa 80jährige Frau, die außerhalb des Dorfes wohnte, für das »Besprechen« bekannt war und zu der man ging, wenn sie gegen Bezahlung jemandem ein Übel »anhexen« sollte. Das konnte eine Krankheit, ein Unglück oder bei einer schwangeren Frau ein mißgebildetes Kind sein. Unter den seltsamen Menschen auf dieser Insel waren ja genug, die anderen Böses wollten und sich dieser »Hexe« bedienten. Schwangere Frauen fühlten sich jedenfalls nicht sicher vor ihr.

Auch ich hatte das Gefühl, daß mit ihr tatsächlich etwas nicht ganz stimmte. Ich begegnete ihr während meiner ersten Schwangerschaft, und wir wechselten einige Worte. Sie war nicht besonders freundlich, aber auch nicht unfreundlich, und als ich mich beim Weitergehen noch einmal umdrehte, sah sie mir mit einem derart intensiven Blick nach, daß er mir Angst einjagte. Kurz danach hatte ich zu Hause eine Frühgeburt, bei der ich zunächst völlig alleine war. Glücklicherweise kam bald eine Frau nach dem Holzsammeln an unserem Haus vorbei, und ich rief sie um Hilfe. Als sie bei mir im Haus war, wischte sie sich die Hände am umgebundenen Sack ab und holte mir das Kind. Es hatte aber einen Herzklappenfehler und starb gleich. Nach diesem Erlebnis hielt ich es wie alle anderen Frauen der Insel: Ich ging nie wieder am Haus der »Hexe« vorbei. Lieber nahm ich einen Umweg von einer halben Stunde in Kauf, nur um ihr nicht zu begegnen.

Auf unserer Insel gab es einen alten Arzt. Es kam bei ihm natürlich häufig vor, daß er gleichzeitig zu einer Geburt und zu Kranken gerufen wurde. Da erinnerte er sich meiner als Krankenschwester, und es spielte sich ein, daß er mich zu Geburten holte, wenn er dringend zur gleichen Zeit zu einem Patienten mußte. Er hatte mir erklärt, ich solle die Hand auf den Bauch der Gebärenden legen, um zu fühlen, wie hart die Wehen seien, und dann ihn zu gegebener Zeit rufen. Aber es kam natürlich vor, daß das Kind auch ohne Arzt geboren wurde. Ich hatte alles richtig gemacht.

Während der Geburt trugen die Frauen auf der Insel eine

Bernsteinkette um den Hals, um nach ihrer Überzeugung die Schmerzen zu verringern, gebetet haben sie dagegen nicht.* Fürs Beten war ich da. Ich bin fest davon überzeugt, daß meine stillen Gebete die Frauen beruhigten, auch wenn sie es selbst gar nicht merkten. Eines Tages bekam ich eine Vorladung vom Gesundheitsamt. Ich war wegen unerlaubter Ausübung des Hebammenberufes ohne Diplom angezeigt worden. Als ich mich rechtfertigte, daß mich ja der Arzt geholt hatte, griff der Amtsarzt zum Telefon, ließ sich mit der Universitätsfrauenklinik in Greifswald verbinden und meldete mich kurzerhand für den nächsten Kurs an, um die Sache zu erledigen. Damit war ich Hebammenschülerin, und für ihn lag nichts Unerlaubtes mehr vor.

Für mich gestaltete sich der neue Status als Hebammenschülerin allerdings nicht so einfach. Zunächst machte ich die Anmeldung für den nächsten Kurs rückgängig, denn ich glaubte mich nicht von Haus und Kind trennen zu können. Aber als ich dann 1941 zur Rüstungsarbeit verpflichtet werden sollte, entschloß ich mich doch, die Ausbildung zu machen, und war froh, schon angemeldet zu sein. Als ich diesen Entschluß dem Amt mitteilte, sah mich der alte Arzt durch seine Brille scharf an und sagte: »Soso, Sie sind also die falsche Hebamme von Darß.«

Vor der Aufnahme in die Klinik wurden mein Gehör, meine Hände und Augen untersucht, und der Arzt fragte mich noch nach Geschlechtskrankheiten mit der Begründung, bei einer geschiedenen Frau wisse man schließlich nicht so genau! Ich war empört und gab ihm eine entsprechende Antwort.

So begann ich die Ausbildung für eineinhalb Jahre an der Universitätsfrauenklinik in Greifswald. Wir Hebammenschülerinnen nahmen mit den Studenten zusammen im Hörsaal am Unterricht teil. Unser Kurs war mit 15 Frauen belegt, die aus dem ganzen Reich stammten. Wir hatten auch eine Schülerin dabei, von der man hätte behaupten können, sie sei »aus dem Milieu«. Wahrscheinlich wäre sie eine »Engel-

* Auch auf Darß findet sich wie im Engadin der Glaube an die aus dem Spätmittelalter stammende Lehre von der Heilwirkung bestimmter Steine.

macherin« geworden. Aber sie mußte den Kurs ziemlich bald verlassen. Die meisten Mitschülerinnen waren sogenannte »Heim-ins-Reich-Frauen«, sehr nette Bäuerinnen aus dem jugoslawischen Banat mit einer gehörigen Portion Lebenserfahrung. Als die Deutschen das Banat besetzt hatten, durften natürlich nur noch »deutsche Frauen« als Hebammen bei der Geburt deutschstämmiger Kinder wirken, nicht etwa serbische oder kroatische Hebammen! Deshalb schickte man entsprechend geeignete Frauen zur Ausbildung ins »Reich«. Als sie kamen, waren sie sehr malerisch in ihren Trachten mit den zahlreichen bunten, weiten Röcken anzusehen. Eine von ihnen sagte ganz am Anfang zu mir: »In meiner Tracht kann ich doch nicht in die Stadt gehen. Dafür muß ich mich doch ›herrisch‹ anziehen.« Auf mein Zureden, sie sähe schön aus, wagte sie es doch, zog sich aber dann bald ›herrisch‹ an, denn sie wurde zu oft belästigt und angeredet. Uns allen war gemeinsam, daß wir schon Kinder hatten und – außer in meinem Fall – die Ehemänner im Krieg waren.

Nach der Ausbildung wurden alle meine Kolleginnen nach Posen, direkt den Russen entgegen geschickt, und viele von ihnen kamen um. Eine ehemalige Mitschülerin erzählte später nach der Flucht, sie habe mehrere Hebammen im Warthegau an Bäumen aufgehängt gesehen. Sie waren alle aktive und selbstbewußte Frauen gewesen.

In der Ausbildung wurde auf die Nazi-Ideologie allergrößter Wert gelegt, was beim Morgengruß schon anfing. Den weltanschaulichen Unterricht hielten Parteigrößen, und die Erblehre nahm kein Ende. So wurde uns intensiv beigebracht, was wir alles an Mißgeburten anzumelden hätten. Jedes bißchen an fehlenden Gliedmaßen bedurfte einer Meldung. Ich hielt das für Unsinn, denn wenn sich die Nabelschnur um ein paar Fingerchen gewickelt hatte, so daß diese nicht weiterwachsen konnten, dann waren auch das »fehlende Gliedmaßen« und hatten nichts mit Vererbung zu tun, war also nicht der Meldung wert.

Empfängnisverhütung war ein Tabu-Thema. Hitler brauchte doch Soldaten! Die Professoren und die Ärzte waren alle stramme Nazis. Trotzdem legte man den Hebammen damals nicht nahe, in die Partei einzutreten; dafür waren wir aber alle im NS-Hebammen-Bund, dem obligatorischen Berufsverband, organisiert.

Einer dieser strammen Ärzte wünschte immer den jungen Ärzten, beim Abschied für die Front, mit einem kräftigen Schlag auf die Schulter: »Na, dann jagen Sie mal die Russen!« Eines Tages sahen wir ihn »die Russen jagen«. Bei Mascha, einer der russischen sogenannten Hausschwangeren, setzten die Wehen ein, und sie sollte in den Kreißsaal kommen. Sie fand sich jedoch nicht im Kreißsaal ein, und wir Schülerinnen suchten sie im ganzen Haus. Als wir in das mittlere Stockwerk kamen, bot sich uns folgendes Bild: Mascha, im gestreiften Hauskleid, mit dem aufgenähten Schild »Ost«, zog breitbeinig in Richtung Kreißsaal den Flur entlang, einen Schritt hinter ihr gebückt der »Russenjäger«, in den Händen ein leise quäkendes Neugeborenes an der Nabelschnur, die unter Maschas hinterem Rocksaum hervorkam. Er bot das Bild eines ergebenen Dieners. Als wir den Arzt in dieser Situation sahen, brüllte er los: »Stehen Sie nicht so dämlich da, bringen Sie ein Nabelbesteck!« Wir rannten weg, um das Gewünschte zu holen, mußten uns aber erst einmal vor Lachen ausschütten. Die erste von uns, die die Fassung wiedergewann, traf es, ihm beim Abnabeln helfen zu müssen und ihn von dem »erbeuteten Russen« zu befreien.

Im Haus gab es immer genug Hausschwangere. Das waren unverheiratete Frauen, die von den Hebammenschülerinnen individuell als jeweils »ihr Fall« betreut wurden und an denen sie lernen konnten. Unter den Hausschwangeren der Klinik befanden sich auch die Fremdarbeiterinnen aus Rußland und Polen. Sie mußten die schweren Arbeiten im Haus verrichten, zugleich waren sie in extremem Ausmaß Unterrichts- und Anschauungsmaterial für die Studenten und angehenden Ärzte. Manchmal standen bis zu zwanzig Leute bei der Geburt um die Frau, an der alle Geburtsvorgänge demonstriert werden konnten. Die Frauen ließen das notgedrungen über sich ergehen, denn sie konnten sich in dieser Lage nicht wehren. Natürlich wurden sie während der Geburt von allen Studenten und Schülerinnen manuell untersucht – auch wenn es fünfundzwanzig waren.* An einen Fall kann ich mich besonders gut erinnern, denn es wurde vom Professor absichtlich gezeigt, was passiert, wenn die Gebärmutter zu zerreißen droht und nicht eingegriffen wird. Es war eine Polin, an der man den Versuch machte. Sie hat so geschrien und gelitten, daß ich veranlaßte, ihr heimlich eine Morphiumspritze zu geben. Aber dann mußte ich weglaufen, ich konnte nicht mehr zusehen.

Es gab auch die seltsame Anweisung, daß die Neugeborenen der Fremdarbeiterinnen keine Muttermilch trinken durften. So fütterte ich eines Tages, in der Anfangszeit meiner Ausbildung, ein polnisches Achtmonatskind, das nicht gut trank, mit etwas Muttermilch aus der Flasche. Als sich ein Arzt nach dem Kind erkundigte und erfuhr, daß die Mutter Polin war, schrie er mich an, ich solle nicht die Polenbälger mit kostbarer Muttermilch aufziehen, man solle sie für deutsche Kinder, deren Mütter nicht stillen könnten, aufheben. Wir Hebammenschülerinnen und auch die neue Lehrhebamme waren uns aber einig, daß dies nicht befolgt werden sollte. Als dann am nächsten Tag eine Mitschülerin denselben Säugling fütternd dasaß und der Arzt fragte: »Womit füttern Sie das Kind?«, antwortete sie ganz beflissen: »Mit Säuglingsnahrung, Herr Doktor.« Er ging befriedigt weg, und wir freuten uns, weil Muttermilch doch die beste Säuglingsnahrung ist.

Unsere Lehrhebamme hatte immer besondere Freude daran, die Nazis in subtiler Weise zu verspotten. So entband eines Tages die Frau eines hohen Nazibonzen männliche Drillinge. Als die davon überraschte junge Mutter sie fragte, ob ihr denn schöne deutsche Namen einfielen, schlug sie vor: »Nennen Sie sie doch Gernot, Giselher und Godehart, das paßt sehr gut zu Ihrem Familiennamen Waytilak.« Tatsächlich wurden die drei Kinder so benannt. Als der Bonze selbst zu Besuch kam, um sich von seiner phänomenalen Zeugungskraft zu überzeugen, legte die Hebamme die drei Neugeborenen nebeneinander hin, und wie zufällig hatten alle drei die

* Dieselben Verhältnisse werden ebenso detailliert aus dem Münchener Gebärhaus im 19. Jahrhundert geschildert. Auch damals lernten die Studenten durch Experimente an den Frauen (siehe S. 227 ff.).

rechte Hand neben dem Ohr, dem »Deutschen Gruß« erstaunlich ähnlich. Ich hatte dabei unsere Lehrhebamme schwer in Verdacht, denn sie murmelte: »Dann wär et woll jut, noch jedem en Hakenkreuz auf den Hintern zu tätowieren.«

Ehe wir in der Praxis arbeiten durften, wurde im Hörsaal an einer Phantomfigur aus Leder geübt, die bei den Studenten allgemein Lederhure genannt wurde. Wir lernten den Dammschutz mit Hilfe eines Gerstenkorntuchs und wurden sehr darauf getrimmt, es so meisterhaft zu beherrschen wie unsere Lehrhebamme.* Der Damm wurde mit der sogenannten Käseschmiere des Kindes, wenn der Hinterkopf etwas herausgetreten war, einmassiert. Unsere Ausbildung war hervorragend und gründlich, im guten Sinne preußisch, wenn nicht diese Vererbungslehre gewesen wäre.

Ich machte in Greifswald immer wieder die Erfahrung, daß sich Schichtwechsel der Hebammen sehr unangenehm auf die Geburt auswirkte. Sowohl die Schwangere als auch die neue Hebamme müssen wieder von vorne anfangen, sich aufeinander einzustellen und sich einzufühlen. Das kostet Kraft, man muß Hemmungen überwinden. Wäre ich noch einmal jung und könnte von vorne anfangen, ich würde mich ganz energisch für den Erhalt der Hausgeburten einsetzen.

Nach dem Ende der Ausbildung verpflichtete man mich, weiter in der Klinik zu arbeiten. So blieb ich dort bis Dezember 1944. In der Zwischenzeit hatte ich meinen Sohn in einem Internat in Süddeutschland sicher untergebracht.

Vom Fall Stalingrads flüsterte mir heimlich eine russische Fremdarbeiterin zu. Wenn wir die Ohren auf den Fußboden legten, konnten wir die Stalinorgeln tatsächlich hören. Da wußte ich, daß es Zeit war, zu meinem Sohn zu gehen. Ich nahm Wochenendurlaub, angeblich, um nach Berlin zu fahren. Einer Kollegin gab ich all meine Sachen und vertraute mich ihr an: »Verrate mich nicht! Wenn ich in vier Tagen nicht wiederkomme, sag einfach, ich sei in Berlin bei einer Bombardierung umgekommen.«

Zehn Tage lang war ich in Schwesterntracht unterwegs,

* Es findet sich bereits bei Trotula als wichtiges Hilfsmittel zum Dammschutz.

denn man bekam damals immer nur für 50 Kilometer eine Fahrkarte. Die Fahrt war sehr abenteuerlich, und ich wurde ein kurzes Stück auch von verwundeten Soldaten mitgenommen, die auf dem Rückzug waren. Sie witzelten nicht wenig über Hitler, so daß ich mir verwundert überlegte, wie schnell sich die Menschen doch ändern, wenn es erst einmal bergab geht.

Am 17. Dezember 1944 kam ich in Ulm während eines fürchterlichen Bombardements an. Alle Frauen und Kinder evakuierte man nach Blaubeuren. Dabei lernte ich eine Frau mit fünf Kindern kennen, in deren Gartenhäuschen in einem entlegenen Dorf ich untertauchen konnte. Ich durfte mich nicht frei bewegen und hatte Angst vor der Gestapo, denn ich war ja ohne polizeiliche Erlaubnis weggegangen und hatte weder die entsprechenden Papiere noch Lebensmittelkarten.

Als der Krieg endlich zu Ende war, bemühte ich mich um eine Niederlassung in Blaubeuren. Natürlich waren die eingesessenen Hebammen dagegen. Ich stellte eine weitere Konkurrenz dar und war noch dazu eine »Preußin«. So mußte ich schwer um meine Niederlassung kämpfen. Ein Beamter im Gesundheitsamt machte mir deutlich: »Die Preißn solln hingehen, wo's herkomma san.«

Schließlich bekam ich die Zulassung für ein kleines Dorf, mit höchstens zehn Geburten im Jahr. Die Gemeinde zahlte allerdings Wartegeld, d.h. ich hatte ein festes, wenn auch niedriges Einkommen. Die Frauen im Schwäbischen verhielten sich bei der Geburt ganz anders, als ich es von den schwerfälligen, zurückhaltenden Pommern gewohnt war. Sie waren aufgeschlossen, lebhaft, erzählten gerne und offen. Allerdings redeten die Bäuerinnen selten über Probleme. Ich hatte den Eindruck, sie ruhten so in sich, daß selbst Geldsorgen oder Eheprobleme nur oberflächliche Bedeutung hatten und nicht so tiefgreifend die Frauen beschäftigten wie in Pommern. Sie waren alle sehr nett zu mir, und weil es eine fruchtbare Gegend war, bekam ich auch Lebensmittel geschenkt, was damals mehr wert war als Geld.

Ich bemühte mich trotzdem um einen größeren Bezirk. 1947 bekam ich in Immenstadt im Allgäu die offene Stelle einer nationalsozialistisch belasteten Hebamme, die nicht mehr arbeiten durfte. Aber auch nach meiner Niederlassung in Immenstadt sah es nicht allzu rosig aus. Die Kolleginnen wachten eifersüchtig über ihre Frauen, und mir wurden immer nur Problemfälle, besonders unangenehme Frauen oder besonders weit abgelegene Häuser überlassen. Auch die Geburten bei den Flüchtlingsfrauen, die nichts hatten und arm dran waren, wurden mir zugeschoben, da ich ja »eine Preißin wie die« war. Angenehm war die Arbeit nicht, denn diese Frauen waren verbittert und unwillig, wollten immer dreinreden und wußten alles besser, ohne daß sie jedoch bei der Geburt mitgearbeitet hätten.

Als nach kurzer Zeit die frühere Hebamme, die jemanden während des Dritten Reiches ins KZ gebracht hatte, wieder arbeiten durfte, hatte ich immer irgendwelche Widerwärtigkeiten auszustehen. So gab es eine Anzeige gegen mich, weil ich Stillscheine für Mütter ausgestellt hatte, obwohl sie nicht mehr stillten.* Ein andermal hieß es, ich hätte keine Handschuhe bei der Geburt getragen, was nicht stimmte. Ich war eben eine Konkurrenz, die beseitigt werden sollte. Das gelang aber nicht. Vielmehr beschwerte ich mich beim Amt und traf dort zufällig in dem zuständigen Beamten einen alten Bekannten von der Insel Darß. Von da an war Schluß mit den Nachstellungen.

Ich betreute die Frauen in Immenstadt nicht nur zu Hause, sondern auch in einem Entbindungsheim, das Nonnen führten. Frauen, die dorthin zur Entbindung kamen, hatten entweder mit einer problematischen Geburt zu rechnen, oder es waren Frauen in Notlagen. So kam eines Tages im Herbst, als es schon sehr kühl war, ein blutjunges Mädchen, nur mit einem leichten Sommerkleidchen und Sandalen bekleidet, im Heim an. Sie hatte kein Gepäck, keine Papiere. Als ich sie und das Kind am dritten Tag nach der Geburt zur Wochenpflege besuchen wollte, war die junge Frau verschwunden. Das Kind hatte sie zurückgelassen.

Ein anderes Beispiel: Ich wurde zu einer Frau ins Entbindungsheim gerufen, von der die Nonne nur sagte: »Sie

* Es bedeutete, eine größere Lebensmittelration zugeteilt zu bekommen.

kommt aus dem Osten.« Die Frau hatte den Arm über ihre Augen gelegt und weinte. Den Grund wollte sie mir nicht sagen. Als ich ihr nach der Geburt das Kind in die Arme legen wollte, drehte sie sich zur Seite und sah es nicht an. Ich legte es also ins Bettchen und wandte mich der Frau zu. Als das Kind weinte, fragte sie zaghaft, ob ihm wohl etwas fehle, und meinte dann sehr zögernd und gehemmt: »Vielleicht legen Sie es doch zu mir.« Sie nahm ein Händchen, schaute das Kind aufmerksam an, streichelte, küßte es und stieß schluchzend hervor: »Es hat keinen Vater. Mein Mann will es nicht. Er hat uns erst kürzlich hierher in den Westen geholt. Ich bin von einem Russen vergewaltigt worden.« Als am nächsten Tag der Ehemann zu Besuch kam, fragte er mich ganz aufgelöst schon auf dem Flur, ob seine Frau etwa ihr Kind stille, da gerade die Kinder vorbeigetragen wurden. Als er dann bei seiner Frau war, das Kind sah, und sie bitterlich weinte, entschlossen sie sich doch, das Kind zu behalten und nicht, wie ursprünglich geplant, zur Adoption freizugeben. Es war eine ergreifende Szene, und ich hoffe, daß das Paar das Leben mit dem Mädchen schaffte.

In dem Entbindungsheim geschah es auch, als kein Arzt erreichbar war, daß ich eine Plazentalösung selbst von Hand machte und dabei alles gut ging.

Es gab aber auch andere typische Nachkriegsschicksale. So war ich beispielsweise ständiger Gast in einer Familie, in der sich Großmutter, Mutter und einige Töchter mit den Geburten abwechselten. Alle Kinder stammten von deren jeweiligen amerikanischen Soldatenfreunden. Es wuselten so viele Kinder in dieser Wohnung herum, daß man nie wußte, welches Kind nun zu welcher Mutter gehörte und wie sie alle untereinander verwandt waren. So war es mir passiert, als die jüngste Tochter und die Mutter gleichzeitig im Wochenbett lagen, daß ich die Kinder beim Anlegen an die Brust verwechselte. Ich hatte der Tochter das Kind der Mutter gebracht. »Das isch min Schwöschter«, sagte die Tochter, während ihre Tochter am Busen der Großmutter nuckelte. Von den Vätern war nie etwas zu sehen. Sie waren vielleicht wieder in ihrer Heimat in Texas oder Mississippi. Nur einmal wurde ich von einem dieser Väter, er war ein Schwarzer, mit wunderbaren

Geschenken bedacht, als sein Sohn zur Welt kam. Man kann sich heutzutage gar nicht mehr vorstellen, welche Freude zwei Dosen Maxwell-Kaffee und vier Meter reine weiße Seide auslösen konnten.

Eines Tages holten mich Zigeuner zur Geburt. Im Wagen bei der jungen Frau saß auch noch eine alte Zigeunerin, richtig wie aus dem Bilderbuch. Die Frau hatte neben sich eine große Schnapsflasche stehen und nahm immer wieder einen kräftigen Schluck daraus. Sie war während der ganzen Geburt betrunken und bot auch mir die Schnapsflasche an. Bei der Untersuchung bemerkte ich, daß sie Zwillinge bekommen würde, eines davon in Steißlage. Als ich dies der Alten sagte, tippte sie mit dem Finger an ihre Stirn und glaubte mir nicht. Die Geburt verlief genau, wie vorhergesagt, und wir konnten das Kind in der Steißlage auch holen. Nun fragte die Alte mich, wieso ich das gewußt hätte. Als ich ihr zu erklären versuchte, daß ich mit dem Hörrohr die Herztöne vernehmen könne, sagte sie in bestimmten Ton: »Nein – Sie können hellsehen.« Drei Tage später, als mich der Mann bezahlte, gab er mir zusätzlich zum Geld noch so viele Lebensmittel, daß ich sie kaum glaubte annehmen zu können. Aber er erwiderte: »Nehmen Sie nur soviel, denn Sie können ja hellsehen.« Mir war es recht, daß mir diese wunderbare Gabe in der Zeit der Hungersnot soviel schönes Essen beschert hatte.

Mit der alten Zigeunerin war es aber während der Geburt nicht ganz einfach gewesen. Sie mischte sich immer ein und wollte mir sagen, wie ich das eine oder andere machen sollte. Als ich den Vorraum betrat, um eine Schüssel für die Säuberung der Frau zu holen, fiel sie mir in den Arm und rief: »Nicht von hier, sonst ist es unrein.« So mußte ich mich mit einem geputzten Stahlhelm behelfen, der draußen vor dem Wagen herumlag. Ich durfte den Wagen auch nicht so, wie ich gekommen war, durch den Vorderraum wieder verlassen, sondern mußte durch das Wagenfenster im hinteren Teil des Wagens hinausklettern. Gleich nach der Geburt hatte die Frau die Zwillinge zum Stillen angelegt. Danach stand sie auf, sie schwankte zwar ein bißchen von dem Schnaps, konnte aber herumgehen. Allerdings durfte sie nicht in den Vorraum, denn auch sie war unrein. In den nächsten Tagen, in denen ich zu den Wochenbesuchen kam, setzte sich niemand neben mich. Wir beide galten als unrein.

Ich hatte zwar wirklich nicht die Gabe des Hellsehens, aber sehr gute Ohren. So konnte ich fast immer Nabelschnurumschlingungen am Geräusch der Nabelschnur hören. Wenn ein bestimmtes Zischen zu bemerken war, wußte ich, daß etwas nicht stimmte. Auf einen solchen Fall hatte ich den Arzt dringend während der Geburt aufmerksam gemacht und inständig gebeten, die Frau vom Entbindungsheim ins Krankenhaus zum Kaiserschnitt zu schaffen. Aber der Arzt meinte nur, ich bilde mir das alles ein. Zur Welt kam dann ein von der Nabelschnur erwürgtes totes Mädchen. Wenn man bei so vielen Geburten saß und sie von Anfang bis Ende mit dem Hörrohr immer verfolgt hat, bekommt man das ganz feine Gespür für Unregelmäßigkeiten im Geburtsverlauf. Aus diesem Grund können erfahrene Hebammen schon sehr früh sagen, ob die Geburt zum Problem wird und eine Entbindung im Krankenhaus notwendig ist.

Während der Geburt waren die junge Mutter und ich meistens allein. Bei den Allgäuer Bauern beteten die Magd, die Großmutter, die Schwägerin und andere Frauen in der Küche den Rosenkranz. Der Mann war fast nie bei der Geburt dabei. Wenn die Schmerzen während der Geburt sehr schlimm wurden, versprachen sich die Allgäuerinnen der heiligen Margarete, beteten, und im Herrgottswinkel wurden Kerzen angesteckt.

Immer wieder konnte ich feststellen, daß die Wehen am Abend, zu Beginn der Dunkelheit, einsetzten. Die Geburten waren dann fast alle in den Morgenstunden zu Ende. Am leichtesten ging es immer bei Vollmond.

Wollten die Blutungen nach der Geburt nicht aufhören, legte ich als Notbehelf auf den Gebärmuttergrund in Zeitungspapier eingewickelte Briketts oder einen Sandsack – das half oft, bis der Arzt kam.

Einmal erlebte ich auch eine Geburt in der Eisenbahn auf einem Transport evakuierter Hamburgerinnen in ein Dorf in der Nähe von Landshut in Niederbayern. Obwohl die äußeren

Umstände alles andere als angenehm genannt werden konnten, war die Geburt doch sehr schön. Alle Frauen halfen so gut zusammen und nahmen solchen Anteil daran, daß es ein wunderbares Gemeinschaftserlebnis wurde. Vielleicht war ich ein wenig von diesem positiven Gefühl inspiriert, denn es gelang mir alles ohne Komplikationen und ohne nachfolgende Schwierigkeiten.

Problematisch wurde es lediglich, als unser Zug am Bestimmungsort ankam und kein Mensch zur Hilfe da war. Wir sollten ins Schloß gebracht werden. Der Schaffner, an den ich mich um Hilfe wandte, sagte nur recht unfreundlich: »Was geht's mich an. Die Suppe haben die Nazis eingebrockt, jetzt sollen sie sie auch auslöffeln.« Erst meine Drohung mit der NS-Frauenschaft verschaffte uns den Transport zum Schloß. Aber auch Frau Gräfin begegnete uns sehr ungnädig. In den Räumen, die für uns bestimmt waren, standen lediglich ein zierliches Sofa und eine Palme, und auch die Gräfin sagte: »Was geht mich das alles an.« Sie wollte mit dem ganzen Regime und den Folgen nichts zu tun haben. Die Hamburgerinnen nahmen das aber alles recht gelassen, und so wurde die erste Nacht ganz lustig im Schloß. Am nächsten Tag erreichte ich, daß für uns Betten und anderes organisiert wurden.

Ab 1948 hatte ich einen Motorroller, eine Lambretta, mit dem ich jedoch nicht zurechtkam und ihn daher lieber stehen ließ. Im Winter war ich viel mit den Skiern unterwegs. Die Wege waren oft sehr schön und romantisch. Ich wurde gut empfangen, und in den reichen Allgäuer Höfen gab es immer eine Magd, Schwägerin oder Großmutter, die die junge Frau pflegten. Die Atmosphäre war stets gut, Essen gab es genug, und ich bekam immer reichlich davon. Das war wichtig, denn mein Sohn und ich litten oft Hunger. Es war ein unkompliziertes und einfaches Leben, so daß ich mich sogar einmal, als ich mich neben der jungen Mutter nach der Geburt im Ehebett schlafen legte, morgens beim Aufwachen mit dem Bauern im Bett fand. Ich fragte ihn entsetzt, ob er die ganze Nacht hier geschlafen hätte, und er meinte: »Ja, wo denn sonst.«

In einer Familie, in der schon sieben Mädchen geboren

worden waren, wählten sie beim achten Kind mich als Hebamme. Das zog zunächst die Gehässigkeit der altgedienten Hebamme auf mich. Aber dann erklärten mir die Leute, daß sie es halt einmal bei einer anderen Hebamme versuchen wollten, den ersehnten Sohn zu bekommen. Aber auch das achte Kind war ein Mädchen. Also, an der Hebamme lag's wohl nicht. Ich wurde dann nicht mehr gebraucht. Wenn es zu viele Mädchen in einer Familie waren, gab es wohl Probleme, aber nicht so ausgeprägt, wie ich das aus Erzählungen meines Mannes aus seiner Verwandtschaft in Kandersteg in der Schweiz wußte. Dort flüsterten die Frauen der Braut bei der Hochzeit als Empfehlung zu, wenn sie einen Buben als erstes Kind haben wolle, dann müsse ein Bub in der Hochzeitsnacht zusehen. Und tatsächlich, so wurde meinem Mann von seinen Verwandten erzählt, ließ in einem Fall das Brautpaar den elfjährigen Sohn der Schwägerin die ganze Nacht zuschauen. Sie setzten ihn auf einen Stuhl neben das Ehebett. Das erste nach neun Monaten geborene Kind war ein Sohn.*

In den 50er Jahren wurde ich krank, denn ich war erschöpft. Die Strapazen des Krieges und meines Berufes zusammen waren für mich zuviel geworden. Und als sich eine Einladung nach Lugano ergab, nahm ich sie an. Im Gastgeber lernte ich meinen zweiten Mann kennen. Ich gab meine Praxis auf, denn mein Mann war in der ganzen Welt beruflich unterwegs, und dabei begleitete ich ihn. 1976 veröffentlichte ich einen Hebammenroman mit dem Titel »Herztöne«. Jetzt lebe ich am Luganer See.

* Glaube an die magische Wirkung der Umgebung auf einen bestimmten Lebensvorgang, die sog. Emanationstheorie.

Elisabeth Ganser,
81 Jahre, Hebamme in Buch am Erlbach,
Niederbayern

Ich erinnere mich noch gut, wie ich als Fünfjährige, vom Gänsehüten heimkommend, mich über die Frechheit der fremden Frau wunderte, die aus unserer Küche die Wasserschüssel holte und in die Schlafkammer zur Mutter trug. Es war die Hebamme – für mich die erste Berührung mit meinem späteren Beruf. Ein paar Stunden später kam mein Vater dann mit einem winzigen Bündel aus dem Schlafzimmer und zeigte uns Kindern das neue Schwesterchen – ein Siebenmonatskind. Das Kind wurde warm zur Mutter gebettet und überlebte. Ich wurde 1908 in dem Weiler Hanwang als viertes von sieben Kindern auf einem Hof geboren.

Später war ich bei der Gräfin im nahen Schloß als Hausmädchen in Stellung. Als ich mit 26 Jahren noch keinen Mann gefunden hatte, der mir zum Heiraten gefallen hätte – das war ein Kapitel für sich –, fand ich es nicht mehr richtig, so weiterzuleben, und wollte selbständig werden. Mein Vater behauptete schon immer: »Zum Heiraten taugst du nicht – du hast immer deinen eigenen Kopf.«

Ein paarmal hatte meine Schwester schon gesagt, als ich bei ihren Geburten dabei war und die Wochenpflege übernommen hatte, ich würde mich als Hebamme eignen, weil ich das Jammern gut mitanhören könne. So überlegte ich an einem dieser Tage auf dem Heimweg tatsächlich: Eigentlich könntest du ja Hebamme werden.

Sofort am anderen Tag fuhr ich mit dem jungen Grafen nach Landshut zum Bezirksarzt, der mich nach einer Intelligenzprüfung für den nächsten Kurs in der Klinik in München anmeldete. So besuchte ich drei Wochen danach schon den letzten einjährigen Kurs im Jahr 1934. Später dauerten die Kurse dann eineinhalb und zwei Jahre. Für die Anmeldung brauchte ich den Ariernachweis, damit sie mich nahmen, und 1800 Mark mußten für den ganzen Kurs im voraus bezahlt werden. Ich hatte Erspartes, und mein Vater verkaufte einen Ochsen für 800 Mark. So brachte ich das viele Geld zusammen. Die Ausbildung war ziemlich politisch und ideologisch ausgerichtet. Der leitende Professor war ein strammer Nazi, die Ärzte jedoch, mit denen wir Hebammenschülerinnen zu tun hatten, stammten alle noch aus der Zeit vor 1933 und machten sich eher lustig darüber. Auf dem Stundenplan stand besonders viel Erblehre, im übrigen wurden wir gut auf Hausgeburten vorbereitet, so daß ich als junge Hebamme erst bei meiner fünfzehnten Geburt einen Arzt brauchte.

Nach der Ausbildung war mir vom Bezirksarzt der Ort Buch zugewiesen worden. Weil ich nur drei Kilometer von Buch entfernt zu Hause war, glaubte er, mir einen Gefallen zu tun, wenn er mich hierher schickte. Aber ich war gar nicht scharf darauf. Also wollte ich erst nur für zwei oder drei Jahre bleiben. Es wurden dann bis 1970 35 Jahre daraus. Insgesamt leitete ich 2250 Geburten, im Jahr also ungefähr 50 bis 60. Am Anfang bekam ich 30 Mark für die Geburt, zusätzlich gab es fünf Mark Wegegebühr, wenn der Weg mehr als zwei Kilometer lang war. Das war viel Geld, und da ich bei meiner Schwester wohnte und aß, hatte ich mehr als genug.

Mein Einzugsgebiet betrug etwa acht Kilometer im Umkreis. Das erste halbe Jahr war ich mit dem Fahrrad unterwegs, dann kaufte ich mir ein Motorrad, eine 100er Sachs, die 300 Mark kostete. Das Geld lieh mir mein Bruder. Er zeigte mir auch kurz, wie das Motorrad zu fahren war, und dann brauste ich los, wenn ich auch bei der ersten Fahrt nicht bremsen konnte und den Motor mit dem Gas drosselte.

Nach zweieinhalb Jahren bekam ich von der Fahrerei Rheuma, denn Schutzanzüge für Frauen gab's damals nicht. Bei jedem Wetter, bei Tag und Nacht aus dem Haus gehen zu müssen, war anstrengend. So kaufte ich mir 1938 ein Auto, einen DKW Meisterklasse, für 2460 Mark. Im Winter half das Auto allerdings nichts, da mußte ich wieder zu Fuß gehen, denn die Lehm- und Kieswege waren nicht geräumt, und von einer Straße war oft nichts mehr zu sehen.

Viele haben mir mein Auto geneidet. Denn außer mir hatten nur noch der Arzt, der Ortsgruppenleiter der Partei und der Taxiunternehmer ein Auto. Es gab Menschen, die mir mit ihrem Ochsengespann auf der Straße extra nicht auswichen. Da hieß es dann: »Was pressiert's dem Weiberleut, die wird schon noch hinkommen, wo sie hin will – soll's warten.« Es kam ja nie ein Mann auf die Idee, mich mit dem Fuhrwerk zu holen.

Ein Telefon besaß ich in den ersten Jahren noch nicht. Es kam meist der Mann oder der Knecht und klopfte. Wenn ein wildfremdes Mannsbild draußen stand, war das für mich eine gefährliche Sache. Womöglich war der Bart voller Eis und Schnee, kaum daß etwas vom Gesicht zu sehen war. Ich fragte oft meinen Schwager, ob er den Mann kenne, und ging erst dann beruhigt mit, wenn das der Fall war. Die Männer packten meinen Koffer in den Rucksack, und so marschierten wir los. Sie hatten es sehr eilig, mich zu ihrer Frau zu bringen, damit sie dann ihre Ruhe hatten. Manche, die Verstand hatten, begleiteten mich auch wieder heim.

War der Mann zur Hebamme unterwegs, gab es in jedem Dorf eine Frau, die so lange bei der Gebärenden blieb, damit sie nicht allein war, wenn etwa das Kind schon kam. Meine Mutter erzählte oft: »Die Bergschusterbäuerin hat euch alle auf die Welt gebracht, denn bis der Vater mit der Hebamm gekommen ist, wart ihr schon da.« Die Bergschusterbäuerin war unsere Nachbarin. Sie ging auch zu anderen Frauen als Ersatz für die Hebamme zur Geburt und hat es sehr geschickt gemacht – auch das Abnabeln mit dem Band aus einem Kinderhemdchen. Das Kind ließ sie möglichst lange mit der Nabelschnur an der Plazenta hängen, schnitt sie aber dann mit einer einfachen Schere durch. Wenn die Bergschusterbäuerin selbst wieder soweit war, ging meine Mutter zu ihr. Damals war es nicht Brauch, daß die Frauen die Hebamme während der Schwangerschaft besuchten. Sie wurde erst zur Geburt geholt. Langsam führte ich es ein, wenn ich irgendwo von einer schwangeren Frau hörte, sie zu besuchen und mit ihr ein wenig zu reden. So stellte es sich im Laufe der Zeit ein, daß die Frauen von sich aus zu mir kamen.

Die Frauen errechneten damals den Geburtstermin eines Kindes, indem sie von der Geburt des Jüngsten ausgingen, das Ende der Stillzeit wußten und neun Monate dazurechneten. Das war's! Manche Frauen hatten jahrelang keine Monatsblutungen. Früher stimmte es in gewissem Sinn, daß während der Stillzeit keine neue Schwangerschaft eintreten konnte, denn die Frauen mußten hart arbeiten und hatten keine Kraft, ein Ei zusätzlich zu produzieren. Aber bei einigen Frauen passierte es eben trotzdem. Sie kamen dann und sagten: »Verdammt, jetzt still ich noch, und dann denk ich, da rührt sich was in meinem Bauch.« Und schon waren sie wieder im fünften Monat.

Manchmal haben die Frauen sehr geklagt, wenn es wieder soweit war. Normalerweise hatten sie sieben oder acht Kinder. Über Verhütung redeten sie mit mir nicht, weil ich nicht verheiratet war und kein Kind hatte. Sie glaubten, ich wisse von alldem gar nichts.

Wenn es mehr als acht oder neun Kinder wurden, erlaubte ich mir zu sagen: »Jetzt müßt's halt ein bißchen aufpassen.« Und manche wußten auch, daß dies bedeutete, gewisse Tage einzuhalten. Knaus-Ogino hatten wir in der Schule als Verhütungsmethode gelernt, aber über Kondome oder irgend etwas anderes wußten wir nicht Bescheid.

Damals blieben alle Frauen bei der Entbindung zu Hause, auch reiche. Ins Krankenhaus kamen nur diejenigen, bei denen ich mit Schwierigkeiten rechnete, zum Beispiel wenn das Kind im Mutterleib quer lag oder wenn Mehrgeburten zu erwarten waren. Eine Querlage zu wenden, war den Hebammen verboten. Man hatte es uns in der Ausbildung nicht üben lassen, sonst hätte ich die Wendung ebenso wie eine Steißlage entwickeln können, was uns ebenfalls verboten war. Ähnlich war es mit der vaginalen Untersuchung. Die Ärzte behielten sich diese vor – aber ich holte trotzdem Steißlagen und untersuchte vaginal.

Als ich noch bei meiner Schwester wohnte, gebaren die Ledigen bei mir in der Schlafkammer. Wenn eine nicht wußte wohin, sagte ich: »Na ja, dann kommst halt zu mir.« So habe ich einige Tage meine Schlafkammer mit ihr geteilt. Die Mädchen waren sehr glücklich darüber, haben brav gezahlt, und es gab nie Probleme damit.* Nach einer Erlaubnis seitens der Behörde – ich hatte damals keine – fragte kein Mensch. Erst als ich 1947 im eigenen Haus eine Wochenstube mit zwei Zimmern einrichtete, bekam ich vom Gesundheitsamt eine Genehmigung. Ich pflegte die ledigen Frauen und ihre Kinder, kochte und sorgte für sie. Nach einer Woche kam das Kind dann in eine Pflegestelle, und die Mutter ging wieder zum Bauern zurück. In den letzten zehn Jahren meiner Arbeit hat es sich so ergeben, daß alle Frauen meines Bezirks – verheiratet oder nicht – bei mir entbanden. Ich hatte das gern, denn so mußte ich nicht ständig unterwegs sein. Manchmal waren gleich drei Frauen zugleich in meinem Haus, und das war dann auch recht lustig.

Bei einer Erstgeburt waren damals 24 Stunden Anwesenheit für die Hebamme normal. Wir durften vorher keinen Arzt holen. Es half eben nur das Warten. Die alten Weiber empfahlen damals immer das Warmhalten oder Dampfbäder mit Heublumen. So ein altes Mütterchen zog dann einen Eimer herbei. Er war halb voll mit heißem Wasser, in dem Heublumen schwammen und auf den sich die Frau dann draufsetzte. So entspannte sie sich, und der Muttermund wurde weich und öffnete sich. Wir waren damals eigentlich arm dran mit unseren Mitteln, aber heutzutage wird keine wirkliche Hebammenarbeit mehr gemacht, denn alles geht mit Spritzen. Früher war's allerdings für die Frauen manchmal eine unnötige Quälerei.

Als Lichtquelle gab es zur damaligen Zeit nur Petroleumlampen, was nicht ungefährlich war. Einmal zerriß sogar ein Glaszylinder: Der Mann stand mit der Lampe in der Hand nah am Bett, als bei ihr die Fruchtblase sprang. Das Fruchtwasser spritzte auf den Glaszylinder, der davon platzte. Die ganze Botscharri (Bescherung) lag im Bett, und das Kind wurde bei stockfinsterer Nacht mitten in die Glasscherben hineingeboren. Ich wußte dann nicht, wohin mit dem Kind, nahm es in die Schürze und wartete, bis der Mann wieder Licht brachte.

* Ärzte verleumdeten zum Teil diese Wochenstuben, die im vorigen Jahrhundert weit verbreitet waren, in übelster Weise (siehe S. 227 f.).

Die Männer waren zwar manchmal bei der Geburt dabei –, was ich nicht gern mochte –, rissen sich aber auch nicht darum. Höchstens sagte mal einer: »Geh, schrei nicht so, muß doch nicht sein.« Meistens haben die Frauen damals sowieso keinen Mucks getan. Sie waren recht schamhaft und wollten alles heimlich und still abwickeln.

Bei allen Frauen, ob Bäuerin oder nicht, war die erste Geburt immer sehr schwierig. Das zweite Kind kam dann von selbst; meist wurde ich zu spät gerufen, die Frauen dachten, es müsse noch schlimmer werden, ähnlich wie es beim ersten Kind war. So kam es auch einmal, daß das Kind schon völlig geboren war, und drei alte Weiber drumherum standen. Das erste Kind dieser Frau war im Jahr davor an Nabelentzündung gestorben, und nun fürchtete ich dasselbe. Die Frauen hatten sich nämlich die Hände nicht extra gewaschen und mit irgendeinem Band, das herumlag, den Nabel abgebunden. Gott sei Dank war der Nabel dann am dritten Tag abgefallen, und alles war gut. Beim dritten Kind wurde ich meist wieder rechtzeitig gerufen, denn inzwischen wußten die Frauen Bescheid. Ab dem vierten oder fünften Kind begannen dann allmählich die Risikogeburten. Es trat Wehenschwäche ein. Und weil die Kinder im ausgeleierten Bauch so schön Platz hatten, drehten und wendeten sie sich, und es entstanden unvorhergesehen Querlagen. Bei Wehenschwäche verabreichte ich manchmal leichte Chinintabletten oder Spritzen.

Als ich 1935 mit meiner Arbeit anfing, hatten die Frauen alle irgendeine Verwandte oder eine Frau aus dem Dorf, die sich während des Wochenbettes um Wäsche und Haushalt kümmerte; ich mußte nichts machen. Die ersten drei Tage ging ich zweimal am Tag zu den Frauen und dann bis zum zehnten Tag nur noch einmal am Tag. Die Frauen lagen damals drei oder vier Tage; es gelang mir nicht, sie die vorgeschriebenen sieben Tage im Bett zu halten. Wenn es mal einen Mann gab, der seine Frau zur Arbeit raustreiben wollte, griff ich zur Notlüge und erfand eine Komplikation, so daß sie weiter liegen mußte.

Immer wieder erzählte mir die Wochenpflegerin, daß bei ihrer Arbeit Schwierigkeiten aufträten, wenn die Ehemänner kurz nach der Geburt schon wieder mit ihrer Frau geschlafen hatten. Bei mir beklagte sich keine Frau – ich war ja nicht verheiratet! Aber ich dachte mir mein Teil, wenn zehn Monate später das nächste Kind da war. In solchen Fällen wurde ich dann doch deutlich, schmiß den Mann aus der Schlafkammer hinaus und sagte sehr nachdrücklich: »Halte du dich jetzt zurück.«

Solange ein Kind nicht getauft war, durfte es nicht mit Weihwasser bespritzt werden. Aber getauft wurde gleich am ersten Tag. Als ich anfing, war mir das nicht recht, und ich wollte das Kind nicht vor dem dritten Tag getauft wissen. Aber der Pfarrer kam mir ins Gehege und sagte: »Nein, das muß gleich sein.« Als der alte Pfarrer dann weg und der neue noch nicht da war, begann ich die Taufe am letzten Tag meiner Wochenbesuche einzurichten.

Zur Taufe gingen der Vater, die Patin und ich, wobei ich das Kind den ganzen Weg trug – hin und zurück, auch im Winter! Die Männer nahmen mir das Kind nicht ab. Meist waren sie nicht einmal mit dem Anziehen fertig und hantierten während des ganzen Weges ins Dorf an ihren Kragen, Schlipsen und Knöpfen herum. In späteren Jahren wurde das Taufmahl von einer Krankenschwester gekocht, die ins Haus kam. Es hatte sich nämlich bei uns ein Krankenverein gebildet, in den die Frauen einmal im Jahr einbezahlten. Und wenn sie dann im Wochenbett lagen, kam die Schwester des Vereins und versorgte Kind und Wöchnerin.

Nicht geholt wurde ich zu Fehlgeburten; die Frauen gingen in solchen Fällen unmittelbar danach ins Krankenhaus. Ich hatte nie den Eindruck, daß Fehlgeburten bewußt herbeigeführt worden waren. Ursache dafür war wohl eher die harte Arbeit, die die Frauen stets leisten mußten.

Früher nannte man mich auch »Wehmutter« oder »Dascheweib«. Das kam wohl daher, daß ich immer meine Tasche bei mir trug. »S'weis' Wei« (das weise Weib) hörte ich auch manchmal, weil man glaubte, wir Hebammen wüßten mehr. Den Kindern wurde erzählt, ich brächte die Kleinen im Korb.

Hebamme zu sein, war ein schöner, aber schwerer Beruf,

dem ich mich so sehr verbunden fühlte, daß ich deshalb nicht heiratete. Ich sagte mir, wenn ich heirate und arbeite, dann leidet die Ehe, und wenn ich heirate und meinen Beruf aufgebe, dann bin ich unzufrieden und bereue es. Also hab ich nicht geheiratet. Man darf das Hebammesein nicht als Beruf zum Versorgtsein ansehen, sondern muß wirklich mit Leib und Seele daran hängen: sich berufen fühlen.

Ich bedaure es, wenn unser Beruf ausstirbt und bin der Meinung, die jungen Frauen sollten die Hausgeburt pflegen. Sie sollten sich auf die Hebamme verlassen, denn sie weiß schon eine Normalgeburt von einer Risikogeburt zu unterscheiden. So hat einer der Ärzte, mit denen ich zusammenarbeitete, immer auch von mir gelernt und mich nach meiner Meinung gefragt. Einmal waren wir ganz unterschiedlicher Ansicht darüber, ob eine Steißlage vorlag oder nicht. Ich mußte kurz zu einer anderen Geburt weg, und als ich zurückkam, war's natürlich die von mir festgestellte Steißlage gewesen. Das hatte ich einfach im Gefühl beim Tasten und sah es schon von außen, im Gegensatz zum Arzt. Heutzutage, glaube ich, wollen die Ärzte ihre Krankenhäuser voll haben und nehmen den jungen Hebammen schon während der Ausbildung den Mut zur Hausgeburt. Sie lernen zwar, Apparate bedienen, aber nicht mehr, die Frauen anschauen. Ich hatte es mit der Hand gefühlt, am Stöhnen und den Geräuschen gehört, wie weit die Geburt fortgeschritten war. Grundsätzlich hat jede Frau vor der Geburt Angst. Diese Angst muß man ihr nehmen und sie nicht steigern durch den Rat, ins Krankenhaus zu gehen, um alle Risiken auszuschalten, die eher dadurch entstehen. Die jungen Hebammen sollten sich hier mehr zutrauen, und die jungen Frauen sollten sich mal wieder trauen, zur Geburt nicht ins Krankenhaus zu gehen. Dann würden sie merken, um wieviel besser es zu Hause ist.

Berta Hillen,
76 Jahre, Hebamme in Dülmen, Münsterland

Ich wurde 1913 geboren und hatte elf Geschwister. Mein Vater betrieb eine Landwirtschaft in der Bauernschaft Wilte. Wir mußten bereits als Schulkinder auf dem Hof mithelfen, und unmittelbar nach Schulende kamen wir in Stellung. So war das vor 60 Jahren!

Schon als junges Mädchen wollte ich Hebamme werden, denn ich stellte mir etwas Besonderes unter dem Beruf vor. Um zu erfahren, wie ich es am besten mit der Ausbildung anfangen sollte, erkundigte ich mich bei einer Hebamme in Coesfeld, die meinte, es wäre besser für eine Zulassung zum Hebammenkurs, wenn ich vorher noch eine höhere Schule besucht hätte. Damals war die Konkurrenz eben groß. So wurde es also zunächst nichts mit dem Traumberuf. 1935 heiratete ich, bekam meine beiden Kinder, vergaß darüber aber nicht, daß ich Hebamme werden wollte. Mein Mann stand damals in Rußland an der Front, und in der Sorge, er könnte fallen, wurde mir meine Berufsausbildung immer wichtiger. Denn dann konnte ich mein Brot selbst verdienen, sollte ihm etwas zustoßen. Ich hatte ihm davon nach Rußland geschrieben, und er war mit meinem Plan, die Ausbildung zu machen, einverstanden. Auch er war damit die große Sorge um eine unversorgte Frau und zwei kleine Kinder im Falle seines Todes los. Also meldete ich mich beim Bezirksarzt an. In der bei ihm abzulegenden Prüfung mußte ich einen Aufsatz schreiben und aus der Zeitung vorlesen.

Im April 1942 begann meine Ausbildung in Bochum an der Landesfrauenklinik, und im Herbst 1943 war ich fertig. Meine unverheiratete Schwester versorgte in dieser Zeit meine Kinder. Nur sehr selten konnte ich nach Hause fahren. Ich empfand es als schlimm, so lange von meinen Kindern getrennt zu sein. Sie waren vier und fünf Jahre alt, als ich wegging, und bei meiner Wiederkehr besuchte der Junge schon die Schule. Nichts von ihrer Entwicklung während dieser Zeit mitbekommen zu haben, machte mir großen Kummer. Noch heute schmerzt es mich, und ich darf gar nicht daran denken, wie weh es damals tat. Ich nahm das Opfer auf mich, um einen Beruf zu haben. Aus Freude an den fremden neugeborenen Kindern hätte ich das sicher nicht getan. Ich war immer froh, wenn sie erst mal versorgt waren.

Während des Krieges in der Klinik mußten wir oft bei Bombardements die Wöchnerinnen oder Frauen während der Geburt in ihren Betten in den Keller fahren. Dabei passierte es auch, daß der Aufzug während des Luftangriffes steckenblieb und wir alle zusammen im Aufzugschacht eingeschlossen waren.

Es war hart, während des Krieges diese Ausbildung zu machen, denn trotz des strengen Dienstes hungerten wir sehr. Zum Frühstück gab es eine Scheibe Brot auf dem Teller und zum Mittagessen zwei Pellkartoffeln. Wenn man Pech hatte, war eine davon faul. Oft konnten wir der Versuchung nicht widerstehen, beim Essenausteilen eine oder zwei Kartoffeln von den Tellern der Frauen zu nehmen. Denn wir hatten das Gefühl, nie wieder im Leben satt zu werden.

Morgens um sechs Uhr wurden wir mit einem barschen »Heil Hitler« geweckt. Auch in die Zimmer der Frauen durften wir nur mit dem Gruß »Heil Hitler, haben Sie gut geschlafen« eintreten. Einen »Guten Morgen« gab es nicht, denn die Lehrhebamme und der Klinikdirektor waren strenge Nazis. Man sperrte uns förmlich in der Klinik ein und drillte uns wie kleine Kinder. Passierte es einmal einer Schülerin, daß sie wegen der schlechten Zugverbindungen in diesen Zeiten zwei Stunden zu spät vom Ausgang zurückkam, so wurde absolute Ausgangssperre für den ganzen Lehrgang während der folgenden sechs Wochen verhängt. Es gelang ihnen aber damit nicht, uns gegen die Kollegin einzunehmen. Wir hielten zusammen. Von den 34 Schülerinnen haben allerdings vier diese strenge Ausbildung nicht durchgehalten. Ich blieb und biß mich durch. Das Wichtigste war schließlich für uns alle, auf eigenen Füßen zu stehen, selbständig zu sein und Geld zu verdienen.

Als ich mein Examen hatte, sollte ich zunächst nach Illerfeld, 20 Kilometer von hier entfernt. Aber ich weigerte mich, denn dort ist es bergig und der Boden so lehmig, daß ich das Rad meist hätte schieben müssen. Hier in meiner Gegend ist es sandig. Daher war mit dem Rad alles leichter zu erreichen. Der Bezirksarzt gab nach und teilte mich für den Bezirk Dülmen ein.

Damals gab es hier noch eine alte, 76jährige Hebamme. Sie mußte aufhören, als ich ankam, was sie aber nicht gerne tat. Sie erklärte mir denn auch gleich: »Ich komm' erst mal mit dir, denn alleine wirst du nicht fertig mit den Geburten.« Na, ich verstand schon, daß sie eben gerne noch ein bißchen mit dabeisein wollte, und so gingen wir zunächst zusammen los. Als dies der Bezirksarzt erfuhr, untersagte er es. Für mich war meine Vorgängerin eine wichtige Respektsperson – ich hätte ihr den Wunsch, mitzukommen, nicht abzuschlagen gewagt. Als ich sie das erste Mal besuchen mußte, ging ich erst zweimal am Haus vorbei, ehe ich klingelte. Wir kamen dann aber gut miteinander zurecht. Sie lieh mir ihren Hebammenkoffer, bis ich mir einen angeschafft hatte, und erklärte mir, daß es Sitte für die Hebamme sei, falle die Taufe mehrerer Kinder an einem Sonntag zusammen, bei der Familie des ältesten Kindes die Einladung anzunehmen. So wurde vermieden, daß man der Hebamme hätte nachsagen können, sie gehe nur zu den Tauffesten der reichen Leute.

Wenn wir so gemeinsam mit dem Fahrrad unterwegs waren, erzählte sie mir davon, daß sie als Hebamme am Anfang ihrer Tätigkeit Schwierigkeiten bei den Leuten hatte, weil sie mit dem Fahrrad kam, denn das war für eine Frau damals gar nicht anständig! So mußte sie deshalb dem Dekan, dem sie einmal auf dem Fahrrad begegnete, sofort Rede und Antwort stehen. Erst als er erfuhr, daß sie Hebamme war, ließ er sie weiterfahren. Für mich war eine solche Situation schon gar nicht mehr vorstellbar. Ich blieb bei meinem Rad bis zur Anschaffung des Autos 1954, denn ich zog es vor, zu treten und warm zu bleiben. Auf dem Motorrad wäre mir in der Nacht nur eiskalt geworden.

Zum Autokauf erhielt ich vom Hebammenverband ein Darlehen von 2000 Mark, was von der Anzahl der Entbindungen pro Jahr abhing. Ich empfand es als sehr ungerecht, daß einer Kollegin in einem benachbarten Bezirk, die weniger

Geburten hatte, kein Darlehen gewährt wurde. Denn eigentlich hätte sie es bei ihrem geringeren Verdienst notwendiger gebraucht.

Während der Kriegsjahre hatte ich 45 bis 50 Geburten pro Jahr. Die Frauen meldeten sich gewöhnlich erst im neunten Monat zur Geburt an, falls sie nicht bereits früher ihre Bescheinigung für die Zuteilung von Sonderrationen an Schwangere benötigten. Eine Schwangerschaft sah man früher den Frauen nicht an, denn sie waren mit ihren vielen weiten Kleidern, Schürzen und Kitteln unauffällig gekleidet. Man sollte auch nichts merken. Um Schwangerschaften wurde damals noch eine Geheimniskrämerei gemacht.

Mein Leben bestand in den 32 Jahren meiner Praxis, mit ca. 4500 Geburten, eigentlich nur aus Hetze und Arbeit. Damals empfand ich den Trubel wohl gar nicht als so anstrengend. Ich hatte sehr viel Freude an meinem Beruf. Aber wenn ich jetzt manchmal darüber nachdenke, merke ich, daß mir die Anstrengung der ganzen Jahre doch noch nachhängt. Manchmal mußte ich morgens zehn oder zwölf Frauen versorgen. Die Arbeit begann dann schon um sechs Uhr – ich hastete von einer Frau zur anderen. Immer in Eile! Die einzige Gelegenheit, bei der ich alleine war, ausspannte und für mich ein bißchen nachdenken konnte, war der nächtliche Heimweg nach einer Geburt.

Bei den Wochenbesuchen ging immer alles besonders schnell. Ich kam, versorgte die Frauen, und husch, schon war ich wieder weg. Die Frauen, die in der Stadt wohnten, mußte ich zweimal am Tag besuchen, einmal morgens, einmal abends, die Frauen auf dem Lande draußen nur einmal täglich. Damals freute sich eine Hebamme über jede Entbindung, die im Krankenhaus stattfand. Entschloß sich eine Frau, dorthin zu gehen, dann begleitete ich sie, blieb bei ihr zur Entbindung und konnte jeden Tag schon morgens um sechs oder halb sieben Uhr zur Pflege kommen. Bei den Frauen zu Hause hätte ich so früh nicht stören dürfen. Es gab Monate, in denen täglich ein Kind geboren wurde. Dazu kamen die Wochenpflegen. Am Ende eines solchen Monats wußte man, was man als Hebamme geleistet hatte. Und so war ich einmal derart überarbeitet, daß ich einfach nicht mehr aufstehen konnte, als es schon wieder klingelte. Mein Mann mußte die Leute wegschicken, anders hätte ich es nicht mehr verantworten können.

Aus diesem Grund saß ich nicht schon stundenlang vor der Geburt bei den Frauen, um mit ihnen gemeinsam zu warten. Riefen sie mich bei den Anfangswehen, fuhr ich wieder nach Hause.

Oft bekam ich die Probleme zwischen den alten und den jungen Frauen im Haus zu hören. Aber ich mischte mich nie in deren Angelegenheiten. Ich tat, als würde ich interessiert zuhören, aber in Wirklichkeit vergaß ich alles gleich wieder. Meist quälten sich beide gegenseitig sehr, aber vielleicht war alles in wenigen Wochen anders, und ich wäre die Dumme gewesen. Einige schlechte Erfahrungen ließen mich im Laufe der Jahre ein dickes Fell bekommen. Die Hebamme ist immer im Schußfeld. Sie glaubt, den Frauen zu helfen und es gut mit ihnen zu meinen, und hinterher wird alles anders dargestellt. So bestätigte ich einmal während des Krieges einer Frau auf ihre Bitte hin, daß sie noch stille, sie kam dadurch in den Genuß der Sonderzuteilungen. Sie aber ging zur Behörde und erzählte, sie stille gar nicht mehr, ich hätte ihr den Schein nur so gegeben. Glücklicherweise waren die Leute in der Behörde sehr nett, riefen mich an und erzählten es mir. In Zukunft tat ich das, was ich für richtig hielt!

Es gab in meinem Bezirk sehr arme Frauen. Ich erinnere mich an einen Fall, in dem nicht mal ein Bettchen für das Kind da war. Es mußte in eine Kommodenschublade gelegt werden. Eine andere Frau wagte nicht, ins Krankenhaus zu gehen, weil sie keine Wäsche zum Wechseln hatte. Ich hatte zu diesen Frauen sehr guten Kontakt und war ihnen vielleicht mehr als den anderen Frauen zugetan, denn sie taten mir sehr leid. Aber ich fühlte mich ihnen nicht so weit verpflichtet, daß ich für sie bei anderen Leuten Sachen erbettelt hätte. Ich fand, daß das nicht zu meinen Aufgaben gehörte.

Wenn ich zu Frauen gerufen wurde, die ich nicht sympathisch fand, war ich froh, wenn die Arbeit schnell erledigt war und ich wieder gehen konnte. Manchmal zählte ich die Tage, die ich zur Wochenpflege noch hingehen mußte, ließ mir aber natürlich dabei nichts anmerken. Es gab Menschen, die von mir behaupteten, ich sei stur, weil ich nicht mit jeder Frau gleich Freund war. Ich habe die Frauen nie geduzt und pflegte mit niemandem familiären Umgangston. Vielleicht liegt das daran, daß im Münsterland die Leute im allgemeinen etwas zurückhaltender sind und lieber unter sich bleiben. Ich glaube aber, daß die Frauen diese Vertraulichkeit während der Geburt gerne gehabt hätten und ihnen dies sicher bei mir fehlte. Es tut mir heute leid, den Frauen gerade in der Situation der Geburt nicht die nötige Wärme und Zuneigung gegeben zu haben. Gemocht haben sie mich aber wohl doch, sonst wäre ich ja nicht zu so vielen Geburten gerufen worden. Vielleicht lag den Frauen sogar meine Art. Denn ein Mann erzählte mir einmal, seine Frau habe mich nur deshalb geholt, weil sie gehört hatte, ich sei so resolut. Die Hebamme bei den Geburten vorher hatte nämlich mit ihr sehr mitgelitten und war ihr zu wenig energisch gewesen. Ich hatte wohl Verständnis für die Schmerzen, aber wenn ich bei jeder Geburt mitgefühlt hätte, wäre ich völlig untergegangen. So konnte sich früher eben jede Frau die Hebamme aussuchen, die zu ihrem Typ paßte.

Ich mußte es erleben, daß zwei Frauen bei der Geburt starben. Einer von ihnen riß bei der Geburt des sechsten Kindes die Gebärmutter. Nachdem der Geburtsverlauf sowieso schon sehr schwierig war, ließen der Arzt und ich sie ins Krankenhaus bringen. Sie wurde dort jedoch nicht sofort operiert, und so mußte sie ihr Leben lassen. Die andere Frau starb beim ersten Kind an starken Nachblutungen. Auch sie hatte ich nach der Geburt ins Krankenhaus gebracht. Aber es wurde versäumt, ihr sofort eine Bluttransfusion zu geben. Man hatte geglaubt, die Blutung höre von selbst wieder auf. Nach dem Tod dieser Frau nahm ich die erste Schlaftablette meines Lebens, so schrecklich war dieses Erlebnis für mich.

Die Menschen in meiner Gegend waren früher sehr katholisch. Es gab unvorstellbare Probleme, wenn eine unverheiratete Frau ein Kind bekam oder wenn sie deshalb schnell heiraten mußte. Das bedeutete immer ein großes Unglück. Diese ledigen Mütter waren arm dran und brauchten ihr Leben lang den Mund nicht mehr aufzumachen. So wagten sie auch bei der Geburt nicht zu schreien. Als ich eine junge verheiratete Frau, deren erstes Kind unehelich war, vom zweiten entband, sagte ich zu ihr: »Nun können Sie ordentlich schreien, jetzt dürfen Sie's!« Und das tat sie. Sie schrie so laut, daß es gleich für beide Geburten reichte.

Bei Fehlgeburten merkte ich ab und zu, daß die Frauen manipuliert hatten, um eine Abtreibung zu versuchen. Aber ich sagte nie etwas – das war nicht meine Sache.

Oft schummelten wir auch ein bißchen beim Alter eines Neugeborenen. So wunderte sich einmal eine Oma, daß das Kind schon vier Monate nach der Hochzeit geboren wurde, und meinte steif und fest, das gäbe es nicht. Für die junge Frau hätte das natürlich eine Katastrophe bedeutet. In solchen Fällen hatten wir dann den Spruch parat: »Das erste Kind kann kommen, wann es will, erst das zweite Kind braucht immer neun Monate.« Zwischendurch deklarierte ich auch schön ausgewachsene Kinder zu Siebenmonatskindern, damit alles seine Richtigkeit hatte. Um die Frauen ein bißchen vor der großen moralischen Strenge zu schützen, bogen die Hebammen auf ihre Weise eben manches hin.

Ungefähr Mitte der 60er Jahre fingen die Krankenhausgeburten an üblich zu werden. Es bürgerte sich endgültig in dem Jahr ein, in dem sich ein Frauenarzt am Krankenhaus als Chef niederließ. Er sprengte bei jeder Geburt die Fruchtblase, gab Narkose, und die Geburt ging sehr schnell und schmerzlos vorüber. So wurde es bei den Frauen Mode, zu ihm zu gehen.

Ab 1966 waren wir noch vier freie Hebammen im Landkreis. Damit wir nicht alle vier Tag und Nacht zur Verfügung stehen mußten, taten wir uns zusammen und teilten uns die Arbeit ein. Schichtweise hatte eine Hebamme immer frei; die zweite Kollegin war tagsüber im Krankenhaus für die Frauen, die dorthin zur Geburt kamen, die dritte war nachts im Krankenhaus und die vierte war bei den Hausgeburten im ganzen Kreis unterwegs. In diesem Rhythmus arbeitete ich, bis ich 1975 aufhörte und meine Bücher zurückgab. Einerseits freute ich mich, endlich die Arbeit zu beenden, andererseits weinte ich doch, und es fiel mir schwer, mich von meinem Beruf zu trennen.

Für uns als freie Hebammen war es eine feine Sache, die Schicht im Krankenhaus zu haben. War sie zu Ende, konnte ich einfach nach Hause gehen und hatte Ruhe. Auch wenn die Schicht manchmal von sechs Uhr morgens bis halb neun Uhr abends dauerte, so wußte ich wenigstens, daß ich nachts nicht geholt werden konnte. Das gab es vorher nicht!

Unter der vielen Arbeit litten am meisten meine eigenen Kinder. Eigentlich dürfte eine Hebamme nicht verheiratet sein und keine Kinder haben. Wir hatten nie Zeit für ein nettes Familienleben. Das fing ja schon mit meiner Ausbildung an. Mein kleiner Sohn fragte damals immer, warum denn nur seine Mutti zu den Soldaten in den Krieg weg müsse, die anderen Muttis seien doch alle zu Hause. Wir hatten versucht, ihm meine Abwesenheit so zu erklären. Aber es leuchtete ihm schon damals wohl nicht so ganz ein. Als die Kinder dann größer wurden, gab es bei uns nie ein gemeinsames Spazierengehen oder Geschichtenerzählen, denn sonntags waren die Taufen, zu denen ich gehen mußte. So hatte ich immer nur Arbeit und nie zusammen mit meinen Kindern Freude. Ganz im Gegenteil: War ich gerade bei einer Wochenpflege, und es wollte mich jemand zu einer Geburt holen, so liefen die Kinder nach mir. Das konnten manchmal durchaus fünf oder sechs Kilometer einfachen Weges sein. Sie durften nachmittags nach der Schule nicht aus dem Haus gehen, wenn ich nicht anwesend war, sondern mußten das Telefon oder die Türklingel hüten. Mein Sohn konnte es gar nicht ausstehen, wenn man zu ihm am Telefon sagte: »Die Mutter muß kommen.« Da wurde er immer sehr böse und schimpfte. Manchmal kamen andere Kinder zu uns ins Haus und baten, alle die Neugeborenen sehen zu dürfen, die ich den Leuten brächte. In seiner Wut sagte er dann, sie könnten sie nicht mehr sehen, die Mutter hätte sie gerade alle eingemacht!

Meine Tochter klagt heute noch darüber, selbst wenn ich anwesend war, hätten sie als Kinder doch immer den Druck empfunden, daß jeden Moment das Telefon klingeln und ich wieder weggehen würde. Sie hatten Angst vor dem Telefon.

Es gab bei uns kein Weihnachten, kein Ostern, keinen Feiertag in der Familie. Mutter war immer unterwegs. Programmierte Geburten kannte man noch nicht.

Ich merkte wohl, wie entsetzlich das für meine Kinder war. Es führte dazu, daß meine Tochter sich schwor, niemals berufstätig zu sein, sondern immer für ihre Kinder zu Hause zu bleiben. Die Schulnoten meiner Kinder fielen oder stiegen, je nachdem, wie klug die jeweilige Haushaltshilfe war, die mir an die Hand ging. Natürlich suchten die Kinder sie zu überreden, ihnen die Schularbeiten zu machen, wenn ich nicht da war. Sie nutzten das ganz schön für sich aus.

Wenn ich loszog und die Kinder mich fragten, wann ich wiederkäme, sagte ich immer: »Das weiß ich noch nicht, je nachdem wie der Klapperstorch heute aufgelegt ist.« Der Klapperstorch holte nämlich die Kinder aus dem »drügen Pott«, das ist ein inzwischen trockener Brunnen, elf Kilometer von hier. In der Vorstellung der Kinder war es nämlich meine Aufgabe als Hebamme, dorthin mit dem Fahrrad zu fahren und den Klapperstorch zu bitten, ein Kind herauszuholen*, das ich dann in meiner Tasche in das Haus der Wöchnerin brachte. Je nachdem, ob er nun gut oder schlecht aufgelegt war, half mir der Klapperstorch schnell, oder er ließ mich lange warten, bis er mir das Kind gab. Die Kinder meinten, ich würde am Rande des Brunnens sitzen und warten.

Ich glaube, daß es meinem Mann auch nicht immer gefallen hat, daß ich so viel beschäftigt war. Aber er klagte nur einmal, als ich statt um sieben Uhr wieder einmal erst um neun Uhr abends aus dem Krankenhaus nach Hause gekommen war. Aber Streit gab es deshalb nie oder daß er erwartet hätte, ich solle meinen Beruf aufgeben. Er war sehr selbständig, kochte selber, stopfte sogar meine Strümpfe und Handschuhe. Er wartete nicht auf mich. Wir waren wohl beide sehr unabhängig, und jeder von uns ging seinen Weg. Keiner machte den Trottel für den anderen.

* Alte mythische Vorstellung, daß Leben aus der Göttin Erde herausgeholt werden könne, vermischt mit dem lebensspendenden Element des Wassers. Diese Vorstellung ist auch in Andersens Märchen »Die Störche« zu finden: »Wir fliegen nach dem Teiche, in dem die kleinen Menschenkinder liegen, bis der Storch kommt und sie herausholt.«

Amanda Busse,
79 Jahre, Hebamme in Bienenbüttel, Lüneburger Heide

Als ich 1930 mit 20 Jahren in einem Arzthaushalt in Stellung war und dort auch öfter in der Praxis aushelfen mußte, kam ich das erste Mal mit medizinischen Dingen in Berührung. Aufgewachsen bin ich auf einem landwirtschaftlichen Hof in St. Omer. Als 1933 in der Familie meines Bruders während der Erntezeit ein kleines Kind geboren wurde, konnte ich die Hebamme, die nur ein Jahr älter war als ich, bei ihrer Tätigkeit beobachten. Es gefiel mir. Da ich doch nicht mein Leben lang in der Landwirtschaft oder in Stellung bleiben wollte, sprach ich mit dem Arzt, bei dem ich arbeitete, darüber. Er wußte von einer älteren Hebamme in der Umgebung, die nicht mehr lange tätig sein wollte. Mit meinem späteren Mann unterhielt ich mich über den Plan und er meinte: »Na, wenn du willst, dann mach es. So warten wir eben noch mit dem Heiraten.«

Am 1. Juli 1934 ging ich für anderthalb Jahre nach Celle in die Landesfrauenklinik. Der Kurs kostete damals 40 Reichsmark pro Monat, die wir selbst bezahlen mußten. Ich hatte erspartes Geld, und auch meine Mutter steuerte mir etwas bei.

Die ganze Ausbildung war nur auf Klinikgeburten ausgerichtet. Wir lernten weder schneiden noch nähen noch irgend etwas über die Verabreichung von Medikamenten. Für die Praxis auf dem Lande war das nicht gut, denn so waren wir völlig auf den Arzt angewiesen. Vielleicht war das auch so gedacht. Im zweiten Jahr der Ausbildung machte ich mich auf die Suche nach einer Stelle. Ich fuhr über die Dörfer und erkundigte mich bei den Bürgermeistern, wie es mit einer Nachfolgerin der dort jeweils ansässigen alten Hebamme stünde. So erfuhr ich von der vakanten Stelle in Bienenbüttel. Tatsächlich bekam ich zum 1. Januar 1936 vom Kreisarzt die Zusage für den Bezirk, und kurz darauf heirateten mein Mann und ich.

Bienenbüttel war 1935 ein Dorf mit 700 Einwohnern, aber zu meinem Bezirk gehörten noch 14 Dörfer im Umland, in ungefähr zehn Kilometer Entfernung. Es gab damals viele Gutshöfe, und um jedes der großen Gutshäuser waren kleine Häuser für die Tagelöhner mit jeweils drei oder vier Wohnungen herumgruppiert. Dort wohnten diese zumeist ihr ganzes Leben lang, denn sie arbeiteten immer für den gleichen Bauern – jahrein, jahraus.

Zu Beginn meiner Tätigkeit wurden die wohlhabenden Gutsbesitzerinnen, wenn sie zu Hause entbunden hatten, für einige Monate von einer Wochenpflegerin umsorgt. Erst später, als man nicht mehr so einfach Personal bekam, entbanden diese Frauen als erste in der Klinik. Aber eigentlich wären auch sie lieber zur Geburt zu Hause geblieben. Es waren eher die Ehemänner, denen daran lag, daß ihre Frauen ins Krankenhaus gingen. Ich gewann den Eindruck, daß Männer immer ängstlicher in diesem Punkt waren. Die Tagelöhnerfrauen blieben hingegen zu Hause zur Entbindung, denn für die Klinik hätten sie extra bezahlen müssen, und das Geld hatten sie nicht. Ganz im Gegenteil, wenn diese Frauen mich holten, bekamen sie Wochengeld von der Krankenkasse. Das Geld nahmen natürlich die Männer, die Frauen sahen davon selten etwas. Frauen hatten damals überhaupt kein Geld für sich und konnten nicht einmal die kleinste Anschaffung selbständig machen. Es fehlte sogar häufig am Nötigsten für die Geburt.

Oft kam es vor, daß erst dem Hund hinter dem Haus die Schüssel weggenommen und saubergemacht werden mußte, ehe ich sie benutzen konnte, um die Frau zu waschen. Meist gab es weder Flasche noch Schnuller für das Kind. Die Frauen wandten sich dann ganz kleinlaut an ihren Mann: »Du mußt Tante Busse Geld geben für dies und das.« Er murmelte dann zumeist etwas unwillig: »Was, schon wieder, muß das denn sein? Dann muß aber endlich Schluß sein.« Bei jedem Kind war es das gleiche Theater, denn die Sachen gingen doch schnell kaputt, besonders die damals üblichen Glasflaschen. Ich fand solche Szenen für die Frauen immer sehr bedrückend und entwürdigend und war froh, daß ich mir mein Geld selbst verdiente. Das war damals durchaus nicht üblich. Als Frau befand ich mich in einer herausgehobenen Position durch die Selbständigkeit meines Berufes. Im Lauf der Zeit hatte ich dieses Theater der Männer satt und war dazu übergegangen, die notwendige Grundausstattung, einschließlich zweier Schüsseln, selbst dabei zu haben.

Nach der Geburt kümmerten sich zumeist die Gutsfrauen um die Tagelöhnerinnen. Mutter Bruhns zum Beispiel schickte immer eine ihrer Töchter mit einem großen Korb voller Lebensmittel zur Wöchnerin. Sie machte auch ihre alte Wiege für jedes neue Baby auf dem Gut frisch zurecht, so daß sich die Mutter gar nicht darum kümmern mußte.

Ansonsten wurde für die Wöchnerin Milchsuppe mit Haferflocken gekocht, und die älteren Frauen hielten an der Sitte fest, daß ein Huhn geschlachtet werden sollte.*

Auch damals planten schon einzelne Ehepaare ihre Kinderzahl. Bei den Ärmeren machte sich das allerdings weniger bemerkbar, denn sie wußten selten etwas über Verhütung. Eigentlich war das ein Tabuthema. Da wir nichts davon in der Ausbildung gelernt hatten, konnten auch wir Hebammen schlecht einen Rat geben, wenn wir mal gefragt wurden. Ich setzte mich dann allerdings mit ein paar Kolleginnen zusammen, und wir schlossen aus dem, was wir in unserer Ausbildung über die besonders fruchtbaren Tage einer Frau gelernt hatten (unter dem Aspekt, unfruchtbaren Frauen helfen zu können), welche Tage für eine neue Schwangerschaft besonders gefährlich seien. Das erzählte ich dann meinen Frauen, aber oft und oft klappte es nicht. Da kam die Frau zu mir und sagte: »Tante Busse, da war noch ein Tag und ich dachte, es ginge schon wieder. Und nun bin ich wieder da!«

Trotz vieler Kinder war der Jammer aber eigentlich nicht allzu groß, denn damals gab es schon Kindergeld – Hitler brauchte ja Soldaten –, und dadurch konnten viele Ehepaare mit sechs oder sieben Kindern leichter ihr kleines Häuschen finanzieren.

* Dieser Brauch ist wohl darauf zurückzuführen, daß der im Mittelalter dem »Herrn« geschuldete Zins in Form eines Huhnes in den Hof zurückgegeben wurde, in dem gerade eine Wöchnerin lag. Dieses Huhn sollte ihrer Kräftigung dienen.

Manchmal wurde ich von jüngeren und ledigen Frauen um eine Abtreibung gefragt, obwohl eigentlich alle wußten, daß ich das nicht machte. Es gab allerdings in jedem Dorf einen »Gegner«, über den der Arzt Bescheid wußte; überall saß eine Person, die Abtreibungen machte. Ich hab aber nie den Namen erfahren, denn die Frauen hielten es vor mir sehr geheim.

Wenn die Frauen manchmal bereits während der Schwangerschaft zu mir zur Untersuchung kamen, dann erzählten sie ab und zu, daß sie mit ihren Männern böse dran seien, von den Schlägen, die sie bekamen, und wie eifersüchtig die Männer seien, wenn sie mit mir als ihrer Hebamme über manches sprachen. Ich wunderte mich immer, wie sie trotzdem zu so vielen Kindern kamen. Vielleicht war dies der Grund, warum manche Männer wohl ein seltsames Gefühl hatten, wenn sie mich sahen. Im Lauf der Zeit bildete sich nämlich mir gegenüber eine ähnliche Haltung heraus wie gegenüber dem Lehrer oder dem Pfarrer. Einer, der die Flasche nicht lassen konnte, sagte mal zu meinem Mann: »Wenn deine Frau auf der Straße kommt, dann muß ich schon mal ein bißchen weggehen.« Ich hatte ihn oft geschimpft wegen seiner Trinkerei, und das mußte auch sein, denn das Bemühen seiner eigenen Frau hatte nichts geholfen. So genoß ich Respekt im Dorf.

Ganz zu Anfang, 1936, hatte ich allerdings ein wenig Schwierigkeiten mit der älteren Hebamme. Sie war natürlich empört, wenn eine Familie, die schon acht Kinder hatte, beim neunten Kind mich holte. Ich glaube, sie wollte nicht so recht einsehen, daß die Leute Angst davor hatten, sie zu holen, denn sie hatte bereits einen Schlaganfall gehabt. Aber nach einigen Monaten renkte sich das zwischen uns ein. Die alte Hebamme im Nachbarort Bahrum war gleich sehr freundlich und riet mir, wie ich es mit den Leuten halten sollte, mischte sich aber nie in fachliche Dinge ein.

Ich hatte zwar von Anfang an Telefon, aber an der Tür hing gleichzeitig immer eine Tafel, auf der zu lesen war, wo ich gerade anzutreffen sei, wenn niemand zu Hause war. Die Ehemänner, manchmal auch hilfsbereite Nachbarn, die mich aufsuchen wollten, liefen mir dann eben nach, bis sie mich fanden. Es war überhaupt damals ein großes Problem für die Leute, nach mir zu telefonieren. Die wenigsten hatten ja selbst Telefon, und so beauftragten sie meist jemand anderen. Vor Aufregung beim ungewohnten Telefonieren vergaßen sie entweder überhaupt zu sagen, in welches Dorf ich kommen sollte, oder riefen den verkehrten Arzt, oder es redeten gleich mehrere auf einmal in den Apparat, so daß ich gar nichts verstand.

Eines Nachts hielt ein Auto bei mir mit zwei Männern, die mich baten, schnell nach Fahrendorf zu kommen. Als wir losfuhren, fragten sie mich, wo denn Fahrendorf sei, ich solle den Weg zeigen. Diese Frage verwirrte mich nicht wenig, und mir wurde unheimlich. Da stellte sich heraus, daß ich zu einem Mädchen sollte, das bei einem von beiden in Stellung gewesen war. Als die Wehen einsetzten, hatten sie sie schnell zur Mutter gefahren und mich anschließend geholt. Und jetzt wußten sie den Weg von Bienenbüttel nach Fahrendorf nicht. So war das damals mit den jungen Mädchen in Stellung. Damit man die Bescherung mit der Geburt nicht im eigenen Haus hatte, wurden sie schnell, schnell zu den Eltern gefahren.

Oft hatte ich nach der Rückkehr von einer Geburt kaum eine halbe Stunde Schlaf, als schon wieder das Telefon klingelte und ich los mußte. Leichter wurde es ab 1955, nachdem ich mir mein Auto angeschafft hatte. Das Motorradfahren vorher war zwar schön gewesen, aber im Winter und nachts sehr kalt. Wenn ich nachts losging, stand mein Mann mit mir auf, half mir meine Sachen zusammenzurichten und die Türe wieder zu schließen, daß alles seine Ordnung hatte. Morgens kümmerte er sich um die Kinder, richtete das Frühstück und brachte die Kinder zur Schule. Er mußte die ganzen Jahre viel mithelfen und wird von allen Leuten hier der »Badvater« genannt. Mich nennen sie »Mutter-Griebsch« oder »Badmutter«.*

* Mittelalterliche Name für Hebamme, der wohl darin seinen Ursprung haben kann, daß die Hebammen zumeist auch die Badestube des Ortes führten. Aus Wismar ist im 16. Jahrhundert sogar die »Badmutterstrasse« bekannt (siehe S. 210).

Bei der Entbindung lagen die Frauen in ihrer Schlafstube stets verkehrt herum im Bett, also mit dem Kopf am Fußende, so daß ich von rechts besser arbeiten konnte. Um Halt zu haben und besser drücken zu können, hatten sich die Frauen damals zwei Handtücher aneinander geknotet, sie am Kopfendes des Bettes festgebunden und sich daran mit aller Kraft gehalten und gezogen.

In einem ganz alten Haus war an der Decke der Schlafstube an einem Balken ein großer Haken befestigt, von dem ein dikkes Seil mit einem Ring am Ende herunterbaumelte. Das faßte die Frau mit ihren Händen und hängte sich während der Wehen daran. Nach der Geburt schaffte man das Seil dann wieder zur Seite. Balken und Haken waren in der Schlafstube extra für die Geburten von alters her angebracht gewesen. Das hat der Frau, die dort entband, immer sehr geholfen.*

Ich mochte es nicht gern, wenn die Neugeborenen bei der Mutter im Bett lagen, und sorgte immer für das eigene Bettchen. Ich hatte nämlich erlebt, daß eine Frau ihr Kind im Schlaf erstickte, indem sie die Hand auf das Gesichtchen des Kindes gelegt hatte – wohl um es zu fühlen.

War ein Kind geboren, ehe ich eintraf, gab es in jedem Dorf die ältere Frau, die in der Zwischenzeit geholfen hatte, weil sie darin schon geübt war. Diese Frauen verstanden es sogar, dem Kind die Nabelschnur ordentlich mit einem Wollfaden abzubinden. Das Kind lag dann eingewickelt zu Füßen der Mutter im Bett. War die Nabelschnur etwas länger stehengeblieben, so band ich nochmals ab, damit keine Infektion entstehen konnte.

War ich früh genug vor der Geburt da, wurden die Frauen ganz ruhig. Manche liefen auf und ab, andere legten sich hin. Es gab auch die kniende Frau, die ihre Wehen ganz vor dem Sofa kniend und sich mit den Ellbogen darauf stützend überstand.** Bei manchen Frauen bedeutete das Hinlegen: »Nun mach du mal für mich.« Aber ran mußten sie doch, die Arbeit konnte ich ihnen nicht abnehmen, ich konnte sie nur beruhi-

* Die gleiche Einrichtung fand sich im Lötschtal (Wallis, Schweiz) in einem alten Bauernhaus.

** Gebärhaltung im antiken Griechenland, die aus Statuen der gebärenden Daphne bekannt ist.

gen. Bei einer Zigeunerin hatte ich eine Geburt im Stehen erlebt. Sie war mit ihrem Mann und zwei anderen Frauen in einer Unterkunft des Dorfes für Durchwanderer einquartiert. Solange sie auf dem Strohsack lag, tat sich nichts mit den Wehen, und alle drei Frauen rauchten während der Geburt reihum die Pfeife. Da stand sie auf, ging hin und her, plötzlich klammerte sie sich am Eisengestell des Bettes fest und – bautz, da lag das Kind. Am nächsten Vormittag war die ganze Gesellschaft schon wieder weitergefahren, die junge Mutter vorne drauf auf dem Kutschbock mit der Pfeife im Mund und dem Kind im Arm.

Ich hatte auch einmal eine Frau in einer Jagdhütte im Wald versteckt auf Stroh und Moos auf dem Boden entbunden. Es waren ganz arme Leute, die sich während des Krieges aus irgendeinem Grund verstecken mußten. Und weil die Frau auf dem Boden lag, habe ich mich eben zu ihr gekniet. Es war ihre erste Geburt. Alles lief gut.

Glücklicherweise kam es bei keiner meiner 2400 Geburten zu Kindbettfieber; Brustentzündungen aber kannte ich wohl. Da band ich die Brust hoch und rieb sie mit Schweineschmalz ein. Der Arzt meinte allerdings, ich solle das Schmalz sparen und es mir lieber aufs Brot schmieren. Aber ich war überzeugt von meinem Rezept, und es half in vielen Fällen.

Manchmal schimpften die Frauen während der Geburt heftig auf ihre Männer. Eine schrie zum Beispiel: »Sieh bloß zu, daß du hier weg kommst, komm mir ja nicht noch einmal mit so was.« Eine andere sagte zu ihrem Mann, als dieser wohl in der Aufregung vergessen hatte, seine Hose zu schließen: »Nu, mach bloß zu. Ich hab jetzt kein Verlangen nach.« In solchen Fällen mußten die Männer türmen, zumal ihre Frauen meist recht resolut waren.

Die Frauen stillten ihre Kinder damals alle, bis auf wenige Ausnahmen. Dazu gehörte ich. Ich konnte es einfach nicht. Wahrscheinlich lag es daran, daß ich zu viel auf Achse war, denn beim ersten Kind saß ich nach zwölf Tagen schon wieder bei einer Geburt und beim zweiten Kind nach drei Wochen. Bei einer Frau, die sehr viel Milch hatte, erlebte ich, wenn ich kam, daß die älteren Kinder sich immer um die

Brust stritten. Die größeren durften nämlich das vom Neugeborenen Übriggelassene trinken. Eine andere Frau kochte aus ihrer restlichen Milch den anderen Kindern Milchsuppe.

Die Männer wollten bloß immer Jungen haben. An einen kann ich mich besonders gut erinnern, der mit seiner Frau jedesmal fürchterlich schimpfte – sie hatten fünf Mädchen –, wenn es wieder kein Junge war. Da wurde ich sehr böse und sagte: »Da kann die Frau überhaupt nichts dafür, das ist nämlich einzig und allein Ihre Sache.« Wenn so etwas vorkam, weinten die Frauen bitterlich. Sie taten mir auch sehr leid, und ich mußte sie beruhigen.

Was es bedeutet, sich zu »versehen«, erlebte ich in meiner ersten eigenen Schwangerschaft.* Als ich nämlich zum Ausruhen auf dem Sofa lag, sprang mir die Katze direkt auf den Kopf, mit den Pfoten aufs Auge und ins Ohr. Natürlich erschrak ich sehr. Als meine Tochter Heidi geboren war, hatte sie genau überm Auge und im Ohr große rote Flecken.

Bei den Taufen hatte ich immer große Mühe, alle Kinder – manchmal waren es bis zu neun – auseinanderzuhalten und sie den jeweils richtigen Paten in den Arm zu drücken. Zur Taufe waren die Kinder aber alle schon einige Wochen alt. Übrigens kamen die meisten Kinder im November und im Februar zur Welt. Ganz früher hab ich es noch erlebt, daß die Leute nach der Taufe mit Gaben für mich kamen. In den Familien war es von alters her Brauch, daß sie einen großen Korb mit Speck, Eiern, Fleisch, Wurst, Brot und Kuchen brachten. Je größer das Gut und der Bauer waren, desto größer der Korb. Und manche dachten, ich bekäme am Ende des Jahres von der Gemeinde auch noch Geld für die Geburt (sog. Wartegeld). Es war wohl früher üblich, daß die Gemeinde selbst der Hebamme Geld gab. Ich bekam aber leider nichts mehr.

Die Alten glaubten auch noch, das Geschlecht des Kindes hänge davon ab, wann die Geburt des vorherigen Kindes stattgefunden habe: War das ältere Geschwisterchen bei abnehmendem Mond geboren worden, dann würde das nächste Kind anderen Geschlechts werden. Bei zunehmendem Mond

* Siehe auch Kapitel »Barbara Dippert«.

aber habe das nächste Kind das gleiche Geschlecht wie das vorhergehende. Was es hätte werden sollen, wenn eine Geburt bei Vollmond war, wie es häufig geschah, sagte diese alte Weisheit nicht!

Einmal verlangte ein lediges, blutjunges Mädchen vom Arzt und mir nach der Geburt, daß wir ihr Kind töten sollten. Sie hatte es heimlich entbunden, und ihre Mutter wußte nichts davon. Als diese dann kam und sah, was los war, gab sie ihrer Tochter als erstes rechts und links schallende Ohrfeigen. Als die erregte Mutter das Zimmer wieder verließ, bat mich die junge Frau, ihr nachzugehen, denn sie fürchtete, ihre Mutter wolle sich aufhängen.

Es kam aber auch vor, daß die Mägde von ihrem Bauern ein Kind bekamen. Damit dies nicht herumgetratscht würde und alle auf dem Hof davon erfuhren, stellte der Arzt in einem solchen Fall einfach die Diagnose »Blinddarm«, und die Magd wurde ins Krankenhaus eingeliefert. So erfuhr niemand von dem Kind.

Daß die Frauen es damals körperlich aushielten, so viele Kinder zu gebären, lag wohl daran, daß sie sich anders ernährten, als wir es heute tun. Sie hatten nur selbstgebackenes Roggenbrot, selbstgeschlachtetes Fleisch und Eier von eigenen Hühnern. Auch waren die Frauen alle meist groß und dick. Andererseits glaube ich, die heutigen Frauen tun sich leichter bei der Geburt, denn sie wissen allgemein mehr über die körperlichen Vorgänge und sind offener. Als ich meine Hebammentätigkeit begann, waren die Frauen alle sehr schamhaft, kaum daß sie ihren Schlüpfer freiwillig auszogen. Besonders die jungen Mädchen waren völlig unaufgeklärt, und so kam vielleicht auch manches dieser Kinder von »Kindern« zustande.

Zwischendurch arbeitete ich auch einmal für ein paar Monate in einem Entbindungsheim und in einer Privatklinik. Aber das Arbeiten zu Hause bei den Frauen war schöner. In der Klinik gab es überhaupt keine Entbindung ohne Arzt, und das war nichts für mich. Anwesend waren die Ärzte immer nur in diesem einen Augenblick, keine fünf Minuten vorher und keine fünf Minuten nachher. Nur gerade eben, damit sie die Geburt abrechnen konnten. Getan haben sie dabei in den wenigsten Fällen etwas.

Ich besuchte meine Frauen öfter auch nur so beim Vorbeischauen, um mich nach ihnen und den Kindern zu erkundigen. Aber wo immer ich auftauchte, erschienen gleich alle Kinder, und die Nachbarschaft dachte, »da kommt was Kleines, da ist wieder etwas unterwegs«. Meine Besuche galten also als gar nicht so harmlos, wie ich sie beabsichtigte. Eine Frau, die gerade im dritten Monat schwanger war, schaute mich entsetzt an und fragte mich, woher ich denn jetzt schon wisse, daß sie wieder schwanger sei. Dabei wußte ich doch gar nichts.

Wenn mich die Älteren heute auf der Straße sehen, sagen sie noch oft: »Na, Mutter Griebsch, wie gad?« Ich sage dann: »Hat sich ausgegriebscht.«

Bei uns im Dorf lebt ein 102 Jahre alter Mann. Als ich ihm zum 101. Geburtstag gratulieren wollte, sagte er zu mir: »Was, die alte Mutter Griebsch, lebt die denn auch noch?« Und dabei war ich doch erst 75 Jahre alt.

Emmy Krüger,
74 Jahre, Hebamme im Visselhövede, Lüneburger Heide

Ich wurde im Januar 1915 als langersehntes Mädchen nach vier Söhnen auf einem Hof im Kreis Lüchow-Dannenberg geboren. Meine Mutter stillte mich eineinhalb Jahre lang, bis zu Johanni des darauf folgenden Jahres (24. Juni). Dieser Tag, an dem ich das letzte Mal die Brust bekam, war so gravierend, daß mit ihm gleichzeitig meine erste Erinnerung verknüpft ist: Mutter ging mit mir in den Flur unseres Bauernhauses, in dem zwei große Truhen mit gewölbten Deckeln standen. Eine dieser Truhen öffnete sie, setzte sich auf die Kante, gab mir die Brust und schloß die Truhe dann zu. Sie erklärte mir, nun sei die Brust eingeschlossen und könne nicht mehr heraus. Es stimmte mich wohl sehr traurig, denn ich versuchte immer mit meinen kleinen Fingern ins Schlüsselloch zu bohren, um die Truhe wieder aufzukriegen, oder ich versuchte, durch das Schlüsselloch die Brust wenigstens zu sehen. Vergeblich natürlich! Später erzählte mir Mutter, daß die Kinder am Johannistag entwöhnt werden sollten, damit es kluge Kinder würden.

1920 bekam meine Mutter wieder ein Kind, nach dessen Geburt sie mehrere Monate krank lag. In dieser Zeit half die Nachbarin aus und kümmerte sich um uns Kinder. Damals war es überhaupt üblich, daß zehn Tage bis zwei Wochen nach der Geburt alle Frauen des Dorfes reihum jeden Tag der Wöchnerin die Wochensuppe brachten – Milchsuppe, Gemüsesuppe oder Hühnersuppe –, und zwar so viel, daß wir Kinder auch davon hatten. Die Suppen waren herrlich, und wir Kinder liebten sie.

Wenn die Hebamme zu den Wochenpflegen kam, war ich so fasziniert, daß ich mich immer, anstatt spielen zu gehen, ein bißchen um die Tür herumdrückte und erzählte, mir seien die Jungen weggelaufen. Ich war sehr neugierig, wollte sehen und wissen, was in der Stube vor sich ging. Die Hebamme verstand das wohl, denn sie ließ mich zugucken. Ich durfte mich auf die Bank am Kachelofen setzen und das kleine Bündel halten. Dabei war ich selig.

Diese kleine Schwester sollte mein Leben bestimmen, denn es stellte sich heraus, daß sie infolge einer Kinderlähmung behindert war. Die Eltern taten alles für ihre Heilung. Sogar zu Wunderheilern gingen sie, ließen das Kind besprechen und bestreichen. Ich glaube, aus dieser Zeit rührt meine große Abneigung gegen Aberglauben.

Als 20jährige wurde ich zur Krankenschwester ausgebildet, denn ich wollte einen Beruf, in dem ich mich um meine Schwester kümmern konnte. Da Mutter sich von dieser Geburt nie mehr richtig erholte und immer kränkelte, war ich von Anfang an die Bezugsperson für meine Schwester. Als die Eltern 1933 starben, kam meine Schwester zunächst in ein Heim nach Rotenburg. 1941 begann die große Euthanasiewelle, und man tuschelte in den Krankenhäusern und Anstalten davon. Es fing damit an, daß behauptet wurde, die jüdischen Patienten brächte man in Anstalten, wo sie von ihren Glaubensgenossen gepflegt werden sollten. Dann traf eine Ärztekommission aus Berlin im Heim in Rotenburg ein. Sie sah sich im Büro die Krankenakten an und hakte Namen ab, was bedeutete, daß diese Patienten für den Tod bestimmt waren. Zu dieser Zeit rief mich der leitende Pastor zu sich und vertraute mir an, daß auch meine Schwester unter den abgehakten Personen sei und er dies nicht habe verhindern können. Er meinte, ich solle sie, wenn es irgendwie ginge, aus dem Heim nehmen.

Nun saß ich da. Ich brauchte einen Beruf, in dem ich selbständig sein konnte, um mich zu Hause um meine Schwester kümmern zu können. So kam ich auf die Idee, Hebamme zu werden. Obwohl ich als Krankenschwester gerade frisch examiniert war, genehmigte mir der Bezirksarzt die zusätzliche Hebammenausbildung – was nicht einfach war.

Nach dem zweiten Transport hatte ich meine Schwester aus dem Heim genommen und sie dank der Vermittlung des Pastors in einem guten christlichen Haus untergebracht, in dem sie bleiben konnte, bis ich nach eineinhalb Jahren Ausbildung in Celle fertig war. Die Transporte müssen ganz fürchterlich gewesen sein, wie das Begleitpersonal erzählte. Die von uns gebetteten Kranken mußten am Bestimmungsort »laufen«, wenn sie nur irgendwie hinken oder kriechen konnten, und die Gelähmten warf man einfach auf einen Lastwagen. Die Begleitschwestern, die zurückkamen, waren jedesmal erschüttert.

Meinen Entschluß, mich selbständig zu machen, erleichterte auch die Hilfe einer befreundeten Krankenschwester. Sie erklärte sich bereit, ihre Arbeit aufzugeben, zu mir zu ziehen und für mich und meine Schwester, die dann 1946 verstarb, zu sorgen. Margarethe – so die Freundin – lebt heute noch mit mir im Haus. Sie hielt mir immer den Rücken frei, kümmerte sich um die schmutzige Wäsche, den Abwasch und was so alles zum Haushalt gehört.

Ehe ich mit der Ausbildung anfing, ließ ich mir allerdings die Zusage geben, auch hier im Kreis arbeiten zu können, denn es war üblich, junge Hebammen zunächst im Warthegau einzusetzen. Viele von ihnen sind dort in den Wirren des Krieges umgekommen. Als ich in Visselhövede am 1. April 1943 anfing, galt ich als besonders qualifiziert, denn ich war ja nun in Krankenpflege und Geburtshilfe ausgebildet. Meine Vorgängerin, »Hörmanns Mutter«, war die Vertrauensperson für viele Frauen der Umgebung und sehr nett. Den Frauen redete sie gleich zu, daß ich eine gute Hebamme sei und sie jederzeit zu mir gehen könnten. Durch sie bekam ich Adressen und Anmeldungen vermittelt, so daß sich schon zwei Stunden, nachdem ich angekommen war, die erste Frau bei mir vorstellte. Hörmanns Mutter lieh mir auch ihre Hebammentasche, bis ich selbst eine hatte, und gab mir mit auf den Weg: »Nu mach das so wie ich, und bring die Kinder zur Taufe. Das ist ein schöner Abschluß der Geburt.« So hielt ich es dann auch.

Die Kinder putzte man für die Taufe, die in den ersten drei Monaten gefeiert wurde, besonders heraus, und alles war sehr festlich. Nach dem Krieg war es bei den Flüchtlingen aus Siebenbürgen und dem Banat üblich, daß beim ersten Kind immer die Großeltern Paten wurden, selbst wenn sie schon 80 Jahre alt waren.

Erst nach zwei Herzinfarkten 1979 ging ich nicht mehr mit zu Taufen. Damit war dieser Brauch beendet. Klinikhebammen machen das nicht.

Die Mutter eines Neugeborenen durfte übrigens bis zu ihrem ersten Kirchgang die Schwelle des Hauses nicht überschreiten – das war eine uralte Sitte, und die Alten wachten streng darüber.

Anfangs waren die Leute mir gegenüber etwas mißtrauisch: Ich kam aus der Klinik als Krankenschwester, war zugleich Hebamme, unverheiratet und hatte kein Kind. Das war wohl alles etwas zu viel! Hebamme konnte in der Heide doch nur die Frau sein, die selbst ein Kind geboren hatte. Sie glaubten, daß nur eine solche Frau mitfühlen und bei der Geburt wirklich mitgehen könne.* Eigentlich hatten sie damit recht. Die Hebamme muß in jeder Phase voll dabeisein. Sie kann nicht zwischendurch schlafen. So führten wir während der Anfangsphase der Geburt wunderbare Gespräche, oft auch zusammen mit den Ehemännern, und es entstand zu den Frauen ein inniges Verhältnis. Gab die Frau dann allerdings keine Antwort mehr, wußte ich, daß sie sich auf sich selbst konzentrierte, ganz in sich gekehrt war und nicht mehr reden wollte. Aber dafür merkte ich dann, wie sehr die Frauen Zärtlichkeit suchten und auch umarmt sein wollten. Das waren ganz intensive Momente, für die ich immer Zeit ließ. Und war ich zur Entbindung bei einer Frau, deren eigene Geburt ich einst schon geleitet hatte, war das Vertrauen ganz hingebungsvoll.

Als ich dann noch Platt schnackte (Dialekt sprach), war das Eis gebrochen. Gleich bei meiner ersten Geburt nach 14 Tagen merkte ich an der Erwartungshaltung der Leute, daß die Hebamme die Leitung und Führung im Haus während der Geburt übernehmen muß. Das tat ich, bemühte mich, Sicherheit auszustrahlen, und damit war es gut.

Oft mußte ich nach meinem Eintreffen alles für die Geburten vorbereiten. Zu Beginn meiner Tätigkeit war es hier nämlich noch vereinzelt Sitte, daß man weder über die Geburt noch über das Kind reden durfte, keine Wäsche und kein Körbchen für das Neugeborene vorbereiten sollte. Denn ein Sprichwort hieß: »Der Stall wird erst hergerichtet, wenn das

* Seit Phainarete, der Mutter Sokrates', ist diese Tradition überliefert (siehe S. 192). Gleiches gilt auch in asiatischen Kulturkreisen.

Kälbchen da ist.« Ich versuchte, dies zu ändern und erklärte, daß die Sachen sauber und schön warm für das Kind hergerichtet sein müßten und nicht erst nach der Geburt schmutzig vom kalten Boden geholt werden könnten. Das wurde aber nicht einfach hingenommen, denn es herrschte der Aberglaube, wenn man vor der Geburt vom Kind spräche, käme es tot zur Welt. Früher legte man der werdenden Mutter zur Geburt einen Heusack unter, der dann zehn Tage lang im Bett blieb. Aber auch das stellte ich ab.

Zur Geburt waren immer viele Nachbarinnen und junge Mädchen im Haus. Sie wollten ganz selbstverständlich in der Stube dabeisein. Aber ich ließ das nicht zu, denn ich denke, eine Geburt ist eine so intime Angelegenheit, daß es andere nichts angeht. So blieben sie dann in einem anderen Raum sitzen, klönten und warteten, jederzeit mir zur Hilfe bereit; sie waren meine Handlangerinnen und nahmen als solche am Fortgang der Geburt regen Anteil.

So geschah es einmal, als ich schon 48 Stunden saß und sich der Muttermund nicht öffnete, daß die Schwester der jungen Mutter dieser den Ehering vom Finger nahm. Sie erklärte, die Nachbarin habe ihr gesagt, solange der Ring am Finger sei, würde er das Kind zurückhalten, und so nahm sie ihn ab.* Aber natürlich half das nicht. Die Frau wurde ins Krankenhaus zum Kaiserschnitt gebracht, der ihr das Leben rettete, denn sonst wäre der Uterus gerissen.

Bei uns in der Heide gab es in vielen Dörfern die ausgebildete Hebamme, so daß die Frauen gut versorgt waren. Manchmal waren diese Hebammen allerdings muntere Vögel. So erfuhr ich einmal von einer Gastwirtin, daß sie während der Geburt alleine saß und die Hebamme – eine meiner ganz alten Vorgängerinnen, die die Flasche sehr liebte – mit den Männern in der Gaststube beim Trinken saß und ordentlich feierte. Ein andermal sah man die gleiche Hebamme in höchst lustiger

* Hier findet sich wieder der Glaube an die magische Wirkung der Umgebung, die sog. Emanationstheorie, die sich bis in die Antike zurückverfolgen läßt und bei den Naturvölkern ebenso zu finden ist. So mußten im alten Rom alle im Gebärraum anwesenden Menschen umschlingende oder verknotete Gegenstände wie Tücher, Ringe oder ähnliches entfernen.

Laune und Aufmachung auf einem Fuhrwerk zur Geburt fahren. Dort angekommen, mußte sie sich erst einmal hinlegen und ihren Rausch ausschlafen.

Als die Motorisierung einsetzte, begriff man aber sehr schnell, daß die Hebamme, die das Auto fuhr, bei den Trinkereien nicht mitmachen durfte. So bin ich von solchen »Festen« verschont geblieben – bis auf einmal: Nach einer Entbindung im nächtlichen Bunker im Februar 1944 kam ich morgens um 7 Uhr völlig durchgefroren, müde und hungrig zu einem Wochenbesuch. Da meinte die Oma, ich solle mich doch erst mal zum Kachelofen setzen und frühstücken. In der Stube stand auch das Bett der Wöchnerin.

Die Oma brachte ein Frühstück und dazu einen Tarass – das ist eine große Portion Cognac oder Korn –, zwei gehäufte Teelöffel Zucker, aufgegossen mit echtem Bohnenkaffee. Ich trank den Tarass fast in einem Zug leer. Dann ging's los: Alles drehte sich plötzlich, die Wöchnerin, das Bett, der Ofen, und ich saß zusammengesunken auf dem Sofa und konnte mir nicht mal mehr ein Brot schmieren.

Die Flüchtlingsfrauen aus dem Warthegau erzählten mir, daß sie die Schnapsflasche bei der Entbindung sogar im Bett hatten. Das sollte eine Infektion verhindern. Das einzige Alkoholische, das ich den Frauen nach der Geburt empfahl, um wieder zu Kräften zu kommen, war das »Eierbier«: Eidotter mit Zucker verrührt und mit Bier aufgegossen.

In der Umgebung lebten während des Krieges viele Frauen aus dem Osten, die in einer Zündholzfabrik als Fremdarbeiterinnen eingesetzt waren. Auch ringsum auf den Bauernhöfen konnte man die Polinnen und Russinnen finden. Sie sollten zwar keinen Kontakt zu ihren Männern haben, aber, wie es im Leben so geht, sie bekamen eben doch Kinder. Dafür war in Rieckenbostel, einem kleinen Dorf, eine Entbindungsstätte vorgesehen. Da die Frauen nur als Arbeitstiere betrachtet wurden, schickte man sie gleich nach der Entbindung wieder an die Arbeitsstelle, und die Kinder kamen in ein Heim oder verschwanden irgendwie. Vielleicht starben sie, weil man ihnen verdorbene Milch gab. Die Hebamme, die in diesem Entbindungsheim arbeitete – sie war Holländerin –, verschwand bei Kriegsende spurlos. Unter den Arbeiterinnen hatte sich sehr schnell herumgesprochen, daß sie ihre Kinder nach der Geburt nicht wieder zu Gesicht bekommen würden. Deshalb wollte auch keine der Polinnen oder Russinnen in diese Entbindungsanstalt. Einmal verkroch sich eine Russin zur Geburt im Stall, aus Angst, ihre Bauersfrau würde sie zur Entbindung ins »Lazarett« – so nannten die Arbeiterinnen dieses Haus – schicken. Die Bäuerinnen waren nämlich von der Partei unter Druck gesetzt worden, dies zu tun. Menschlichkeit durfte nicht sein. So kam es, daß die meisten Bäuerinnen den jungen Frauen nicht offen sagen konnten, sie sollten ruhig dableiben. Aber sie tolerierten es stillschweigend, wenn das Kind auf dem Hof zur Welt kam. Damit konnten sie dann selbst nicht in Schwierigkeiten geraten.*

Waren die Bäuerinnen mit der Entbindung auf dem Hof unausgesprochen einverstanden, dann wurde ich zur Geburt geholt. In Niedersachsen schätzt man die Dienstboten bei den Bauern, und deshalb war man auch meistens freundlich zu den Fremdarbeiterinnen. Ich lernte von den Russinnen und Polinnen einiges über die Bedeutung der Muttermilch über deren Funktion als Nahrung hinaus.

So tröpfelten sie ihren Kindern davon in die Augen, und es stellte sich bei den Kleinen nie Augenentzündung ein.

Die gefürchteten Nachblutungen stoppten die Russinnen damit, daß sie ihre Kinder gleich an die Brust anlegten. Saß ich bei Fliegeralarm im Luftschutzkeller – natürlich ohne Medikamente –, griff auch ich zu dieser Methode, und es half zuverlässig.

Die russischen Mütter pflegten oft den Brauch, den abgefallenen Nabelschnurrest ihren Kindern als Amulett um den Hals zu hängen oder auf die Brust zu binden.** Weil ich das wußte, hob ich das Stückchen dann auf und gab es den Müttern. Ich glaube, sie waren sehr leichtgläubige Frauen. Denn einmal hatte ich einer Russin eine kleine Spritze zur Erleichterung gegeben; zufällig platzte sofort die Fruchtblase und das

* Zur Situation der Fremdarbeiterinnen siehe S. 235.

** Schon im Mittelalter sollte dies Glück bringen, was wiederum mit der der Plazenta und Nabelschnur zugeschriebenen magischen Wirkung zu tun hat.

Kind war geboren. Das sprach sich herum. Alle wollten eine Spritze, denn sie meinten, so käme das Kind ohne Schmerzen. Für diesen Vorgang prägten sie den Satz: »Germanski gut, pieks und bäh.«

Besonders gut erinnere ich mich an Anna. Bei ihr war die Geburt morgens zu Ende, und mittags stand sie wieder auf, um zum Melken auf die Weide zu gehen. Die Bäuerin konnte sie nur unter Androhung des »Lazaretts« wieder ins Bett schicken. Eigentlich sollten die Arbeiterinnen ja gar keine Ruhe nach der Geburt haben, aber ich achtete doch darauf, daß sie acht Tage lang nicht arbeiteten und im Bett blieben, was keine Probleme machte.* Aber Anna war hier ein Ausnahmefall. Sie legte sich immer erst dann hin, wenn sie mein Motorrad hörte, und stand wieder auf, nachdem ich weggefahren war. Einmal wollte ich sie aber hereinlegen und schob mein Motorrad aus dem Hof auf die Straße, so daß sie nichts von meiner Abfahrt hörte. Auf diese Weise blieb sie brav einige Stunden im Bett liegen, bis sie es wohl nicht mehr aushielt, aufstand und die Bäuerin fragte: »Frau, ißt sich der Doktor (das war ich) immer noch Frühstück?«

Die Polinnen schrien kräftig während der Geburt, in der Meinung, je lauter sie schrien, desto leichter käme das Kind. Schon in der Klinik hatte ich während der Ausbildung erlebt, daß die Frauen fürchterlich schrien, bis ich verstand, daß es ihre Angst war, die sie so laut sein ließ. Sie fühlten sich verloren und verlassen: mal kam dieser, mal jener zu ihnen, und die Frauen wußten nicht, wer sich nun wirklich um sie kümmerte. Viele ältere Kolleginnen hatten zu den Frauen immer gesagt: »Nun schreit mal wieder ordentlich, dann geht's leichter.« Ich bin allerdings der Meinung, die Kraft fürs Schreien könnten sich die Frauen für die Arbeit der Geburt sparen und ruhig bleiben.

Manche Frauen suchten sich im Übergang von Eröffnungs- zu Austreibungsphase Halt und Erleichterung, indem sie sich immer mal wieder für eine Minute an den Türrahmen hängten. Oder wir machten in der Eröffnungsphase warme Kamil-

* Die Mutterschutzgesetze fanden für Arbeiterinnen aus dem Osten ausdrücklich keine Anwendung. Zur ganzen Problematik siehe S. 237.

lenfußbäder, und die Alten meinten: »Set se man up ein Eimer mit Kamillentee, dann geit dat wieda.« Wurden die Herztöne bei der Austreibung schwächer, wußte ich, daß sich der Druck aufs Kind verstärkte und alles natürlich verlief. Bei den Ärzten rief dies dagegen Panik hervor, und es mußte eine Schnittentbindung sein oder die Saugglocke wurde eingesetzt – was beides nicht notwendig gewesen wäre. Oft habe ich auch Fuß- oder Steißlagen allein geholt.

Ich gehörte während des ganzen Dritten Reiches nie irgendeiner Organisation der Nazis an. Das gab, als ich Hebamme war, immer wieder Probleme. Ich sollte sogar schriftlich hinterlegen, warum ich nirgends organisiert sei. Aufgrund meiner Weigerung übte man permanent Druck auf mich aus, und kurz vor Kriegsende wäre ich beinahe über einen Strohhalm gestolpert: Ich hatte meine Arbeit nach der Geburt in einer hier evakuierten Familie überzeugter Nazis erledigt. Da kam das Gespräch auf die sogenannte Wunderwaffe, die nun in Visselhövede eingesetzt werden und den Endsieg bringen solle. Ich konnte nicht schweigen und sagte: »Glauben Sie das denn wirklich? Das müssen doch auch Sie merken, daß Sie mit dieser ›Wunderwaffe‹ belogen und betrogen werden.« Ich hatte bald das ungute Gefühl, zu viel gesagt zu haben. Die Frauen guckten sich an, und Monate später, als sie von hier fortzogen, sprach die junge Mutter beim Abschied von ihrer Gewissensnot, als überzeugte Nationalsozialistin mich nicht angezeigt zu haben.

Auch ermahnte mich die nationalsozialistische Schwester immer wieder, mich nach den Vorschriften zu verhalten und nicht den Polinnen und Russinnen die Bettruhe zu gestatten. Ich solle ihnen einen Tritt in den Hintern geben und sie zur Arbeit jagen. Ich verbat mir die Einmischung in meinen Tätigkeitsbereich und bestand darauf, alle meine Frauen, gleich ob Deutsche, Polin oder Russin, zu pflegen. Schließlich hatten alle bei der Geburt gleiches durchgemacht.

Das Ende des Krieges in Visselhövede – drei Tage lang wurde die Stadt umkämpft – hinderte die Frauen nicht daran, auch in diesen Tagen ihre Kinder zu gebären. So war ich zwischen den Kämpfenden mit meiner Rotkreuzbinde zu Fuß unterwegs, und in den Luftschutzkellern wurden Kinder geboren und Entbundene betreut; so gut es ging, saß ich mit der Schwangeren im Keller Stunde um Stunde, und das Kind kam womöglich doch noch nicht. So geschah es, daß ich eine Frau, zu der mich der Arzt während der Kämpfe schickte, vergeblich in Haus und Keller suchte. Ein paar Tage später erfuhr ich, daß sie alleine im Haus ihr Kind zur Welt gebracht hatte, dann schnell auf ein Ochsenfuhrwerk gepackt wurde und über die Felder vor den Engländern in ein entlegenes Dorf zu Verwandten flüchtete.

Es ging drunter und drüber in diesen Tagen. Als dann noch die Flüchtlinge ohne ausreichende Kleidung kamen, war es sehr mühsam mit den Neugeborenen. Ich versuchte einmal, das Siebenmonatskind einer Flüchtlingsfrau durchzubringen, indem ich Muttermilch von einer anderen Frau, die sehr viel Milch hatte, abzweigte und sie dem Kind brachte. Zehn Kilometer weit lief ich bei Schnee, immer in der Angst, wenn ich hinfiel und ausrutschte, die kostbare Muttermilch zu verlieren. Dennoch starb das Kind. Einmal war es mir gelungen, ein 900 Gramm schweres und nur 30 Zentimeter großes Kind, dem ich sogar auf Wunsch der Mutter die Nottaufe gegeben hatte, bis zu seinem Geburtstermin am Leben zu erhalten. Ich bettelte die Muttermilch von sieben verschiedenen Müttern, fütterte das Kind alle paar Stunden mittels eines kleinen Puppenfläschchens. Da mir die Arbeit schließlich doch zuviel wurde, kam das Kind nach Bremen in die Säuglingsklinik, wo es leider mit neun Monaten an Nierenversagen starb.

Eines Tages kam ich zur Entbindung zu einer Flüchtlingsfrau aus dem Warthegau. Die Mutter der Gebärenden erzählte mir sofort, es sei gleich so weit mit der Geburt, sie habe untersucht. Ich war entsetzt und erfuhr, daß sie der jungen Frau Zucker in die Scheide gestrichen hatte, um das Kind herauszulocken. Durch den Zucker, dachten sie, ginge die Geburt ganz schnell.* Ein andermal lag bei Leuten aus dem Warthegau ein 50-Mark-Schein auf dem Tisch, als ich kam. Ich

* Dem lag die in Antike und Mittelalter bis in die Neuzeit herrschende Vorstellung zugrunde, daß die Geburt im wesentlichen die Arbeit des Kindes sei und dieses gelockt werden müsse, um die Geburt zu erleichtern.

fragte, was das solle und erfuhr, daß es im Warthegau üblich gewesen sei, Hebamme oder Arzt *vor* der Geburt zu bezahlen. »Erst das Geld, dann die Arbeit«, hieß es.

Im Jahre 1957 starb eine Frau zwei Stunden nach der Geburt ihres fünften Kindes an Herzembolie. Das älteste der Geschwister war 13 und das jüngste gerade vier Jahre alt. Das Neugeborene sollte nun in die Kinderkrippe nach Rotenburg gebracht werden. Doch wer sollte das bezahlen? Der Vater war verzweifelt. Da mischte ich mich ein und holte das Kleine am dritten Tag zu mir. Dem Vater des Kindes war bei dieser Lösung eine Last von der Seele gefallen. So zogen meine Freundin Margarethe und ich das Mädchen als unsere Tochter auf. Sie hat zu Vater und Geschwistern bis heute ein nettes Verhältnis und ist oft auf dem väterlichen Hof. Im Lauf der Zeit war die Verbindung zwischen dem Vater und mir so gut geworden, daß ich Christa adoptierte. Heute ist sie längst verheiratet und hat selbst drei Kinder. Ich freue mich, eine nachkommende Familie mit Enkeln zu haben, obwohl ich nie verheiratet war. Ich ging so in meinem Beruf auf, daß für eine Ehe kein Platz gewesen wäre. So hatte ich 35 Jahre lang keinen Urlaub und jedes Jahr, bis auf die letzten Jahre, zwischen 125 und 175 Geburten, was in der schlechten Zeit nach dem Krieg besonders kräftezehrend war. Es gab keine ordentliche Kleidung, keine gute Ernährung. Von verschiedenen gutwilligen Vätern hatte ich mir kunterbunt eine Männermotorradkleidung zusammengesammelt, um bei meinen nächtlichen Fahrten nicht so zu frieren.

Bei allen Geburten bezog ich den Vater in das Geschehen mit ein. Was heute unter dem Stichwort Partnerschaft so groß geschrieben wird, war bei mir immer schon üblich. Ich vertrete auch heute noch die Ansicht: »Es ist euer gemeinsames Kind, also sollt ihr auch die Probleme gemeinsam durchstehen.« Ich konnte viel Kraft geben und fühlte mich nie durch meinen Beruf verausgabt. Ganz im Gegenteil. Mir schien immer mehr Kraft zuzuwachsen, um sie den Frauen weiterzugeben.

Oft ist die Hebamme auch Eheberaterin oder Ehestifterin. Ich erinnere mich an ein Mädchen, das nur einmal nach dem

Erntedankfest mit einem jungen Mann zusammen war – und schon war sie schwanger. Der junge Mann stritt die Vaterschaft ab, und seine Freunde unterstützten ihn dabei. Er wollte sogar eine Blutuntersuchung machen lassen. Da ging ich zu ihm und sagte: »Das Mädchen hat mir alles genau erzählt, und es stimmt präzise mit dem Geburtstermin und allem anderen überein. Ich habe mit ihr geredet. Du wirst um die Vaterschaft kaum herumkommen.« Auch die Mutter des jungen Mannes stand auf meiner Seite, und so wurde geheiratet. Später hatten sie noch drei Kinder und führten eine ganz normale Ehe.*

Eines Tages kam ein Mann zu mir mit dem Problem, seine Frau wolle die dritte Schwangerschaft nicht austragen. Sie sei zu ihrer Mutter nach Hamburg gereist, um von dort aus zu einer Abtreibung ins Ausland zu fahren. Er aber wollte das Kind unbedingt, saß todunglücklich vor mir und fragte mich, ob seine Frau ohne sein Einverständnis abtreiben dürfe. Da setzte ich mich hin und schrieb an die Frau, die ich von den Geburten her gut kannte, einen langen, ausführlichen Brief mit der Bitte, sie solle sich alles ganz genau überlegen. Wenn schon zwei Kinder da seien, habe ein drittes doch auch noch Platz. Außerdem könne eine Abtreibung auch immer schiefgehen, ihr Mann hingegen stünde zu dem Kind. Daraufhin fanden die beiden wieder zusammen. Das Kind kam zur Welt.

Es ist schade, daß die Hausgeburten immer seltener werden. In letzter Zeit stelle ich allerdings auch wieder die Tendenz fest, daß mehr junge Frauen zu Hause entbinden möchten. Sie kommen aus Hannover und aus noch weiterer Entfernung zu mir.

Als ich meine Niederlassung im Januar 1986 wegen Überschreitung der Altersgrenze zurückgeben mußte, protestierte ein junges Paar beim Regierungspräsidium heftig dagegen, daß es nun keine Hebamme in der ganzen Gegend weit und breit mehr gäbe, die zu Hausgeburten komme. So wurde

* Frau Krügers Bemühen in diesem Fall erinnert an die Funktion der Hebamme im frühen Mittelalter, als Gutachterin bei Gericht in Familienstreitigkeiten aufzutreten, die sog. Sendzeugin (siehe S. 202).

meine Niederlassung um ein weiteres Jahr verlängert. Aber inzwischen ist auch diese Verlängerung ausgelaufen, und ich habe meine Arbeit endgültig beendet. Damit löste sich für mich eine immerwährende Spannung, unter der ich jahrelang stand. Ich schlafe plötzlich ruhig und gehe ganz gelassen ins Theater.

Ich war ja zusätzlich noch von 1970 bis 1978 Gemeindeschwester in Visselhövede. 1983 erhielt ich nach 40 Dienstjahren das Bundesverdienstkreuz und freute mich sehr darüber. Ich war eben die letzte freie Hebamme hier und habe keine Nachfolgerin, die es wagt, zur Geburt ins Haus zu gehen. Eigentlich verdienten alle Hebammen, die so hart arbeiten, einen Orden.

Es ist schon eine besondere Verantwortung, die eine Hebamme ihr Leben lang zu tragen hat. Das hebt sie über alle anderen Personen etwas hinaus, und deshalb wurden ihr wohl oft übernatürliche Kräfte zugesprochen, die letztendlich aber nur auf Erfahrung und Sensibilität beruhten.

Nach dem neuen Hebammengesetz sollen jetzt sogar männliche Geburtshelfer zugelassen sein. Mir gefällt das gar nicht, und ich denke, daß sich auf diese Weise Frauen wieder aus einem Beruf verdrängen lassen und Männer auch hier die leitenden Positionen als »Lehrhebamme« oder Leiter der Entbindungsanstalt einnehmen werden. Frauen werden wieder einmal das Nachsehen haben. Andernfalls würden Männer diesen Beruf gar nicht ergreifen, denn für die viele Dreckarbeit bei dieser Tätigkeit sind sie sich doch zu schade. So sehen die Hebammen zu, wie ihnen auch noch der letzte selbständige Arbeitsbereich von Männern weggenommen wird.

Am Beginn eines Lebensweges standen früher immer zwei Frauen: die Mutter und die Hebamme – und so soll es auch bleiben. Das wäre meine Hoffnung und mein Wunsch für die Zukunft.

Henrika Heidergott,
83 Jahre, Hebamme in Westoverledingen, Ostfriesland

Mein Werdegang zur Hebamme begann damit, daß ich als Siebzehnjährige 1923 zunächst Wochenpflegerin wurde. Für den Besuch des dreimonatigen Kurses in der Landesfrauenklinik in Osnabrück brauchte ich sogar eine Ausnahmegenehmigung, denn eigentlich wurden Mädchen erst ab 18 Jahren zu diesem Beruf zugelassen. Aber der Kreisarzt, dem ich meinen Wunsch mitgeteilt hatte, meldete mich an, und meine Eltern waren damit einverstanden – ganz besonders meiner Mutter gefiel meine Idee. Meine Familie wohnte damals in Loga, südlich von Leer, wo ich auch 1906 geboren wurde.

Am liebsten hätte ich nach dem Ende des Wochenpflegekurses gleich in Osnabrück weitergelernt, um Hebamme zu werden. Das kostete aber viel Geld, das ich nicht hatte, und alt genug war ich auch noch nicht. Aber von diesem Zeitpunkt an stand mein Entschluß, Hebamme zu werden, ganz fest.

Die Arbeit einer Wochenpflegerin begann, wenn die der Hebamme endete, also am neunten oder zehnten Tag nach der Geburt. Ich war in den Haushalt der Wöchnerin aufgenommen, teilte das Zimmer mit ihr, aß mit der Familie und nicht mit den Dienstboten und wurde immer sehr gut behandelt. Meine Aufgabe war es, mich um die Mutter zu kümmern, das Kind zu wickeln, nachts aufzustehen, wenn es schrie, d. h. die Mutter von Arbeit und Belastung abzuschirmen. Die Mutter hatte selbst nicht viel mit dem Neugeborenen zu tun. Ich kochte auch für die Wöchnerin, und zwar viel Milchbrei, Grießbrei mit Eierflöckchen und Zwieback. Es wurde ein Huhn geschlachtet, um für die junge Frau eine Suppe zu bereiten. Sie genoß eben die Wöchnerinnenkost – eine feste Mahlzeit mit Gemüse sollte sie dagegen nicht essen. Diese besondere Kost war in den ersten Wochen vorgesehen, bis es mit dem Stillen klappte. Ich blieb meist zwei, manchmal auch bis zu drei Monaten im Haus, je nachdem, wie reich die

Familie war und sich meine Dienste leisten konnte. Meistens betreute ich Guts- und Geschäftsfrauen, dank der Vermittlung durch die alte Hebamme von Loga.

Damals stillten die Frauen sehr lange; manches Kind stand schon neben der Mutter und zog am Schürzenzipfel, wenn es die Brust wollte. Während der ersten zehn Tage nach der Geburt hatte die junge Frau nur gelegen, und auch noch bei meiner Pflege legte sie sich zur Schonung oft hin. Die meisten Mütter hatten ihre Kinder bei sich im Bett, egal, ob arm oder reich. Das Kind war unmittelbar nach der Geburt zum Trinken angelegt worden. Weil es bei der Mutter lag, trank es, wann es wollte. Das war damals üblich. Ich dachte später oft, als die Kinder nur alle vier Stunden aus ihren Bettchen zum Trinken herausgenommen wurden, daß Kinder, die nicht schlafen und sich sättigen können, wie sie wollen, unausgeglichen und nervös werden müssen.

Jede Frau, auch wenn sie noch so arm war, holte zur Geburt die Hebamme. Denn in der Zeit der Schwangerschaft legte sich jede Mutter nebenbei immer ein bißchen Geld in ein Kästchen, so daß die sieben Mark für die Hebamme dann bezahlt werden konnten.

Bis 1928 arbeitete ich als Wochenpflegerin und erlebte selten Komplikationen. Vielleicht waren die Frauen damals widerstandsfähiger. Kam es doch einmal zu einer Brustentzündung, machte ich alle zwei Stunden Umschläge mit essigsaurer Tonerde. Ging die Entzündung darauf nicht zurück, bildete sich ein Abszeß, den man aufgehen ließ. Manche Frauen legten sich Umschläge aus heißen, gedämpften und zerstampften Kartoffeln, eine Art Kartoffelbrei oder Haferbrei, auf. Der warme, weiche Brei auf der Brust sollte sie ganz durchwärmen und die Entzündung heilen, was auch oft gelang. Erst sehr viel später wurden bei Brustentzündungen Alkoholumschläge üblich. Noch etwas später gingen die Ärzte dazu über, eine entzündete Brust zu schneiden.

Während meiner fünfjährigen Tätigkeit als Wochenpflegerin hatte ich die notwendigen 900 Reichsmark beiseite gelegt, um 1928 den Hebammenkurs in Osnabrück besuchen zu können. Wir waren fünf Kolleginnen aus Ostfriesland.

In der Landesfrauenklinik gab es damals Hausschwangere*, ledige Mädchen, die nicht wußten, wo sie die letzte Zeit vor der Geburt und zur Entbindung hingehen sollten. Sie machten auf der Station die leichteren Hausarbeiten, halfen mal hier und da und mußten sich zweimal in der Woche beim Arzt zur Untersuchung vorstellen. Wir Hebammenschülerinnen hatten mit ihnen nichts zu tun.

Gegen Ende der Ausbildung dachte ich daran, im Krankenhaus zu bleiben. Mir wurde etwas mulmig bei dem Gedanken, daß ich draußen auf dem Land völlig allein bei den Geburten dastünde, denn zu Normalgeburten wurde kein Arzt geholt. Er konnte nur für schwierige und ganz komplizierte Geburten gerufen werden. Aber ich überwand die Angst dann doch und fing am 1. Januar 1930 mit meiner Praxis in Detern an. Vier Monate später wurde nach dem Tod der dortigen Hebamme die Stelle in Ihrhove vakant, und ich übernahm den Bezirk. Später kam noch eine zweite Hebamme dazu, denn das zu versorgende Gebiet war für mich allein zu groß. Wir verstanden uns sehr gut. Im Lauf der 36 Jahre meiner Hebammentätigkeit leistete ich ungefähr bei 3000 Geburten Hilfe.

1930 fuhr ich zu den Geburten mit dem Fahrrad, die Tasche in der Hand, denn damals hatte man noch keinen Gepäckhalter. Der werdende Vater holte mich und nahm mir meist meinen Berufskoffer ab. In der Zwischenzeit waren bei der Frau ihre Mutter, die Schwiegermutter oder Nachbarinnen. Die Männer blieben bei der Geburt nicht dabei. Aber Mutter, Schwiegermutter oder, wenn es diese nicht gab, die Nachbarin bat die Gebärende öfter: »Bleib du mal da.« Und so halfen diese bei allen Handreichungen. Nachbarschaftshilfe ist in Ostfriesland ganz groß geschrieben. Wohl deshalb kümmerten sich die Frauen sehr umeinander. Kam ich zu spät, und das Kind war bereits geboren, dann war manchmal schon alles erledigt, anfangs sogar das Abnabeln.

* In allen Frauenkliniken fand sich diese Möglichkeit. Sie geht auf die Tradition aus der Zeit der Entstehung der »Gebärhäuser« zurück, daß aus angeblich humanitären Motiven ledige Frauen ordentlich entbinden konnten, in Wirklichkeit aber bis zum Exzeß als Anschauungs- und Übungs-»Material« der Ärzte mißbraucht wurden (siehe S. 227f.).

In jedem Haus gab es früher für solche Fälle ein weißes Band, eine Art Nabelband, zu dessen Anschaffung die Mütter der jungen Frauen schon bei der Hochzeit geraten hatten. War die Geburt nachts, wurde die Nachbarin verständigt. Sie holte die Kinder aus dem Bett und brachte sie zu sich, denn die ganze Familie schlief im selben Raum, in dem auch die Geburt war, und die Kinder sollten natürlich nichts davon merken. Sie freuten sich, wenn sie zu den Nachbarskindern ins Bett gepackt wurden, und oft schliefen sie gar nicht mehr ein, so gefiel ihnen das. Nur wenige von den Kindern ahnten allerdings, daß der Grund dafür das neue Geschwisterchen war. Mit den Kindern wurde darüber nicht gesprochen. Sie wußten lediglich: Der Storch holt die Babys aus dem Kolk* (Sumpf) und läßt sie durch den breiten, großen Schornstein plumpsen. Die Aufgabe der Hebamme war es dabei, das Kind von dem vielen Ruß sauber zu waschen. Die Hilfe der Nachbarinnen währte auch über die Geburt hinaus. So wurde neun Tage lang von allen reihum süßer Brei gebracht. Sie hatten das untereinander abgesprochen, und jeden Tag kam eine andere mit einer Suppenterrine oder einer Schüssel mit übergestülptem Teller, um den Brei warm zu halten.**

Konnten mal zwei Nachbarinnen nicht so gut miteinander und hatten nichts abgesprochen, dann kam es vor, daß von beiden Brei gebracht wurde. Dann freuten sich die Kinder, wenn sie den überzähligen Brei bekamen. In dieser Zeit waren die Kinder überhaupt mit Essen gut versorgt, denn in der Nachbarschaft bekamen sie immer etwas. Keine Frau hätte das als Zumutung empfunden, denn im Dorf glich sich das immer aus. Jede war in regelmäßigen Zeitabständen in dieser Situation, und Kinder hatten sie fast alle gleich viel. Selbst wenn es Probleme mit dem Stillen gab, sprang eine Nachbarin ein und gab dem anderen Kind von ihrer Milch ab.

* Wie im Münsterland die Vorstellung von Erde und Wasser als lebensspendende Elemente.

** Zu diesem Zweck waren für die sogenannte »Wochensuppe« eigene Schüsseltürme verwandt worden; auf den übergestülpten Teller wurde der nächste Teller gestellt usw. Im Italien der Renaissance wurden diese »Wochenteller« zum Gegenstand einer eigenen Dekorations- und Malrichtung. Die Wöchnerin durfte diese zum Teil sehr kostbaren Schüsseln behalten.

Die Frauen in Ostfriesland waren damals so eng befreundet, daß sie sicher auch miteinander über all die intimen Dinge geredet haben und die jüngeren sich auch Rat bei den älteren holten. Vermutlich wußten auch einige Besonderes über Heilkräuter, und die anderen Frauen holten sich bei ihnen Rat, wenn sie glaubten, eine Krankheit kurieren zu müssen. So hängten sie zum Beispiel ihren Kindern zum leichteren Zahnen Bernsteinketten um den Hals.* Das sollte die Zahnschmerzen lindern. Vor mir wurden solche Dinge aber nicht beredet, eher verheimlicht, denn die Frauen wußten, daß ich als ausgebildete Hebamme solches strikt ablehnte. So hielt ich es auch von Anfang an. Ich gab keinen Tee, machte keine Dämpfe, lediglich manchmal warme Umschläge, um die Wehentätigkeit anzuregen.

Die Frauen waren fast alle bei mir vor der Geburt angemeldet. Wenn man die Schwangerschaft sah, ab dem sechsten oder siebten Monat, kamen sie bei mir vorbei. Ich besuchte sie zwei- oder dreimal in ihrem Haus und sah mir alles an. Während der Hitlerzeit war das sogar Vorschrift. Ab 1933 mußte ich mich übrigens Hebammenschwester nennen, nicht mehr nur Hebamme wie vorher. Aber sonst merkten wir Hebammen gar nichts von der Partei. Uns ließ man völlig in Ruhe.

Wenn ich kam, hatten die Mütter schon alles fertig hergerichtet. Nach dem Krieg aber war es mit den Frauen der Vertriebenen ein Problem, denn sie besaßen nichts als das, was sie auf dem Leib trugen. Ich fragte bei Bekannten und den Pastorenfrauen, und sie gaben mir alles, was die Mütter brauchten. Die Frauen waren vor der Geburt recht ruhig, und manche arbeiteten auch noch. Eine von ihnen sagte zur Heuzeit an einem schwülen, heißen Nachmittag: »Tja, Frau Heidergott, ich muß ins Heu, ich hab gar keine Zeit, um das Kind zu kriegen.« Dagegen fand ich ein andermal, als mich der Knecht geholt hatte, die junge Frau stöhnend und jammernd in der Stalltüre stehen. Zehn Minuten darauf war das Kind auch schon da, ich hatte kaum Zeit gehabt, meine Gummihandschuhe anzuziehen. Als ich fragte, warum sie mich so spät

* Dieser Brauch existiert auch heute noch im Engadin in der Schweiz (siehe S. 18).

hatte rufen lassen, sagte sie, ihr Mann habe sie noch während der Wehen in den Stall geschickt, um die Kühe zu melken. Ich war sehr erbost und stellte ihn daraufhin zur Rede. Da sagte er seelenruhig: »Frau Heidergott, mit den Tieren hat Zeit, und mit den Menschen hat Zeit.«

Wenn alles in Ordnung war, liefen die Frauen im Haus noch herum und beschäftigten sich mit diesem oder jenem. Erst wenn die Wehen stärker wurden, legten sie sich hin. Ich hielt die Frauen schön warm im Bett mit Wärmebeutel auf dem Bauch und im Rücken. Bestand aber regelrecht eine Wehenschwäche, holte ich den Arzt. Einige Jahre später, als wir schon mehrere Ärzte hatten, habe ich häufig nach ihnen geschickt, denn ich wollte die Verantwortung nicht allein auf meine Kappe nehmen. Es gab ja auch Fälle, in denen die Geburt zwar glattging, die schlimmen Blutungen aber erst in der Nachgeburtsphase eintraten. Ohne Arzt war die Hebamme dann übel dran. Ganz zu Anfang meiner Tätigkeit trug ich das alles alleine. Erst im Lauf der Jahre stellte sich die Routine ein, daß ich bei einer Mehrgebärenden beispielsweise vorher schon erkannte, ob Komplikationen zu erwarten waren und der Arzt zugezogen werden sollte. Immer wieder mal ging es auf Leben und Tod – gerade bei Zangengeburten. Auch bei einer Steißgeburt holte ich den Arzt.

Früher gab es in unserer Gegend noch Butzenbetten in der Küche. Das sind Einbaubetten mit aufklappbaren Holztüren, die wie ein Schrank aussehen. Davon gab es auch manchmal zwei in einem Raum, eines für die Eltern, eines für die Kinder. In diesen Butzenbetten kamen die Kinder zur Welt. Den ganzen Tag über spielte sich das Familienleben vor dem Bett der Mutter mit dem Neugeborenen ab. Hier wurde gekocht, gewaschen, gegessen, gestritten und gespielt. Im Winter mag das ja schön warm gewesen sein, aber im Sommer war es in diesem Raum oft unerträglich heiß. Zuunterst in dem Butzenbett lag der Strohsack, darauf befanden sich ein dickes Federbett und vier oder fünf große Kissen. Die Frauen saßen mehr im Bett, als sie lagen. Dies war aber auch sonst die übliche Haltung beim Schlafen. Über alles wurde dann ein dickes Federoberbett gepackt. Für das Kind, das so Tag und Nacht bei der Mutter lag, war das natürlich gerade richtig warm, und es schlief seelenruhig trotz des Lärms in der Küche.

Die Kinder waren zu meiner Zeit in einem guten Gesundheitszustand. Rachitis wurde schon in der Mütterberatung bekämpft. Aber ich erlebte noch bei jungen Müttern von der Rachitis her verformte Becken, so daß bei ihnen Geburten sehr schwierig waren. Dann mußte die Frau in ihrem Butzenbett auch mal quer liegen, damit der Arzt und ich ihr besser helfen konnten. In späteren Jahren wurde dafür der Küchentisch mit Decken und Unterlagen hergerichtet, da die Arbeit in den Butzen zu schwierig war.

Ich wurde hauptsächlich nachts zu Geburten geholt. Einen Achtstundentag kannte ich nicht – ich mußte immer bereit sein. Nachdem ich telefonisch über meine Nachbarn zu erreichen war, konnte ich mich darauf einstellen, daß es um halb zehn Uhr oder dreiviertel zehn Uhr abends noch mal klingeln würde. Um zehn Uhr nämlich ging das Fräulein vom Amt nach Hause, und es konnte nicht mehr telefoniert werden. So wurde von den Leuten vorsichtshalber schnell noch vorher angerufen, um sich selbst den Weg von acht oder neun Kilometern nachts zu sparen. Sie dachten wohl, die Hauptsache sei es, die Hebamme erst mal bei sich zu haben. Ausruhen könne sie sich ja bei ihnen. Das tat ich allerdings nie, sondern saß die ganze Nacht wach. Bei diesen Müttern wußte ich, daß sie sehr ängstlich waren.

Von den Älteren hörte man oft, ein Kind werde bei Hochwasser oder bei Vollmond geboren. Ich achtete aber auf das alles nicht, und so kamen die Kinder bei mir auch mal bei Ebbe.

Als ich mit meiner Praxis anfing, benützte ich von vornherein immer die Gummihandschuhe, wie wir es gelernt hatten. Die Frauen verstanden das nicht und fanden es sehr ungewöhnlich, denn die älteren Hebammen gebrauchten sie wohl nicht. Aber es war, als Schutz gegen Infektionen und das Wochenbettfieber, Vorschrift. Mit der Sauberkeit war ich sowieso äußerst penibel, und so kam es auch, daß in den 37 Jahren meiner Berufstätigkeit keine meiner Frauen während der Geburt oder nachher im Wochenbett starb. Darauf bin ich heute noch sehr stolz.

In den ersten Jahren hatte ich große Schwierigkeiten bei Müttern und Schwiegermüttern, wenn ich zum Nähen eines Dammrisses den Arzt holen ließ. Sie sagten: »Na, hören Sie mal, wieso holen Sie den Arzt nachher, wenn alles vorbei ist?« Ich klärte sie auf, daß den jungen Frauen bei einem genähten Dammriß all die Schwierigkeiten und Probleme mit dem Gebärmuttervorfall erspart blieben. Fast alle älteren Frauen litten unter diesem Problem, es gehörte zum Frauenleben. Nach den Geburten, während des Wochenbettes, war lediglich ein Tuch um die Oberschenkel gebunden worden. Auf diese Weise sollte die Wunde zusammenheilen. Sie heilte wohl, aber was kam nach! Die Scheide war nicht richtig zugeheilt, so daß sie offen klaffte und bei den vielen Geburten die Gebärmutter herausfiel. Als die Frauen meine Besorgnis verstanden hatten, fanden sie es gut und waren nicht mehr böse auf mich, wenn ich den Arzt holte. Einer Hebamme war nämlich verboten, zu nähen.

Die Plazenta habe ich im Nachttopf ganz genau auf Vollständigkeit geprüft und dann einem Familienangehörigen zum Vergraben im Garten oder sonst einem abgelegenen Ort übergeben.

Kam mal ein totes oder behindertes Kind zur Welt, so konnte ich damit nicht hinterm Berg halten, wenn die Mutter nachfragte. Sie merkte gleich an meiner Stimme nach der Geburt, wenn sie ein bißchen gedämpft oder abwesend klang und nicht voller Freude war wie sonst, daß etwas nicht in Ordnung war. Ich brachte es den Müttern langsam und schonend bei. Sonst begrüßte ich ein Neugeborenes mit den Worten: »Wat'n moije Kind!« (Was für ein schönes Kind), damit sich die Mutter nach der Anstrengung freuen konnte und stolz war auf ihre Leistung. Wurde ein Kind nur wenige Wochen zu früh geboren, brachten wir es immer durch. Es lag ja schön warm eingepackt bei der Mutter im Butzenbett, was den Brutkasten ersetzte.

Die Freude war immer groß, wenn das erste Kind ein Junge war, denn das älteste sollte alles erben und Namensträger sein. Mit dem letzten Kind hingegen wünschten sich die Ehepaare immer ein Mädchen, damit sie im Alter jemand hatten, der sich um sie sorgte.

Ich badete das Neugeborene zunächst im Badezuber der Familie. Dabei fürchtete ich aber immer, es könne leicht krank werden. Bald besorgte ich mir deshalb meine eigene Emailschüssel, und später schleppte ich sogar eine kleine Badewanne in meinem Auto mit.

Nach der Geburt saßen wir noch zwei Stunden zusammen. In dieser Zeit wurden belegte Brote und Tee gereicht – mehr als ich essen konnte. Abschließend tranken wir »Kindstön«, das ist Branntwein mit Rosinen und Zucker, der schon Wochen vorher angesetzt wurde. Das war ein schöner Brauch. Jeder Besucher, der in den Tagen nach der Geburt zur Mutter kam, erhielt ein Glas Kindstön. Früher trank auch die Wöchnerin gleich nach der Geburt mit, aber der Arzt und ich stoppten das im Lauf der Zeit, denn wir meinten, daß mit Alkohol nachgeburtliche Blutungen leichter eintreten könnten. Aber wenn der Wochenfluß stockte, tat der Kindstön seine guten Dienste: trank die Frau davon, war alles wieder in Ordnung.

Taufen wurden früher fast alle zu Hause abgehalten, bei Armen ebenso wie bei Reichen. Das Kind durfte nämlich ungetauft nicht ins Freie kommen.* Die Familien in Ostfriesland hatten damals alle viele Kinder. Empfängnisverhütung war kein Thema. Ganz im Gegenteil. So erklärte mir einmal eine Frau, als ich beim zwölften Kind meinte, es sei doch wohl nun genug: »Ne, Frau Heidergott, um zwölfe muß noch ein Band herum, dann bleiben sie besser zusammen.« Und tatsächlich, es kam auch noch ein 13. Kind. Allgemein hieß es: »Soviel mehr Kinder, soviel mehr Vaterunser.« Wenn ich von Verhütung geredet hätte, wäre ich nicht mehr akzeptiert worden.

Nachdem ich zehn Jahre lang mit dem Fahrrad unterwegs gewesen war, bekam ich 1938 meinen Opel Kadett. Auch meine Kollegin hatte ein Auto. Wir waren die einzigen motorisierten Frauen, und die Mütter freuten sich alle sehr darüber. Während des Krieges war es allerdings mit dem Benzin kompliziert, denn mir waren im Monat fünf Liter zugeteilt worden. Deshalb brachten die Frauen vor der Geburt Lebensmittel, die ich bei der Tankstelle gegen Benzin eintau-

* Vom gleichen Brauch erzählen Frau Moska und Frau Clalüna aus dem Engadin.

schen konnte. So sorgte jede Frau mit dafür, daß ich zu ihrer Entbindung fahren konnte, denn sie wußten, daß das Auto nicht mit Wasser fuhr.

Nach dem Krieg wurde mein Auto für einen Arzt beschlagnahmt. So mußte ich wieder fünf Jahre lang mit dem Fahrrad und dem Motorrad, einer Mars 98, fahren. Das Motorradfahren war schön, nur nachts problematisch bei kaltem Wind, wenn ich aus dem warmen Bett kam, denn Lederzeug gab es ja damals noch nicht. So stopfte ich mir die Jacke vorne dick mit Zeitungen aus, trotzdem war ich oft erkältet.

1935 hatte ich geheiratet, und 1937 wurde mein Sohn geboren. Er war viel bei den Schwiegereltern, zwei Häuser weiter, und hat es dort sehr gut gehabt. Tagsüber hatte ich eine Haushaltshilfe. Mein Mann war oft zwei oder drei Wochen beruflich unterwegs. Er ertrug es geduldig, daß seine Ehefrau Hebamme war.

Wenn die Mütter in der ersten Zeit nach der Geburt mit Wochenbettdepression zu tun hatten, so lag das meist an der Umgebung, und es stellte sich die Frage, ob es in der Familie überhaupt stimmte. Wenn zum Beispiel eine junge Frau ledig ein Kind bekommen hatte und ihre Mutter das nicht verkraftete, dann sprach ich beiden gut zu und versuchte zu vermitteln. Verstanden sie sich langsam wieder, wurde es auch mit den Depressionen besser.

Die letzten Jahre meiner Tätigkeit, ehe ich 1967 in Pension ging, hatte ich zusätzlich Belegbetten im Krankenhaus in Papenburg oder in Westhauderfehn. Manche Frauen gingen nur dann ins Krankenhaus, wenn sie dort »ihre« Hebamme hatten. Und so rief man mich vom Krankenhaus aus an, wenn eine meiner Frauen dort eintraf und die Wehen sich verstärkten. Ich denke, daß es heutzutage den Hebammen bessergeht als früher. Die Arbeit ist körperlich nicht mehr so anstrengend, sie haben regelmäßig Dienst und tragen nicht soviel Verantwortung. Zu Hause arbeiten ist dagegen für die Hebamme psychisch einfacher, weil sie sich dann nur auf *eine* Frau zu konzentrieren hat. Im Krankenhaus, wenn im Kreißsaal fünf oder sechs Frauen gleichzeitig von zwei Hebammen betreut werden müssen, ist das natürlich sehr schwierig. Sie bekommen keinen so intensiven Kontakt, und damit fehlt der

Überblick über die Situation bei jeder einzelnen Frau. Dafür ersparen sich aber die Hebammen so manche Ängste, die ich auf dem Land alleine ausstand und die sehr an den Nerven gezehrt haben. Im Krankenhaus liegt die Verantwortung bei Arzt und Hebamme gemeinsam.

Ich wollte heute nicht mehr Hebamme werden, weil der Beruf schwer und verantwortungsvoll ist. Aber solange ich arbeitete, war ich glücklich. Damals sagte ich immer, daß ich im nächsten Leben wieder Hebamme werden wolle. Heute beurteile ich die Situation aus der Rückschau doch ein bißchen anders.

Als ich mit meiner Praxis anfing, kam es ganz selten vor, daß eine junge Frau ins Krankenhaus zur Geburt gehen wollte. Als ich 1966 aufhörte und die Meldung in der Zeitung stand, waren die Frauen entsetzt darüber. Von diesem Zeitpunkt an mußten sie ins Krankenhaus zur Entbindung gehen, weil es hier keine Hebamme mehr gab, die ins Haus kam. So ist es noch immer. Ich finde das eigentlich schade.

Elfriede Tolksdorf,
70 Jahre, Hebamme in Hamburg

Mein Wunsch, Hebamme zu sein, entstand schon in jungen Jahren, als ich noch mit meinen Eltern und zwei Geschwistern in Danzig lebte. Ich hatte bei einer Schwägerin eine Entbindung erlebt, und das gefiel mir so, daß ich diesen Beruf ergreifen wollte. Als ich meine Zukunftsvorstellungen in der Familie äußerte, kam das für meinen Vater überhaupt nicht in Frage: ein derart genierlicher Beruf für seine Tochter! Ich durfte gar nicht mehr davon reden. So heiratete ich jung, bekam ein Kind, und dann kam der Krieg. Mein Mann blieb in Stalingrad, und ich wurde mit meinem Sohn heimatvertrieben. In dieser Situation nach dem Krieg brauchte ich meinen Vater nicht mehr zu fragen! Er hat es erlebt, daß ich Hebamme wurde und was ich mir alles durch diesen Beruf geschaffen habe. Da war er dann doch mächtig stolz auf mich.

So kam es, daß ich schon älter war, als ich anfing. Ich saß 1945 mit 26 Jahren in Schleswig-Holstein, hatte ein Kind und wußte nicht, wie es weitergehen sollte. Noch in der Reichsmark-Zeit versuchte ich, in der Hebammenschule unterzukommen, aber auf fünf Jahre im voraus war alles besetzt. Nach der Währungsreform gab es dann plötzlich überall Platz, und ich begann meine Ausbildung 1954 in Kiel. 1956 wurde ich fertig, hatte kein Zuhause und nahm deshalb eine Stelle in einer Privatklinik in Altona an. Ich arbeitete dort 14 und 16 Stunden am Tag für 180 Mark und bewohnte ein winziges Zimmer zusammen mit einer Kollegin, so daß ich nicht einmal meinen Sohn bei mir haben konnte.

Als freie Hebamme einen Bezirk auf dem Land zu bekommen, war damals nicht einfach, denn es wurde Klinikerfahrung verlangt. Ich bewarb mich häufig und erhielt nach einigen Jahren zwei Angebote: nach Hamburg und nach Eckernförde. Mein Sohn war inzwischen halb erwachsen. Ich wollte, daß er zur See fahren sollte, weil er da wenigstens untergebracht und versorgt war. Wir hatten Glück, ich entband eine Reedersfrau. Als ich ihr erzählte, daß mein Sohn ein Schiff suche, rief sie im Personalbüro an, und am nächsten Tag schon fuhr er los. Ich entschied mich dann für das Angebot in Hamburg, weil ich so meinen Sohn, wenn er Urlaub hatte, sehen konnte.

Mitte der 50er Jahre gingen die Frauen aus allen Schichten zur Entbindung ins Krankenhaus. Als ich mich hier selbständig machte, gab es in Hamburg allerdings noch zwischen 50 und 69 frei praktizierende Hebammen, denn Hausgeburten waren noch üblich.

Da kam ich als die Neue, Fremde. Für mich war Hamburg so groß, daß ich mich immer fragte: Wie sollte ich hier bekannt werden? Die Kolleginnen wußten von mir, aber ich nicht von ihnen. Das war ein komisches Gefühl. Später erfuhr ich, wie kritisch sie mich begutachtet hatten.

Ich arbeitete damals dies und das, klönte vormittags mit einem Arzt, der auch neu angefangen hatte und bei dem niemand war, machte hier und da ein bißchen Sprechstundenhilfe, Nachtwache, Mütterberatung und Wiegestunde. So wurde ich bekannt und manchmal zu einer Geburt geholt.

In der Nähe meines Bezirks gab es in Stellingen ein Wellblechbarackenlager, in dem eine andere Kollegin ein und aus ging. Sie duzte sich mit allen Leuten und war ziemlich bekannt. Als diese Kollegin dann ihren Dienst beendete, wurde ich zu den Geburten im Lager gerufen. Mir war dort alles sehr fremd. Hier wohnten nur Asoziale, die nichts hatten und das 13. bis 15. Kind gebaren. Wenn ich Glück hatte, waren sie versichert – wenn nicht, hatte ich eben Pech gehabt! Ich habe so viele Geburten umsonst gemacht, daß ich mir davon hätte ein neues Auto kaufen können. Die Leute sagten zwar: »Ja, ja, wir sind versichert.« Aber wenn ich dann meine Rechnung bei der Krankenkasse einreichte, hieß es: »Vor fünf Jahren – aber jetzt nicht mehr!«

In dem Lager lebten hauptsächlich Hamburger und einige Flüchtlinge. Es gab kein Licht, kein Wasser, keine Heizung. Die Baracke war von vorne bis hinten offen, ohne irgendeinen abgetrennten Raum. Bei den Geburten störte das nicht, denn nachts schliefen die Leute, und tagsüber waren sie sowieso draußen unterwegs.

Licht gab es nicht, weil die Stromrechnungen nicht bezahlt waren. Der einzige Ofen blieb selbst im Winter ungeheizt, weil man »den Kohlenmann verpaßt hatte«. So erzählten sie mir. In Wirklichkeit hatten sie so viele Schulden, daß er einfach nicht mehr lieferte. Es war oft so kalt, daß ich bei der Entbindung nicht mal den Mantel auszog. Lediglich eine Kerze stand da. Warmes Wasser hatte ich auch nicht. Den Frauen ging es jammerschlecht. Sie hatten weder Unterhemd noch Nachthemd, noch war etwas für das Kind zum Anziehen da.

Auch sauberhalten konnten sich die Frauen im Lager nicht. Es fehlte ja schon am fließenden Wasser, denn es gab nur eine Pumpe am Ende der Baracke. Ich konnte die Frauen auch nicht selbst richten, sie hatten nämlich keinen Waschlappen, kein Handtuch, keine Schüssel und lagen einfach im schmutzigen Bett in dem Kleid, das sie gerade trugen.

Ich sammelte bei Freunden und Bekannten alte Wäschestücke und Kinderwäsche, die ich im Auto mitbrachte und worin ich die Neugeborenen nach der Geburt ein bißchen einwickeln konnte. Meist stand der betrunkene Mann daneben und meinte: »Das ist aber ein schönes Kind, darauf kann man sich einen genehmigen.« Und er soff weiter. Einmal sagte ich: »Sie können machen, was Sie wollen, wenn hier alles für das Kind vorhanden ist – aber ich sehe nichts.« Da legte er los: »Morgen hat das Kind Zeug für 1000 Mark.« Ich dachte, nun spinnt der Kerl, und stellte ihm, wie üblich, die Geburtsbescheinigung fürs Standesamt aus. Mit diesem Zettel ging er zur Krankenkasse, kassierte dort die 120 Mark Wochengeld für die Frau und zog weiter zu Quelle. Dort mußten bei Kreditkauf nur zehn Prozent der Kaufsumme anbezahlt werden. Er legte also 100 Mark hin und kaufte für 1000 Mark ein, einen Berg von Kindersachen. Von den restlichen 20 Mark hatte er sich wieder betrunken, lag da und schlief, als ich kam. Die ganzen neuen Sachen waren in kürzester Zeit so verkommen und schmuddelig, daß man sie nur noch mit zwei Fingern anfassen konnte.

Eines war schön für die Kinder in der Baracke: Sie kamen wenigstens an die frische Luft, sobald sie krabbeln konnten. Den Weg fanden sie von allein, kein Mensch kümmerte sich besonders um sie. Wenn ich dagegen so eine Zehnt- oder Dreizehntgebärende aus dem vierten Stock einer Mietskaserne betrachtete, ohne Fahrstuhl und den Opa noch dabei: deren Kinder kamen keinen Tag raus. Wie sollte die Frau das denn auch machen? Kam ich zur nächsten Geburt nach einem Jahr wieder, sah das Einjährige blaß, krank und verkommen aus.

Manchmal grassierten im Lager Ruhr und Typhus. Dann durfte ich wegen der Ansteckungsgefahr für andere Frauen als Hebamme nicht hingehen. Ich hatte aber gerade während einer solchen Epidemie eine Frau mit einem Geburtstermin im Lager. Deshalb veranlaßte ich, daß ihr der Arzt eine Einweisung ins Krankenhaus gab. Dort nahm man sie aber wegen der Seuche nicht auf. Also mußte sie ins Lager zurück, und das Kind kam ohne Hebammenhilfe zur Welt. Ich war nämlich gerade zu einer anderen Frau unterwegs. Inzwischen hatte die Nachbarhebamme von dieser Geburt im Lager gehört und dachte sich wohl, »Kind schon da, bloß noch Pflege, das ist leicht verdientes Geld, also nichts wie hin«. Die Kollegin wußte aber nichts von der Ruhr. Anschließend wurde sie dann allerdings drei Wochen vom Amtsarzt für den Dienst gesperrt. Das waren für diese Hebamme wegen eines leichten Falles ein ziemlicher Verdienstausfall und eine herbe Erfahrung.

Nun lagen aber die Mutter und ihr Kind da und wollten versorgt sein. Deshalb schickte mich der Amtsarzt von Altona ausdrücklich hin. Als dies sein Kollege im Nachbarbezirk Heinsbüttel erfuhr, wollte er auch mich noch sperren. Ich habe mich natürlich gewehrt und sagte: »Wissen Sie, da muß eine Frau versorgt werden. Ich habe saubere Kittel und Sagrotan. Um mich kümmern Sie sich nun, aber um diese Leute, die nicht mal Seife und Handtuch haben, im größten Schmutz leben, ungewaschen sind, aber in die Lebensmittelfabriken zum Arbeiten gehen, kümmern Sie sich nicht!« Er wurde ganz still und sagte dann, ich solle einen Bericht schreiben. Ich hab's nicht gemacht, hab's »vergessen«, und es hat sich niemand mehr gekümmert. Immerhin wurde ich nicht gesperrt.

Als ich in Danzig meinen Sohn gebar, saß die Hebamme drei Tage lang schon während der Vorwehen völlig unnütz bei mir herum, was ich als sehr störend empfand. Sie muße verpflegt werden und brauchte immer Kaffee, denn sie wollte munter bleiben. So wollte ich es als Hebamme nicht halten. Wenn ich von einer Erstgebärenden angerufen wurde, merkte ich schon am Reden, ob es noch Zeit hatte. Bei Zweitgebärenden ging es immer schneller, als sie dachten, und ich fuhr sofort hin. Bei Mehrgebärenden kam es natürlich öfter vor, daß ich zu spät kam und das Kind schon da war.

Daß die Hebammen früher nicht erkannten, wann es wirklich soweit war, lag an der schlechten Ausbildung – wenn sie überhaupt eine hatten. Sie waren damals nur ein paar Wochen in einem Kurs gewesen und durften vieles nicht machen, zum Beispiel vaginal untersuchen.

Es gibt ein altes Gerücht, wonach die Geburten früher trotz schwererer Kinder leichter vonstatten gingen als heute. Das ganze Geheimnis daran erzählte mir eine alte Hebamme in Schleswig-Holstein: Die Hebamme hatte ja früher kein festes Gehalt, und für die Geburt und die zehn Wochenbesuche bekam sie nur sehr wenig Bargeld. Zusätzlich wurde sie von den Bauern aber mit Speck, Wurst, Fleisch, Eiern und Butter entsprechend dem Gewicht des Kindes bezahlt. Damit genug für die Hebammen herauskam, stellten sie das Gewicht des Kindes eben mit acht oder neun Pfund fest. Es war ja ihre Aufgabe, das Kind zu wiegen. Je nachdem, wie nötig sie gerade die Lebensmittel hatten, konnte das Kind dann trotz einer leichten Geburt sehr schwer sein!

Auch ich stieß im Lager auf einen seltsamen Brauch. Immer wenn ich kam, wollten die Frauen schnell noch Eier für mich braten. Ich wunderte mich, und mir grauste auch davor, denn dort wollte ich überhaupt nichts essen. Doch dann erfuhr ich von meiner Vorgängerin, die als Einzelperson mit den Miniportionen des Kartensystems nach dem Krieg nicht wirtschaften konnte, daß sie immer sagte, wenn sie zur Geburt eintraf: »Nun nehmt mal erst die Pfanne zu Feuer und haut ein paar Eier rein, sonst kommt das Kind nicht.«

Es war im Lager ganz selbstverständlich, daß die Männer nach der Geburt nicht lange zögerten und gleich wieder bei ihren Frauen waren. Sie gingen mir zwar aus dem Weg, weil sie wohl Angst hatten, daß ich ihnen eine Predigt halten würde. Und die Frauen redeten mit mir nicht darüber, aber ich merkte es natürlich. Sie hatten stärkere und längere Blutungen, Fieber oder überhaupt keine Monatsblutung, so daß es auch keinen Anhaltspunkt zum Errechnen des Geburtstermins für das nächste Kind gab.

Über Empfängnisverhütung wurde damals nie ein Wort verloren. Es hieß immer, wenn es mehr und mehr Kinder wurden, die nicht alle gewünscht waren: »Lieber ein Kind mehr im Kissen als ein schlechtes Gewissen.« Ich erlebte oft genug, daß gerade das Jüngste doch immer das Liebste war. Die Frauen halfen sich mit ihren Kindern gegenseitig sehr. Keine ließ die andere im Stich – besonders im Lager. Und auch wenn sie selbst wenig hatten, das Wenige versuchten sie mit der Wöchnerin zu teilen.

Mit der Bitte um eine Abtreibung kamen meist Mütter mit ihren Töchtern und machten ein großes Geschrei, wenn ich scharf ablehnte, so daß es gleich die ganze Siedlung hörte.

Früher war während einer Geburt kein Mann dabei, bis auf sehr wenige, besonders Interessierte. Sonst waren es meist die Mutter oder die Schwiegermutter, die mir halfen. Oft hörte ich die Frauen auf ihre Männer schimpfen: »Der soll sich zum Teufel scheren« und: »Ich schließ mich in Zukunft ein in der Nacht, den laß ich nicht mehr ran.« Ich sprach oft mit den Männern, wenn es mehr und mehr Kinder wurden, und sagte: »Ihre Frau hat entweder frisch entbunden oder sie ist schwanger; das ist ja kein normales Leben mehr. Wissen Sie, wenn es einer steuern kann, dann der Mann und nicht die Frau. Das ist Sache des Mannes.«

Wenn ich so mit ihnen sprach, dann hörten sie zu und waren auch froh, daß überhaupt jemand sich mit ihnen über dieses Problem unterhielt und ihnen sagte, was zu tun sei. Natürlich klappte es nicht immer. Aber die Pausen zwischen Entbindung und Schwangerschaft wurden vielleicht ein bißchen länger.

Zu Fehlgeburten wurde ich auch gerufen. Meist waren die Frauen froh darüber, aber ich habe nie einen Fall in meiner Praxis erlebt, bei dem ich den Eindruck hatte, die Frau habe selbst manipuliert. Nur in der Klinik sah ich mal eine Frau mit einer Stricknadel im Uterus, weil sie glaubte, schwanger zu sein. Dabei war sie es gar nicht.

Die Frauen haben nach dem Krieg ihre Säuglinge gern gestillt, und zwar solange es ging, weil sie dann nicht wieder schwanger wurden. Als aber die Flaschennahrung Mode wurde, Anfang der 60er Jahre, waren bald alle Kinder überfüttert.

Hasenscharten, Wolfsrachen, Klumpfüße kamen immer wieder vor. Die Mütter waren dann tief traurig, besonders in bessergestellten Kreisen. Bei den einfachen Leuten spielte das, wenn es schon mehr Kinder waren, keine große Rolle. Ich hatte auch das erste Contergankind zur Welt geholt. Es war sehr verstümmelt. Ich wickelte es ein, zeigte es der Mutter gar nicht, sondern ließ es ins Krankenhaus bringen. Einmal holte ich ein Kind zur Welt, dessen Hand wie eine Schweinepfote aussah. Die Männer wurden angesichts solcher Behinderungen sehr aggressiv gegenüber den Frauen, die natürlich hilflos und traurig waren.

Seltsame Dinge erlebte ich zuweilen: So klingelte einmal abends das Telefon. Ein Mann sagte: »Kommen Sie doch mal, Sie sind doch Hebamme. Meine Tochter hat ein Kind gekriegt.« Ich fragte zurück, welche Kollegin denn dabeigewesen sei. »Nein, haben wir keine gehabt.« Da dachte ich, das wird interessant, da fährst du mal hin. Ich kam also hin, wunderte mich, daß alles allein gemacht worden war – und das beim ersten Kind! In der Wohnung lag die junge Frau auf einem Sofa. Ich fragte: »Wie haben Sie denn das gemacht?«

»Ja, wir hatten uns das mal im Fernsehen angesehen.«

»Wo ist denn eigentlich das Kind?«

Sie hob die Decke hoch, es wurde hell und kalt für das Kind, und da schrie es natürlich; es lag noch zwischen ihren Beinen. Auf meine Frage, wann es geboren sei, guckten sich die beiden an und wußten nichts. Ungefähr 14 Uhr, meinten sie dann. Da lag es also schon fast fünf Stunden so. Ich ließ Warmwasser machen, das Kind war munter, und alles war gut. Da fragte ich den älteren Mann nach dem Vater des Kindes. Irgendwie kam mir das Ganze seltsam vor, es sah in der

Wohnung so junggesellenhaft aus. Keine Antwort. »Und wo ist die Mutter der jungen Frau?«

»Die ist in Ohlsdorf«, bekam ich zu hören. Ohlsdorf ist hier der große Friedhof. Ich wußte Bescheid: Der ältere Mann war sowohl Vater des Kindes als auch der jungen Mutter. Ich versorgte das Kind. Die Plazenta war noch nicht da, und so drückte ich auf den Bauch, um sie zu holen. Da schrie die junge Frau los und stieß mich mit dem Fuß weg: »So geht das nicht, Vati, bring mal das große naturwissenschaftliche Buch her.« Ich schrie zurück: »Das Buch bleibt, wo es ist. Sie wollen mir doch nicht aus einem Buch vorlesen, wie ich es zu machen habe.« Ringkampfartig mußte ich die Plazenta herausholen. Ich war schon mehrmals an der Garderobe, um zu gehen, da fiel mir immer wieder die unterlassene Hilfeleistung ein, und ich kämpfte weiter um die Nachgeburt. Und schließlich war ich doch erfolgreich.

Als ich ins Bad ging, um die Plazenta zu prüfen, traf ich auf ein kleines, heruntergekommenes, verschlamptes Menschenkind, das entsetzlich aussah und erschrak, als ich überraschend eintrat. Das war die kleine Schwester der jungen Mutter. Es stellte sich heraus, daß sich Vater und Tochter vergnügt und geliebt hatten und die Schwester zurückgestoßen, im Bad eingesperrt, leben mußte. Ein zweites Kind bekam die junge Frau genauso von ihrem Vater!

Ich entband auch Frauen von Zuhältern (Prostituierte). Sie waren wirklich arm dran. Es kümmerte sich niemand um sie. Manchmal konnte ich ihnen von meinem Essen, wenn ich zufällig welches dabei hatte, geben. Es kam auch vor, daß deren Kinder beim Standesamt gar nicht angemeldet wurden und nach ein paar Tagen die ganze »Familie« verschwunden war. Ich hatte das Nachsehen mit meiner Abrechnung bei der Kasse. Denn wo keine Anmeldung durch die Eltern stattfand, da gab es auch kein Geld für mich. Wo das Kind blieb, wußte kein Mensch.

Einige ältere Frauen erzählten mir zu Beginn meiner Praxis, daß die alten Hebammen zu ihnen früher nach einem Dammriß sagten: »Nun halt mal fest die Beine zusammen.« Aber der Riß heilte natürlich nicht zusammen. In der Generation meiner Mutter konnte man häufig auf der Straße Frauen gebückt und breitbeinig gehen sehen – auch wenn sie noch gar nicht so alt waren. Die meisten von ihnen hatten einen Uterusvorfall, weil sie nach Dammrissen nicht genäht worden waren. Der Uterus hing heraus, die Frauen waren an der Innenseite der Oberschenkel wundgescheuert. Beim Gehen tat es dann nicht so weh, wenn sie breitbeinig und gebückt gingen. Die Frauen waren damals so genierlich, daß sie deshalb auch nicht zum Arzt gingen. Selbst ich, als ich mein Kind bekam, wäre vor Scham gestorben, wenn ein Arzt dabeigewesen wäre. Die Hebamme war genug.

Eine Hebamme kommt innerhalb von 24 Stunden zu ganz einfachen Leuten und in hochfeine Haushalte. Wenn ich im Lager zum Beispiel plattdeutsch antwortete, dann war ich toll: »Mit der konnte man reden!« Ob ich als Hebamme etwas taugte, darauf kam es den Leuten nicht an. Ich würde dagegen sagen, eine Hebamme ist dann gut, wenn sie neben dem Wissen und der praktischen Erfahrung Einfühlungsvermögen und Fingerspitzengefühl hat und flexibel ist.

Ab 1965 fingen die Frauen an, zur Geburt in die Klinik zu gehen, weil man ihnen dort Lachgas oder Narkose gab und sie keine Schmerzen fühlten. Es gab kaum mehr Hausgeburten, und die Hebammen ließen sich in den Krankenhäusern anstellen, denn sie verdienten nicht mehr genug. Ich konnte es finanziell durchstehen, weil ich Kriegerwitwe war und ein festes Einkommen mit meiner Rente hatte. So war ich mindestens fünf Jahre die einzige frei praktizierende Hebamme in Hamburg. Noch heute bin ich bekannt in allen Arztpraxen und Krankenhäusern. Ich praktiziere immer noch und habe jetzt Praktikantinnen, denen ich meine Erfahrungen weitergebe.

So wird die Großstadt zum Dorf. Alle wissen, daß ich eine Steißlage auch zu Hause mache und die Frau nicht zum Kaiserschnitt ins Krankenhaus schicke.

Als ich ein amtliches Telefonat zu führen hatte und mit einem mir völlig fremden Juristen verbunden wurde, nannte dieser gleich meinen Namen und sprach in vertraulichem Tonfall. Ich fragte ihn: »Hören Sie mal, kennen Sie mich denn?« Er antwortete: »Frau Tolksdorf, Sie kennt man doch, Sie sind eine Institution in Hamburg.«

Frieda Kühn,
74 Jahre, Hebamme auf der Hallig Oland, Nordsee

Als junges Mädchen wollte ich immer Krankenschwester werden. Für die Frauen meiner Generation, ich wurde 1915 geboren, war es aber damals üblich, als Hausmädchen in Stellung zu gehen, denn an eine Ausbildung für Mädchen dachte man Anfang der 30er Jahre nicht. Mein heimlicher Wunschtraum ließ mich nicht los, auch als ich 1935 heiratete. Da schickte es sich 1949, als unsere alte Hebamme mit 75 Jahren aufhörte, daß unser Bürgermeister mich fragte, ob ich nicht zu ihrer Nachfolgerin benannt werden wolle. Die Stelle wurde ausgeschrieben, denn es gab mehrere Kriegerwitwen bei uns, die auch in Frage gekommen wären. Als diese sich aber nicht dafür interessierten, wurde ich nach Kiel zur Ausbildung gesandt, die das Gesundheitsamt Husum bezahlte. In meiner damaligen Lebenssituation paßte das wunderbar: der Krieg war vorbei, und meine Kinder, acht und dreizehn Jahre alt, waren aus dem Gröbsten heraus. Allerdings mußte ich mich verpflichten, zehn Jahre auf der Hallig als Hebamme zu bleiben. Das war aber kein Problem, denn ich stamme von hier, lebte sowieso mit meiner Familie auf Langeneß und ab 1954 auf Oland.

So war ich ab 1. Mai 1952 die Hebamme für die Halligen Langeneß, Oland und Gröde, auf denen jeweils 200, 30 und 16 Menschen lebten. Natürlich hätte ich von den Einnahmen der 76 Geburten in 27 Jahren meiner Tätigkeit nicht existieren können, aber es gab ein Mindesteinkommen, und zudem war ich ja verheiratet. Mein Mann und ich betrieben eine Landwirtschaft. Hebamme war ich also nur im Nebenberuf, wie das schon immer bei uns nur die verheirateten Frauen machten, denn keine hätte damit ihr Leben fristen können. Damals, 1952, war hier alles noch sehr anders: Wir hatten weder fließendes Wasser – bis 1964 wurde das Regenwasser in Tonnen aufgefangen und mußte ins Haus geschleppt werden – noch elektrisches Licht. Die Häuser wurden alle mit Petroleumlampen beleuchtet. Auch Straßen gab es keine, sondern lediglich ausgetretene Pfade und Wege. Ich kann mich noch gut erinnern, daß ich damals den Sommer über immer ohne Schuhe ging, auch wenn ich zuweilen weite Wege hatte. Auf Langeneß lief ich einmal barfuß zehn Tage lang zu einer Wöchnerin die Strecke von zehn Kilometern hin und zurück, denn sie hatte niemanden zur Hilfe. So versorgte ich nicht nur sie und das Neugeborene, sondern auch ihr dreijähriges Söhnchen.

In einem der Häuser auf jeder Warft gab es immer Telefon. So konnte man schnell von einem Haus in das andere laufen, um mich anzurufen, wenn ich kommen sollte.

Nach Gröde und Langeneß fuhr mich mein Mann mit der Lore; das ist eine große Brettfläche, die mit einem kleinen Motor angetrieben auf der Schiene über den Damm von einer Hallig zur anderen fährt. War der Damm allerdings bei Flut unter Wasser, mußte ich warten, bis abgeebbt war. Konnte ich deshalb nicht rüberkommen, so erteilte ich per Telefon meine Ratschläge der Nachbarin, die dann die ganze Geburt leitete und auch das Kind schon abgenabelt hatte, bis ich endlich eintraf. Eigentlich war es aber nur nötig, zu erklären, daß sie die Nabelschnur zweimal, einmal zur Mutter, und einmal zum Kind hin fest abbinden müsse und sie dazwischen durchschneiden sollte. Denn wird nach einer Seite nicht zugebunden, verblutet entweder das Kind oder die Mutter. Dies wissen viele Frauen nicht, und deshalb erklärte ich es ausdrücklich. Andere Hinweise brauchte ich nicht zu geben, denn das Kind kommt von alleine – so ist die Natur. Die Nachbarinnen hatten selbst schon Kinder, so daß sie mit dem Vorgang vertraut waren. Heute wäre solches Vertrauen auf die Nachbarin unvorstellbar, denn keine Frau weiß mehr routinemäßig um die Geburt Bescheid.

War ich mit der Lore auf der Hallig angelangt, holte mich immer der gleiche Mann, der einen Trecker hatte, ab. Da nach der Flut das Land noch unter Wasser ist und dieses über den Deich ringsum nicht so schnell abläuft – ähnlich einer Badewanne –, hätte ich durch das Wasser laufen müssen, um ins Haus der Mutter zu kommen. Davor verschonte mich die Treckerfahrt, bei der ich immer ordentlich durchgerüttelt wurde. Bei Ebbe hingegen war das Land frei, und ich gelangte zu Fuß zu den Warften.

Bei meiner Vorgängerin gab's noch keine Loren. Sie konnte nur bei Ebbe zu den anderen Halligen laufen, und deshalb kam sie oft zu spät zur Geburt, denn die Kinder werden ja alle bei wiederkommender Flut und bei Vollmond geboren. Bei Ebbe dagegen sterben die Menschen. Hier richtet sich das ganze Leben nach Ebbe und Flut und ganz besonders das der Frauen. Das ist kein Aberglaube, denn ich habe es immer wieder bestätigt gefunden.

Fast alle meine Kinder kamen bei Flut zur Welt. Es gab hier einen alten Pastor, der jahrelang bei der Geburtsmeldung genau aufzeichnete, ob Flut gewesen war, und in 85 Prozent der Fälle traf das zu.* Das gilt natürlich nur für die Menschen, die direkt an der Küste leben, denn sie sind seelisch auf die See, auf Sturm und Mond eingestellt, was bestimmt damit zusammenhängt, daß die Nordsee »lebt«. Sie kommt und geht und beeinflußt natürlich auch die Geburten. Hat man eine Wunde, so soll man sie in die See halten, heißt es, aber nur wenn die Flut geht, weil sie dann die Krankheit mitnimmt. Ich konnte das einmal besonders intensiv beobachten, als ich eine große Wunde am Bein hatte, die lange vorher nicht heilen wollte. Sechs Tage lang hielt ich mein Bein immer bei gehender Flut ins Wasser, worauf die Wunde ganz schnell heilte. Auch mein Mann hielt es so, und es half immer.

Mußte ich im Winter bei Glatteis über den Damm zu einer Geburt, war der Weg am anstrengendsten, denn auf vereisten Schienen können die Loren nicht fahren. Einmal hatte ich in einem kalten Januar drei Entbindungen in Langeneß zu betreuen. Auf meinen vier bis fünf Kilometer langen Wegen zog ich mir dicke, kratzige Wollsocken *über* die Schuhe an, damit ich auf den eisglatten Steinen nicht so rutschte. Das ging zehn Tage, solange eben die Pflege notwendig war.

Obwohl es bei uns kaum Schnee gibt, so machte mir doch Kummer, wenn sich große Eisschollen auf den Damm ge-

* Anhand von alten, zahlreichen Hebammentagebüchern stellten zwei Ärzte aus Kiel in Untersuchungen fest, daß in dem Zeitraum einer halben Stunde vor bis einer halben Stunde nach der höchsten Flut die Zahl der Geburten erheblich größer war als bei Ebbe (Die Deutsche Hebamme, 1939, Heft 1, S. 34).

schoben hatten. Über diese zu laufen, ist sehr beschwerlich. Normalerweise sitzen die Menschen dann, von den Eisschollen eingeschlossen, auf der Hallig fest und kommen überhaupt nicht weg. Diese Schollen können nämlich bis zu zwei Meter dick sein und sich übereinander türmen. Aber als Hebamme *mußte* ich ja losziehen, und so turnte ich, die Socken über den Schuhen, in Trainingshosen, den Hebammenkoffer in der Hand, über die Schollen hinweg übers Watt bis nach Langeneß.

War nach beendeter Geburt »Land unter« – also Flut –, dann konnte ich auch nicht weg vom Haus auf der Warft und blieb bei der Familie, freute mich mit ihr, bis abgeebbt war. Ereilte mich das »Land unter« des Nachts, so machte es mir sowieso nichts aus, denn ich blieb immer die erste Nacht bei den Wöchnerinnen.

Normalerweise besuchte ich ein paar Tage vor dem errechneten Termin die Schwangere und schaute mir im Hause alles an, so daß ich wußte, wie ich zu abgekochtem Wasser kam und wo ich meine Instrumente auskochen konnte, die ich dann in Alkohol legte, damit sie steril blieben. Das war damals das einzige Mittel, um diese zu desinfizieren. War es dann soweit mit der Geburt, stand alles bereit: das Wasser war im Hause, Lampen waren geputzt und mit Petroleum gefüllt, das Bett stand im Winter bereits in der Stube. Ich hatte eine große Gummiunterlage dabei, damit die großen Federunterbetten nicht beschmutzt wurden. Die hohen Betten, die damals üblich waren, erwiesen sich als sehr praktisch für die Hebammen, um den Dammschutz zu machen. Dammschutz ist die hohe Kunst der Hebamme. Durch ihre Aufmerksamkeit und Sorgfalt beim Massieren, Streichen und langsamen Zurückschieben der Scheide kann ein Riß zwischen Scheide und Damm verhindert werden, wenn der Kopf des Kindes durchtritt. Ich war immer sehr darauf bedacht und war stolz auf meine Kunst. Die jungen Hebammen lernen meiner Ansicht nach gar nicht mehr den Dammschutz, denn im Krankenhaus wird jetzt immer geschnitten.

Während der Wehen ließ ich die Frauen solange sie wollten herumlaufen, was sie alle sehr gerne taten – manchmal bis zu den Preßwehen. Kam zwischendurch eine Wehe, so hielten sie sich an der hohen Bettkante fest, und ich massierte den Rücken. Sie ließen sich auch gerne gut zureden, den Schweiß abwischen und eben immer wieder das Rückgrat reiben. Wollten sie lieber liegen, dann riet ich, sich zur Seite zu legen, denn das wirkte sehr entspannend. Während der Preßwehen ließ ich die Frauen unter ihre Kniekehlen fassen, denn das ist meiner Erfahrung nach die beste Stellung fürs Pressen, und schob meine Faust unters Kreuzbein, um Halt zu geben.

Waren wir so mitten in der harten Geburtsarbeit, sagte ich den Frauen, daß sie mich ruhig anpacken könnten, und manchmal kniffen sie auch ordentlich zu. Per du waren wir sowieso alle auf den Halligen, denn alle kennen einander, und wir sind ja ohnehin fast alle irgendwie miteinander verwandt. Aber trotzdem erzählte ich nie, wie es in den einzelnen Häusern zuging und aussah – nicht einmal meinem Mann. Eine Hebamme hat in einer kleinen Gemeinde verschwiegen zu sein, sonst kommt sie in Teufels Küche. So war mein Kontakt zu den Frauen sehr gut. Eine Hebamme muß für die Frauen Mütterlichkeit ausstrahlen und ihnen Bezugsperson sein. Ich versuchte immer freundlich zu sein, Vertrauen zu erwecken und die Angst zu nehmen. Alle nannten mich Tante Frieda.

Ab und zu gab es uneheliche Kinder. Aber insgesamt erlebte ich nicht mehr als vier oder fünf uneheliche Geburten. Die ledigen Mütter wurden hier gut behandelt. Die Eltern akzeptierten es und niemand schnitt die Frauen.

Ein mongoloides Kind, das bei der Geburt nur vier Pfund wog, starb zwei Stunden danach. Eigentlich war die Mutter froh, denn es war ein ungeliebtes, d. h. uneheliches Kind. Die Großeltern waren sehr erleichtert, daß ich beim Tod des Kindes noch anwesend war, denn sonst hätte es wohl gar etwas Schlimmes von ihnen geheißen. Wenn es auch akzeptiert wurde, so galt es dennoch als Schande, ein uneheliches Kind zu haben.

18 Jahre lang wurden in Oland nur Jungen geboren. Das war eine Freude, als dann nach dieser langen Zeit endlich ein Mädchen zur Welt kam!

Bei Blutungen nach der Geburt legte ich eine kalte Eisblase auf den Bauch der Mutter und hielt die Gebärmutter mit der Hand fest. Bis zu zwei Stunden wartete ich, bis die Plazenta geboren war, und hatte immer Glück; sie löste sich stets von selbst. Ich legte die Plazenta auf ein sauberes Tuch und strich mit der Hand ganz sanft und sorgfältig darüber, um mit meinen Fingerspitzen zu fühlen, ob nicht irgendwo auch nur eine winzige Delle sei, denn wenn auch nur ein kleinstes Stückchen in der Gebärmutter bleibt, kann die Frau verbluten. Die Blutgefäße sind ja alle offen von der Gebärmutterwand zur Plazenta, und durch ein kleines Stückchen Plazenta blutet die Frau dann immer weiter und weiter in die Gebärmutter hinein. Denn ist die Nabelschnur, durch die das Kind mit der Plazenta verbunden war, erst durchgeschnitten und die Plazenta weg, so läuft das Blut eben nur in die Körperhöhle hinein. Oft legte ich auch ein in ein Handtuch gewickeltes eisernes Bügeleisen auf die Gebärmutter, um die Schrumpfung zu beschleunigen und Blutungen bald zu stoppen. Es half auch, eine mit eiskaltem Wasser gefüllte schwere Glasflasche auf den Bauch zu legen, damit die Gebärmutter nicht steigen konnte.*

Wenn die Brust hart wurde und eine Entzündung zu befürchten war, habe ich sie mit Schweineschmalz eingerieben und gewaschene, ungekämmte Schafwolle, in eine Kinderwindel gepackt, zum Wärmen auf die Brust gebunden. Das half absolut sicher und war besser als Abpumpen, weil so die Brust weich wurde, ohne sich wieder mit Milch zu füllen.

In der Zeit des Wochenbettes kümmerten sich die Nachbarinnen um die übrigen Kinder und kochten reihum für die ganze Familie. Da gab es dann immer extra leckere Braten und andere feine Sachen.

Ich könnte von jeder einzelnen Entbindung der 76 Kinder auf den Halligen eine Geschichte erzählen. Nur zwei Frauen mußte ich während der Geburt mit dem Hubschrauber aufs Festland bringen lassen. Allerdings arbeitete ich zwischendurch auch immer monateweise zur Vertretung im Krankenhaus auf dem Festland. Wußte ich jedoch, daß eine Frau auf der Hallig schwanger war – das war mir meist schon vom dritten Monat an bekannt –, dann verließ ich die ganzen sechs

* Frau Kühn greift auf das gleiche aus der Antike stammende Sprachbild zurück wie Frau Moska aus dem Engadin (siehe S. 190).

Monate die Hallig nicht, damit die Frau nicht beunruhigt war. Das war ja auch der Sinn meines Berufes, jederzeit für die Frauen erreichbar zu sein.

Ungefähr vier bis sechs Wochen nach der Geburt wurde der Säugling in der Kirche getauft, und die ganze Gemeinde nahm daran teil. Ich war zum Kaffee eingeladen, aber sonst spielte ich dabei keine Rolle.

Nach einem alten Brauch, den auch ich noch bei der Geburt meiner Kinder mitmachte, hielt die Wöchnerin vier Wochen nach der Entbindung Kirchgang mit zwei Nachbarsfrauen, die selbst schon Kinder geboren hatten. Diese drei Frauen knieten vor dem Altar, es wurden Dankgebete gesprochen für das gesunde Kind, und sie wurden vom Pastor gesegnet. Vor diesem Kirchgang durfte die Wöchnerin keinerlei Besuche machen oder eingeladen werden. Ich entsinne mich noch gut daran, daß meine Mutter auch bei mir streng darauf achtete und überhaupt die älteren Frauen böse geworden wären, wenn es eine junge gewagt hätte, vor dem Kirchgang etwa zu einem Geburtskaffee zu gehen. Diese Sitte gibt es aber längst nicht mehr.

Ich arbeitete bis 1979. Meine Arbeit gefiel mir im Haus aber immer besser als im Krankenhaus, weil dort die Atmosphäre gelassener ist und man selbst entscheiden kann, was zu tun ist, und sich nicht danach richten muß, was die Ärzte anordnen.

Zur Geschichte der Geburtshilfe

Die Alte Welt

Göttinnen stehen am Beginn der Geschichte der Hebammen.

So war im alten Babylonien die Göttermutter Ischtar himmlische Geburtshelferin. Als Vertreterin des mütterlichen Prinzips und als Hebamme stand sie den Götter- und Menschenkönige gebärenden Frauen bei. In Babylon waren sogar mehrere Hebammen bei der Geburt anwesend. Sie reichten der im Bett liegenden oder auf Gebärziegeln hockenden Frau einen Trank aus gemahlenen Nachtschatten, Hundszunge und Gartenkresse in Bier und massierten ihr den Bauch um den Nabel herum. Auch Priester und Verwandte waren bei diesem Zeremoniell anwesend.

Nicht nur Geburtshilfe mußten übrigens die Hebammen leisten. Sie hatten darüber hinaus die Pflicht, den vom Vater nach der Geburt anerkannten Sohn im Hause des Richters für spätere Steuerzahlungen und Militärdienste anzumelden und Kindsunterschiebungen zu verhindern, obwohl – oder gerade weil – sie sich intensiv mit der Vermittlung ausgesetzter Kinder an kinderlose Frauen beschäftigten. Sowohl die babylonischen als auch die ägyptischen und hebräischen Hebammen kannten das Problem solcher Frauen, die entweder zu viele oder keine Kinder hatten und darunter litten. Was lag also näher, als daß die Hebammen Ausgleich schufen und so den Frauen in ihren unterschiedlichen Situationen halfen. Das später ergangene Verbot dieses »menschlichen Ausgleichs« beruht auf dem patriarchalen Prinzip der Vererbung nur an die selbst gezeugten Nachkommen. Obwohl auch in allen späteren Kulturen die Hebammen keine Kindsunterschiebung vornehmen durften, gelang es ihnen doch weiterhin, in diesem Bereich aktiv zu sein.

So berichtete zum Beispiel eine Hebamme anschaulich aus den 50er Jahren, daß sie selbst legale Adoptionen Neugeborener vermittelte und in Nacht-und-Nebel-Aktionen bei der Übergabe des Babys nach der Geburt half, denn Nachbarschaft und Verwandtschaft beider Frauen sollten nichts davon merken.

Göttinnen-Kolleginnen hatten die Hebammen auch im alten Ägypten. So halfen die Göttinnen Isis, Nephtys und Mesechint bei der Geburt der ersten drei Pharaonen, und Chnum, ein männlicher Helfer, mußte ihnen den Gebärstuhl nachtragen. Da die Abbildung von Chnum öfter auftaucht, wird deutlich, daß Hebammen offensichtlich einen hohen sozialen Status genossen – dank ihrer göttlichen Kolleginnen; männliche Helfer besorgten die niederen Dienste. Bei der Geburt selbst war allerdings kein Mann anwesend; die Hebammen konzentrierten sich allein auf den Geburtsvorgang, saßen vor der auf Gebärziegeln hockenden Mutter, die Hände mit Papyrusfasern bedeckt, damit das Kind keinen Schaden nehmen solle, wenn es ihnen entgegenglitt. Alle übrigen Arbeiten und Hilfen für die Gebärende und das Neugeborene übernahmen zahlreich anwesende Dienerinnen und Ammen.

Über die Geburtshilfe hinaus kannten die Hebammen Mittel zur Empfängnisverhütung, und sie wußten bereits um die frühe Erkennung einer Schwangerschaft und hatten Möglichkeiten zur Bestimmung des Geschlechts des Kindes im Mutterleib, indem sie Urin der Schwangeren über verschiedene Getreidekörner gossen und deren Keimung beobachteten. Sie bezeichneten die Gebärmutter als »Mutter des Menschen« und begriffen sie als ein im Körper wanderndes Wesen, das bis zu den Augen aufsteigen konnte. Diese Vorstellung zieht sich in der Medizin durch all die folgenden Jahrtausende. Um den Krankheitsdämonen, die diese Wanderungen nach damaligem Glauben verursachten, den Aufenthalt in der Gebärmutter durch widerliche Substanzen oder erschrekkende Bildnisse zu vergraulen, beräucherten die Hebammen die Vagina der Frauen mit Nilpferdkot, oder sie führten kleine Ibisstatuetten aus Wachs in die Vagina ein. Die Hebammen pflegten ferner Frauenkrankheiten mit Medikamenten zu behandeln. Dafür gab es eigene Papyri, Medizinbüchern ähnlich. So betätigten sich die Hebammen also im weitesten Sinne als Frauenärztinnen.

Selbst in der Bibel spielten Hebammen eine Rolle. Hier zeigte sich ihre Schläue und die Ohnmacht des Staates, nicht in die Gebärzimmer hineinregieren zu können. Der allein Frauen vorbehaltene Bereich blieb dem männlichen Zugriff verschlossen. Als Ramses II., der die Juden ausrotten wollte, befahl: »Wenn ihr den hebräischen Weibern helft und auf dem Gebärstuhl seht, daß es ein Sohn ist, tötet ihn«, antworteten zwei Hebammen: »Die hebräischen Weiber sind nicht wie die ägyptischen. Sie sind harte Weiber. Ehe die Hebamme kommt, haben sie geboren.« Damit schützten sie die Kinder ihres Volkes. Auch die Hebräerinnen gebaren mit Hilfe mehrerer Hebammen. Sie saßen auf dem Gebärstuhl oder auf dem Schoß des Ehemannes. Die Plazenta wurde bei reichen Leuten in Öl, bei armen Leuten in Stroh gelegt und vergraben. So sollte das Kind nicht kalt werden können.

Der immer noch vorzufindende Aberglaube des »Versehens« hat biblischen Ursprung, denn im Alten Testament ist bereits davon die Rede, daß Mutterschafen farbige Pflanzen-Stäbe in die Trinkrinnen geworfen wurden, um beim Anblick dieser Farben durch die Mutterschafe auf die Farbe der Lämmer einzuwirken.[1]

Offenbar hatten schon die Hebammen der biblischen Zeit mit Infektionen der Wöchnerinnen zu kämpfen, die durch frühzeitigen Geschlechtsverkehr entstanden (ein Problem, von dem alte Hebammen auch heute noch empört erzählen). Dies ist dem damals existierenden strengen Verbot des Koitus mit einer Wöchnerin zu entnehmen: »Wenn jemand eine Kindbetterin, gleichviel ob sie säugt oder nicht säugt, die ihre Zeit noch nicht abgewartet hat, beschläft, dadurch könnte sie Schaden nehmen, wenn sie auf diese Weise zu Schaden kommt, so werden dadurch die Täter verwirkten Leibes.«[2] Es stand also Todesstrafe auf Beischlaf im Wochenbett.

Obwohl dieser Sachverhalt im christlichen Kulturkreis den Frauen nicht minder Probleme machte, findet sich doch nirgends eine ähnliche Strafvorschrift zu ihrem Schutze, was Rückschlüsse auf ihre gesellschaftliche Wertschätzung zuläßt.

Die Antike

Im Griechenland der Antike wurde insbesondere Artemis als Göttin der Geburt verehrt. Die Eileithyen, Töchter Heras, personifizierten die Wehen und konnten den Hebammen und den Gebärenden die Arbeit leicht oder schwer machen. Von ihnen gingen Gebote aus, daß an der Gebärenden nichts verknotet oder umbunden sein dürfe, auch bei keiner im Gebärzimmer anwesenden Person Knie übergeschlagen oder Hände verschränkt sein sollten. Haare wurden gelöst, denn man hatte die Vorstellung, daß jegliche feste Bindung in der Umgebung der Gebärenden das Kind an die Mutter binden würde und so einer guten Geburt entgegenstünde.

Die Hebammen wurden »Maia«, d. h. »Heilige Frauen« genannt, hatten den Status von Ärztinnen und genossen Achtung. Man bestätigte ihnen Einsicht, Verstand und hohe Kunstfertigkeit. Phainarete, die Mutter des Sokrates, war Hebamme, und von ihr ist die Meinung überliefert, daß nur ältere Frauen, die selbst Kinder hatten, andere entbinden durften. Die Hebamme stellte durch äußere und innere Untersuchungen die Lage des Kindes fest, half durch Einsalben, Dämpfe, Sitzbäder, Massagen und Tränke zum leichteren Geburtsverlauf – Methoden also, die auch die letzten, eingangs zu Wort gekommenen Landhebammen noch angewandt haben. Allerdings kannten sie die austreibende Funktion der Wehen nicht, sondern glaubten, es sei ihre – der Hebammen – Sache, dem Kind die Arbeit zu erleichtern. So versuchten sie die Erweiterung des Muttermundes von Hand vorzunehmen, indem sie mit einem in warmes, süßes Öl getauchten Finger den Muttermund um den Kopf des Kindes herum massierten. Das sollte das Eintreten des Kindes in den Geburtskanal erleichtern.

Eine fast völlig auf sich alleine gestellte Hebamme übte 1940 denselben Massagegriff, ohne ihn in der Schule gelernt zu haben. Vielleicht lagen dem die gleichen, bei vielen Geburten gemachten Erfahrungen zugrunde, die schon die Hebammen vor fast 3000 Jahren zu dieser Methode gelangen ließen. Die Hebamme half der Frau damals auch durch die Empfehlung der knienden Gebärhaltung bei bestimmter Körperkonstitution. Die Nabelschnur trennte sie erst durch, nachdem die Plazenta geboren war, und drückte dann das Blut aus dem Nabelstrang in das Kind hinein, wodurch es zu kräftigem Leben gebracht werden sollte.

Kam ein mißgestaltetes Kind zur Welt, entschieden die Hebammen darüber, ob es sich hier um ein Kind handle oder nicht und damit auch über dessen Leben oder Tod. Im Nebenerwerb, vielleicht auch, um ihr Hauptgeschäft besser florieren zu lassen, betätigten sich die Hebammen als Heiratsvermittlerinnen.

Im Lauf der Jahrhunderte bildeten sich für die Hebammen Differenzierungen heraus, und auch ihr Stand blieb von seiten der Ärzte nicht unangefochten. In Athen zum Beispiel war es den Ärzten gelungen, die Geburtshilfe zur Heilkunst zu deklarieren und die Ausübung demzufolge ausschließlich männlichen Ärzten vorzubehalten (ca. 300 vor Chr.), für die Frauen in Athen offenbar eine Katastrophe. Jedenfalls erzählt die Geschichte von einer jungen, klugen Frau – Agnodike –, die vom vielen Sterben der Frauen im Wochenbett erschüttert war. Deshalb schlich sie sich verkleidet in die Vorlesungen eines berühmten Arztes, lernte dort vieles zusätzlich zu dem, was sie von ihren Besuchen bei schwangeren und gebärenden Frauen, die sie holen ließen, schon wußte, und beherrschte schließlich ausgezeichnet die Kunst des Entbindens. Immer häufiger wurde sie zu Geburten geholt, da bei ihr die Frauen den Tod nicht zu fürchten hatten. Das erregte den Neid der »Kollegen«, die sich bald auf diesem Gebiet als überflüssig empfanden. Sie lenkten ihre besondere Aufmerksamkeit auf die noch immer verkleidete Agnodike und zeigten sie wegen einer Banalität an. Vor Gericht wurde sie als Frau entlarvt und verurteilt. Nun hatte das Gericht wohl nicht mit den Frauen

Athens gerechnet. Es kam zu einer großen Demonstration zugunsten Agnodikes, und zahlreiche Frauen bezeugten ihre Kunstfertigkeit. Das Urteil wurde zurückgenommen, und anschließend durften auch Frauen wieder in der Geburtshilfe Athens legal tätig sein. Es gab aber weder eine obligatorische Ausbildung noch Zulassungen für die Hebammen. Dieser Beruf war im wahrsten Sinn des Wortes ein freier Beruf, und die Hebammen waren auf mündlich Überliefertes angewiesen. Ihre Kunst lebte von der Tradition des von einer Frau zur anderen weitergegebenen Erfahrungsschatzes.

Mit Hippokrates (460–377 vor Chr.) allerdings begannen die Männer, das vorhandene Wissen der Frauen systematisch abzufragen und aufzuzeichnen. Diese Tatsache ist wohl weniger ihrer Intelligenz oder Vorausschau zuzuschreiben als vielmehr der Erkenntnis, von dem Wissen, das eine Frau der anderen weitergab, ausgeschlossen zu sein. Sie wollten diese Kenntnisse aber zum eigenen Ruhm veröffentlichen und damit auch anderen Männern nutzbar machen. Mit dieser Hinwendung zur konkreten Arbeit der »Maia« lösten sich gleichzeitig die Ärzte von ihrer damals herrschenden ausschließlich männlich-philosophischen und abstrakten Betrachtung der Dinge und wandten sich der praxisorientierten Arbeit und dem wertfreien Empirismus zu. Dies war der Beginn einer wirklich an der Natur orientierten medizinischen Wissenschaft und könnte zu der Behauptung führen, daß Männer ihre vielgerühmte objektive Wissenschaftlichkeit einst von Hebammen-Ärztinnen erlernt hätten.

Dieser Lernprozeß hielt noch über Jahrhunderte an, und es finden sich in Frauenheilkundebüchern und Hebammenlehrbüchern immer Widmungen berühmter Ärzte, die diesen Vorgang belegen. Von den Hebammen war auch das umfangreiche Wissen über empfängnisverhütende und fruchtabtreibende Mittel wie Mutterkorn, Schwarzkümmel und Aderlaß abgefragt worden, dessen Gebrauch Hippokrates dann sogleich untersagte.

Mit der Eroberung Griechenlands (146 vor Chr.) und der Einverleibung griechischer Kultur durch die Römer orientierte sich die bestimmende römische Oberschicht an griechischer Geburtshilfe, denn auch hervorragende Hebammen waren in die Weltstadt eingewandert.

Im Rom der damaligen Zeit gab es zahlreiche Hebammen, schon allein wegen der vielen Sklavinnen, die gehalten wurden. Auch sie wurden sorgfältig entbunden, denn ein Kind erhöhte den Wert der Sklavin. Reiche und große Familien hielten sich eigene »Familienhebammen«, am Kaiserhof waren sie Beamten gleichgestellt.

Römische Hebammen waren in verschiedene Gruppen eingeteilt. Es gab die »Obstetrices«, handwerklich perfekte Hebammen – den griechischen »Maia« gleichzusetzen –, dann die »Feminae medicinae«, die Ärztinnen, und die »obstetrices nobilites«, Mitglieder eines vornehmen Hebammenverbandes, die die Aufgabe hatten, vor Gericht Gutachten zur Feststellung von Schwangerschaften abzugeben. Hebammen oblag somit ein großer Wirkungsbereich, zu dem auch die medikamentöse Behandlung von Frauen- und Kinderkrankheiten gehörte. Auf vielen Grabinschriften wurde der Status ihrer hochgeachteten Persönlichkeiten festgehalten. Und in dem Buch des griechischen Geburtshelfers Soranus von Ephesus (Anfang 2. Jahrhundert nach Chr.) wurden uns die Eigenschaften der römischen Hebamme überliefert:

»Im besonderen aber betrachten wir die Hebamme als die tüchtigste, welche im ganzen Gebiet der Therapie geübt ist; chirurgisch und pharmazeutisch. Erforderlich ist die Kenntnis des Lesens und Schreibens. Sie muß imstande sein, die richtigen Anweisungen zu geben, die den Zusammenhang mit dem Allgemeinen erfaßt, das Nützliche daraus zu entnehmen versteht, dann im einzelnen sich nicht durch den Wechsel der Symptome verwirren läßt, sondern sie in entsprechender Weise lindert. Welche ferner ruhig und unerschrocken beim Eintritt von Lebensgefahr ist, in geschickter Weise den richtigen Weg zur Hilfe vorzuschlagen weiß, Trost den Leidenden zuspricht und Mitgefühl besitzt.

Daß sie bereits geboren habe, ist nicht unbedingt erforderlich, wie einige Autoren meinen, damit sie bei eigener Kenntnis der Schmerzen mit den Kreißenden fühle, was bei solchen, die geboren haben, eher vorauszusetzen ist.

Ferner erfordert ihr Dienst Kraft, doch braucht sie nicht

durchaus jung zu sein, denn auch eine Junge kann kraftlos sein, eine Ältere stark sein.

Dann muß sie stets nüchtern sein, weil der Augenblick nicht vorauszusehen ist, wo sie zu gefährlich Erkrankten gerufen wird, auch verschwiegen, da ihr viele Lebensgeheimnisse anvertraut werden, auch unbestechlich, auf daß sie nicht für Geld Abtreibungsmittel verabreiche, frei von Aberglauben, damit sie nicht um eines Traumes oder eines gewohnten Mysteriums willen eine heilbringende Handlung unterläßt.

Schließlich soll sie für die Weichheit der Hände sorgen. Manche verlangen auch, daß sie lange und schmale Finger habe und die Nägel kurz gerundet trage... damit sie keine Schmerzen verursacht.«[3]

Zur Geburt kam die Hebamme mit drei oder vier Gehilfinnen, von denen eine den Geburtsstuhl schleppte. In einem eigens dafür eingerichteten Gebärzimmer der Familie fand die Entbindung im Bett, auf dem Stuhl oder auf den gespreizten Oberschenkeln einer kräftigen Frau statt.

Im Hintergrund des Geburtsraumes befand sich ein Hausaltar, auf dem Kerzen brannten. Die Hebamme löste der Frau das Haar, wusch ihr die Hände und zelebrierte dann die Wehen als kultische Zeremonie. Es gab scharfe Riechmittel, geburtsfördernde Medikamente und kühlende Säfte. Die Hebamme besaß damals als Instrumente schon eine Sonde zum Messen der Scheidentiefe und ein Spekulum zur Freilegung des Muttermundes. Für operative Eingriffe standen Nadeln, Katheter, Messer, scharfe Löffel, Geburtshaken und das spitze Embryotom* zur Verfügung. Abnorme Kindslagen konnten geschickt behandelt werden. Rechts und links vom Gebärstuhl standen zwei Frauen, die von oben drückten und massierten. Eine dritte versuchte im Rücken der Gebärenden das Nachvornerutschen zu verhindern. Der Chor der Sklavinnen begleitete beschwörend die Verrichtungen der Hebamme und den Fortgang der Geburt. Die Hebamme selbst saß niedrig vor der Frau, um das Kind auffangen zu können. Den Dammschutz kannte sie nicht, versuchte die Frau aber

* Instrument, mit dem die Schädeldecke des Kindes durchbohrt werden konnte.

am frühen Pressen zu hindern. Hatte die Hebamme das Kind aufgefangen, auf den Boden gelegt, und war sein Gesundheitszustand festgestellt worden, so konnte der Vater das Kind aussetzen lassen, was aber nur möglich war, solange es noch nicht getrunken hatte. Oft wurde dies deshalb von der Hebamme durch schnelles Anlegen bei der Mutter verhindert.

Der fünfte und zehnte Tag nach der Geburt, der Tag der Namensgebung, war Anlaß für ausgedehnte Familienfeste mit kultischen Zeremonien und Festmählern. Dabei trug die Hebamme am fünften Tag das Neugeborene um den Hausaltar und übergab es anschließend der Amme oder der Pflegerin. Damit endete gleichzeitig ihr Dienst bei der Wöchnerin.

Weit darunter in der sozialen Achtung kannte man in Rom noch die »Behandlerinnen« und die »Weisen Frauen«, denen überwiegend der Einsatz von Zaubermitteln und mystischen Gebräuchen zugeschrieben wurde und die wohl die Hebammen des einfachen Volkes waren.

Gegen Ende der Antike wurden in der Gesetzgebung Justinians (2. bis 6. Jahrhundert zusammengestellt) die Hebammen zu den Medizinalpersonen gerechnet, wurden den Ärzten gleichgestellt, erhielten gleiches Honorar, kosteten Gleiches, wenn sie als Sklavinnen gekauft wurden, und übten die gleiche gerichtliche Gutachtertätigkeit aus. In byzantinischer Zeit tauchten nach den Wirrnissen um den Untergang Roms ab dem 6. Jahrhundert wieder Schriften auf, die sich mit Geburtshilfe beschäftigten, allerdings wurde eine Anweisung für die Leitung einer naturgemäßen Geburt als überflüssig bezeichnet, »da diese Dinge nicht allein den Hebammen, sondern den Weibern überhaupt bekannt seien«.[4]

In diesen Schriften findet sich immer wieder »Aspasia Medica« zitiert, und viele der Erkenntnisse beziehen sich auf sie. Obwohl geschichtlich nicht genau festzustellen ist, wer Aspasia war, wann und wo sie lebte, muß sie eine Arzthebamme der Antike gewesen sein, denn sie hatte umfangreiche Schriften verfaßt, die im Original verlorengegangen, aber in vielen Zitaten überliefert waren. Sie empfahl bei einer schweren Geburt Eingießungen, Einsalbungen, Dämpfe, Sitzbäder und innere Mittel, Niesmittel zur Plazentageburt, und das Liegen der Wöchnerin mit geschlossenen Schenkeln, wenn eine Dammwunde vorlag. Um das Einsetzen der Geburt zu erreichen, wenn der Endtermin verstrichen war, griff sie zu den gleichen Mitteln wie bei einem im dritten Monat herbeigeführten Abort: zum Aderlaß und zum Einlegen von Papyrusblättern.

Die Zeit der Völkerwanderung und frühes Mittelalter

Im Verlauf der folgenden Jahrhunderte war vom Hebammenstand nichts mehr zu vernehmen. Die antike Kultur war von den germanischen Völkern in der Zeit ihrer Besetzung durch die Römer nicht schnell und intensiv genug aufgenommen worden, als daß sich deren Kenntnisse in der Geburtshilfe festgesetzt hätten. Im germanischen Kulturkreis wissen wir lediglich aus der Edda von der Arbeit der »Heveamme«, die schnell mit dem Pferd zur Gebärenden ritt, dort durch Räucherungen mit Zweigen vom Baum Mimes die Geburt beschleunigte, und »milden Gemüts vor des Mädchens Knien setzte sich Oddrun. Und nun sang Oddrun wirksame Weisen, gewaltige Weisen der gebärenden Borgny zum Beistand zu.«[5] Die Heveamme kannte bestimmte Runen, zur Lösung des Kindes von der Mutter, d. h. zur Öffnung des »Beinschlosses«: gemeint waren mystische Sprüche bei Komplikationen des engen Beckens. Belladonna zur Linderung der Wehenschmerzen war ebenfalls bekannt.[6]

Die Zeit des Untergangs des Römischen Reichs bedeutete für alle Menschen Unruhe, und die Wissenschaft flüchtete in die letzten Refugien der Ruhe und Sicherheit, die Klöster. Auf diese Weise wurden Nonnen, Mönche und Priester Träger und Vermittler vorangegangener Kenntnisse und Fähigkeiten. Der Ordensklerus spielte seit dem 7. Jahrhundert auf allen Gebieten der Wissenschaft, so auch auf dem Gebiet der Heilkunde, eine führende Rolle. Dieser Klerikalismus des Frühmittelalters war aber für die Frauenheilkunde und Geburtshilfe nachteilig. Bei der Kopisten- und Übersetzungstätigkeit, die jahrhundertlang Inbegriff wissenschaftlicher Tätigkeit war, fielen die gynäkologischen Kapitel einfach unter den Tisch. So fehlen manchmal die Kapitel über die Sexualorgane völlig, obwohl sie im Inhaltsverzeichnis angekündigt werden. Der Theologe Thomas v. Brabant (13. Jahrhundert) sagte dazu ausdrücklich, daß er aus Schamhaftigkeit vieles übergehe, was über die Geschlechtsorgane zu sagen wäre.[7] Und selbst wenn es die Scham nicht betraf, so mangelte es doch an Interesse, die Vorgänge der Geburt zu übersetzen. Denn es betraf ja die zölibatär lebenden Nonnen und Mönche in keiner Weise.

Darüber hinaus war aber auch der größte Teil der Literatur aus griechischer und römischer Tradition über Geburtshilfe in den Osten, bis zum byzantinischen Reich, gewandert, so daß im Westen nach den Verheerungen des Zusammenbruches der Reiche nur wenig schriftlich niedergelegtes Wissen vorhanden war. Dieses wenige Wissen wurde bei der Dürftigkeit der griechischen und lateinischen Sprachkenntnisse frei mit mündlich überlieferter Tradition ergänzt und vermischt, wobei auch Übersetzungsfehler eine Rolle spielten. So entstanden Sammlungen mit zusammengewürfelten Vorschriften und Rezepturen zur Verwendung am Geburtsbett, die eine Mischung aus Volksmedizin, Aberglaube und halbwissenschaftlicher Überlieferung aus der Antike darstellen. Verschiedene solcher anonymen Rezeptsammlungen überdauerten einige Jahrhunderte; sie tauchten im Lauf der Zeit als landessprachliche Hausarzneibüchlein auf und erfreuten sich großer Beliebtheit im Volk.

Es existierte allerdings daneben eine empirische, stark an die antike Tradition angelehnte Heilkunde, die von Laienärztinnen praktiziert wurde. Deren Empirie ist wohl, wie bei den antiken »Maia«, auf ihre ständige Arbeit in der Praxis der Geburt zurückzuführen. Um die Jahrtausendwende gehörten einige wenige Manuskripte mit Resten über antike Geburtshilfe zu ihrem Kenntnisstand, so daß nicht das ganze Wissen Mönchen und abergläubischer Volksmedizin überlassen war. In der Einleitung eines dieser Werke heißt es ausdrücklich, daß es für Frauen bestimmt sei, die weder sprachkundig (des Lateinischen oder Griechischen mächtig) noch im Lesen gewandt seien. Es ist ein für die mündliche Unterweisung bestimmter praktischer Leitfaden, dessen Frage-und-Antwort-Form auf eine damals schon systematische Wissensvermittlung schließen läßt.[8]

Das erste schriftliche Zeugnis in deutscher Sprache vom Stand der Hebammen und ihrer Tätigkeit findet sich im ältesten deutschen Gesetzbuch, dem Sachsenspiegel, der ca. 1200 nach Chr. entstand. Ansonsten trat die Geburtshilfe nur dann in Erscheinung und wurde Gegenstand von Schriften im deutschsprachigen Raum, wenn sie mit einem religiösen Thema verknüpft war. Das war im hohen Mittelalter natürlich die Geburt Christi. So entstanden zu dieser Zeit um das 11. und 12. Jahrhundert zahlreiche Mysterienspiele und Marienlieder, die einiges über die Arbeit und den Stand der Hebammen aussagen.

Aus den verschiedenen Liedern der Roswitha von Gandersheim (10. Jahrhundert), des Wernhere von Tegernsee (1172), des Konrad von Fußesbrunn (1210) und des Bruders Phillip (13. Jahrhundert) wissen wir, daß die erwähnten guten Empirikerinnen Laienhebammen, d. h. geschickte, helfende Nachbarinnen oder berufsmäßige Hebammen waren, zuständig für Geburten in bestimmten Gegenden, ähnlich den späteren Bezirken. Es werden detailliert alle Verrichtungen der Hebammen geschildert und besonders Sauberkeit und Reinheit der Tücher sowie des Wassers hervorgehoben. Im »finsteren Mittelalter« war Hygiene den Frauen eine in der Geburtshilfe geläufige Anforderung. Die Kompetenz gerade der Laienhebammen läßt sich erkennen, wenn im Lied des Konrad von Fußesbrunn aufgezählt wird, in welcher Reihenfolge sie Maria auf Fieber, Krampfadern, die Gefahr von Venenentzündungen, auf Pulsschlag und auf Brustentzündungen untersuchten.[9]

Diese Kenntnisse, wie sie die damaligen Hebammen hatten, sind bei einer Frau von heute nicht mehr vorauszusetzen, auch wenn sie schon geboren hat. Die Spezialistinnen dagegen und berufsmäßig geordneten Hebammen untersuchten auch die inneren Organe, zum Beispiel Marias Muttermund. Aus der genauen Darstellung der jeweiligen Tätigkeitsbereiche ist zu schließen, daß die Kompetenzen der Berufshebammen damals denen des Arztes von heute glichen und daß die Befugnisse der Nachbarin von nebenan sich auf die völlig normale Geburt ohne Schwierigkeiten, ähnlich der Hebamme von heute, bezogen. Jedenfalls lag die ganze Geburtshilfe ausschließlich in Händen von Frauen.

Die Lehre von der Jungfräulichkeit Marias muß zu dieser Zeit, in der das Christentum zum Teil noch um seine Durchsetzung bis in die untersten Bevölkerungsschichten rang, die Hebammen als kundige Frauen hinsichtlich der Physiologie der Frau in erhebliche Zweifel versetzt haben. Sie waren damals schon kritische Frauen. Dies spricht auch aus einer Weihnachtslegende, in der erzählt wird, daß die Hebamme Salome, die zur Geburt Christi nach Bethlehem geholt wurde, sagte: »So wahr der Herr mein Gott lebt, wenn ich nicht meinen Finger anlege und ihre Natur untersuche, so werde ich nicht glauben, daß eine Jungfrau geboren hat.«[10] Und prompt fiel Salome ob ihres Unglaubens bei der Untersuchung die Hand ab. Als sie daraufhin schnell bereute, wuchs ihr die Hand wieder nach.

Im Glaubensstreit schienen die Hebammen also eine nicht unerhebliche Rolle gespielt zu haben, und zwar als Widerpart zu Mönchen und Priestern. Sie vertrauten ihrer Erfahrung und ließen sich nicht so ohne weiteres für eine von Männern erdachte, abstrakte Lehre gewinnen, die in Gegensatz zu ihrem beruflichen Wissen stand. Selbstverständlich mußte deshalb auch in der Legende die zweifelnde Hebamme bestraft werden.

Dieser Glaubensstreit hatte noch viel weitreichendere Dimensionen. Im frühen Mittelalter war es üblich, daß die Hebammen eine wichtige Rolle bei Gericht spielten, und zwar als vereidigte »Sendzeuginnen« und als Gutachterinnen. Der »Send« war ein von Karl dem Großen angeregtes geistliches Wandergericht, das in seiner äußeren Form und Rechtsprechung dem altgermanischen Thing sehr nahe kam, denn bei seinen Sitzungen hatten alle Gemeindeangehörigen anwesend zu sein. Es wurde nicht nur zu Gericht gesessen, sondern von den Frauen der Gemeinde wurden auch die Hebammen gewählt, wenn Ersatz nötig war. Das geschah durch laute Namensnennung. War man sich über die zu wählende Frau nicht einig, so suchte das Gericht die Geeignetste aus. Aber auch diese konnte nur mit Zustimmung der Mehrheit der Frauen zur Hebamme bestimmt und vereidigt werden. Diese Hebamme hatte dann für das Send zusätzlich die Aufgabe, bei Vergehen in der Ehe – zum Beispiel Unkeuschheit, Ehebruch, Konkubinenwesen, Prostitution – und Verbrechen gegen das Leben (Kindesmord und Fruchtabtreibung) als Anklägerin (= in staatsanwaltschaftlicher Funktion) aufzutreten. Die Aufgabe wurde ihr zugewiesen, weil sie als eine der wenigen Personen der Gemeinde auf Grund ihres Berufes Einblick in so verschwiegene Sachverhalte und die nötige Sachkenntnis der körperlichen Vorgänge hatte. Wo sie nicht als Anklägerin auftrat, wurde sie als Zeugin für Rechtsstreitigkeiten in Familienfolge- und Erbfolgestreitigkeiten gebraucht. In diesem Zusammenhang hatte sie oft über die Unberührtheit von jungen Frauen auszusagen, die sie durch Überprüfung des Hymens feststellte.

Da mit zunehmender Frauenfeindlichkeit im Mittelalter den Hebammen schließlich selbst für solche Sachverhalte keine Kompetenz mehr zugesprochen werden sollte, zu denen Ärzte sich mangels praktischer Erfahrung und Wissen nicht äußern konnten, wurde die Hebamme pauschal der Dummheit beschimpft. Die Ärzte leugneten nämlich mit theologisch scholastischer Begründung die Existenz eines Hymens in der weiblichen Anatomie. Ließen sich Hebammen auf den Streit ein und behaupteten das Gegenteil, wollten sich gar noch davon überzeugen, so standen sie im Widerspruch zur kirchlichen Lehre von der Jungfräulichkeit Marias. Es kamen göttliche Strafen über sie, wie dies aus Legenden deutlich wird. Und natürlich waren Personen, die solches »Irrwissen« hatten, nicht fähig, vor Gericht aufzutreten. Auf diese Weise wurden die Hebammen, bis einige Jahrhunderte später aufgrund empirischer Wissenschaft das Vorhandensein eines Hymens nicht mehr geleugnet werden konnte, von der gutachterlichen Gerichtspraxis ausgeschlossen und Ärzte für alleine zuständig erklärt. Ein großer Teil gesellschaftlich wichtiger und angesehener Aufgaben war damit den Hebammen für immer genommen.

Die an den kirchlichen Universitäten im späten Mittelalter (ca. 1350) gelehrte Medizin umfaßte nicht die Geburtshilfe, stand sie doch unter dem Motto der Kirche, das in den Konzilien des 12. und 13. Jahrhunderts immer wiederholt wurde: »Der Kirche schaudert vor Blut« (Ecclesia abhorret a sanguine). Damit lag Geburtshilfe von vorneherein außerhalb jeglichen kirchlichen Interesses, was dazu führte, daß sowohl Chirurgie als auch Geburtshilfe als unwissenschaftlich und unehrenhaft galten. Personen, die sich damit beschäftigten, trugen gesellschaftlichen Makel. Da sich diese Haltung in Einklang mit der im Mittelalter generell frauenfeindlichen kirchlichen Atmosphäre befand, herrschte über die Ausklammerung des Wissens um die Geburtshilfe allgemeiner gesellschaftlicher Konsens.

Im damaligen Europa gab es allerdings eine Universität, die wissenschaftlich freieren Geistes war und auch Frauen zum Studium zuließ. Die alte Medizinschule von Salerno nahe Neapel hatte sich mit Beginn des 13. Jahrhunderts zur Hochschule entwickelt, an der weltliche Frauen, Juden, Christen und Araber nebeneinander studieren konnten. Dort pflegten die berühmten »salernitanischen Frauen«, die auch außerhalb Italiens praktizierten und den alten römischen »Feminae Medicae« im Range gleichzusetzen waren, die Geburtshilfe. Am bekanntesten aus dieser Schule ist ein gynäkologisches Spezialwerk, die Schrift der »Trotula«, die sich in zahlreichen Kapiteln mit Geburtshilfe beschäftigt. Dieses Sammelwerk antiker literarischer und mündlicher Tradition des Mittelalters mit einigen erstmals auftauchenden neuen Mitteln und Methoden in der geburtshilflichen Praxis hatte großen Einfluß auf die gesamte gynäkologische Literatur des späteren Mittelalters. Darin wird der physiologische Vorgang so exakt geschildert, wie lange danach von niemandem mehr. Als Ursache schwerer Geburten wird besonders die Kälte angeführt, die eine Öffnung des Muttermundes verhindere. Dementsprechend finden sich in diesem Werk Ratschläge zur Wärmezuführung. Erstmals wird hier auch die Schließung eines Dammrisses mit Hilfe einer Naht, die von der Hebamme anzulegen sei, behandelt. Zur Schmerzlinderung beim Nähen wird völlig neu ein Betäubungsmittel eingeführt, nämlich ein Kataplasma aus Mohn, Bilsenkraut und Alraunwurzel, das auf die zu nähende Stelle zu legen sei, damit die Frau keinen Schmerz verspüre. Im übrigen gestand Trotula nur Hebammen das Recht zu, die Frau mit dem Finger in der Scheide zu untersuchen, nicht aber dem Chirurgen. Dieser durfte die Frau äußerlich betasten und höchstens der Hebamme bei Eingriffen assistieren. Über die Person Trotulas ist nichts bekannt, auch nicht, wann genau sie lebte.[11]

Andere bekannte Frauen dieser Schule waren Rebecca Guarna, die über den Embryo schrieb, sowie Abella, die ihre Erkenntnisse über die Natur des menschlichen Samens in Reime faßte. Es gelangten allerdings nur wenige dieser Erkenntnisse über die Alpen nach Deutschland.

Hebammen in der Zeit der Hexenverfolgung

1484 erschien das Buch »Der Hexenhammer« der beiden päpstlichen Inquisitoren und Dominikanermönche Sprenger und Institoris, das die Hexenverfolgung, die es früher bereits vereinzelt im Zuge der Inquisition gegeben hatte, in großem Maßstab ermöglichte und einleitete. Es bildete die gedankliche Grundlage für die Verfolgung von Frauen und hob die Hebammen besonders hervor: »die Hexenhebammen, die alle anderen Hexen an Schandtaten übertreffen... (gibt)... es eine so große Anzahl, wie man aus ihren Geständnissen erfahren hat, daß kein Dörfchen existiert, wo derartige sich nicht finden.«[12]

Nur selten ist in der Hebammenliteratur ein Zusammenhang zwischen dem Berufsstand und den zahlreichen bei den Hexenverfolgungen verbrannten Hebammen zu finden. Umgekehrt findet sich jedoch in der Geschichte der Hexenverfolgungen immer wieder sporadisch ein Hinweis auf die zusammen mit den anderen Frauen verbrannten Hebammen. Leider fehlen dazu genaue Zahlen, soviel ist jedoch bekannt, daß die »weisen Frauen« in den Städten und Ortschaften meist als erste Opfer der Verfolgung waren und als Hauptschuldige galten. In Köln wurden beispielsweise in der Zeit der intensivsten Verfolgung von 1627 bis 1630 fast alle Hebammen verbrannt; jede dritte hingerichtete Frau war eine Hebamme. Im Herzogtum Lüneburg wurde 1613 die Hebamme als Hexenprinzessin verbrannt, und auch in Offenburg wurde eine Hebamme als besonders herausragende Hexe auf dem Weg zum Scheiterhaufen noch mit glühenden Zangen gezwickt. In Konstanz war es die Hebamme Agnes, mit der wegen »Schadzaubers« als erster Verdächtigen die Serie von Verfolgungen eingeleitet wurde.[13]

Aus der Predigt eines Bischofs im Jahre 1540 ist die Ermahnung bekannt, einer Hebamme mehr auf die Finger zu sehen, denn »... wenn eine Hebamme mit Segnungen und Beschwörungen und anderen Hexereien und Zaubereien sich befaßt, so sollte sie der Obrigkeit angezeigt werden, damit sie 100 Fuder Holz unter den Arsch bekommt und lebendig verbrannt werde, wie sie es verdient hat«.[14] Ursachen dafür, daß gerade die Hebammen als einziger weiblicher Berufsstand schlechthin im Zentrum der Verfolgung standen, gab es verschiedene. Die Hebammen galten noch zu dieser Zeit aufgrund ihrer Kenntnisse als umfassende Heilerinnen und Frauenärztinnen, deren Wissensstand sich aus Begabung, der Lehre durch ältere Frauen und umfangreicher eigener praktischer Erfahrung zusammensetzte.

Den Männern war über Jahrhunderte hinweg, unmittelbar anschließend an den germanischen Kulturkreis, in dem sowieso nur Frauen als Heilerinnen auftraten, der gesamte Frauenheilkundebereich wieder entglitten – soweit antike Männerärzte an Terrain bereits gewonnen hatten. Zu verdanken hatten sie dies ihrer eigenen Frauenfeindlichkeit und Arroganz gegenüber dem Leben der Frauen. Diese Lücke war von Frauen in ähnlich hervorragender Weise genützt worden, wie wir es bereits von den griechischen und römischen Hebammen wissen. Die Mütter- und Säuglingssterblichkeit war erheblich niedriger als in späteren Jahrhunderten, und das ab dem 17. Jahrhundert so gefürchtete Kindbettfieber war kein nennenswertes Problem.[15]

Nur wenig ist aus dieser Zeit schriftlich überliefert. Aber wir wissen doch aus den später ausgesprochenen Verboten, daß die Frauen immer noch ein umfangreiches Wissen über empfängnisverhütende und abortive Mittel hatten, es sehr gut verstanden, den Geburtsschmerz so weit wie möglich zu lindern durch den Einsatz entsprechender Mittel, daß sie Salben mit halluzinatorischer Wirkung kannten und sexualitätshemmende oder -fördernde Drogen einsetzten. Mit Hilfe dieser Hebammen-Ärztinnen konnten die Frauen daher einen Teil ihres Schicksals, soweit es die Fortpflanzung betraf, in gewissem Maße beeinflussen.[16]

In all dies war Männern der Einblick verwehrt. Frauen unterlagen in dieser Hinsicht nicht deren Kontrolle. Da Medizin und Religion damals noch eine Einheit bildeten, war wegen der fehlenden medizinischen Einmischung auch der religiöse Einfluß nicht sichergestellt. Die Frauen konnten sich hier sehr gut kirchlichen Geboten und Anschauungen entziehen. Es herrschte hier ein unreglementiertes Leben – »religiöse Verwahrlosung«. Die Frauen taten einfach, was sie wollten, ohne sich zu fürchten.

Gleichzeitig hatte die Kirche aber den Frauen drei wichtige Bereiche übertragen müssen: Im Mittelpunkt ihrer Sorge um das Seelenheil des Menschen stand die Taufe, und daher hatte sie für schwache Neugeborene die Nottaufe eingeführt. Diese vorzunehmen, wurde zunächst einem männlichen Laien gestattet. Nun hatte sich die Scholastik aber selbst ein Bein gestellt, denn bei Geburten waren Männer nicht anwesend. Das Neugeborene konnte also mangels eines Mannes doch nicht in die ewige Seligkeit eingehen. In diesem Zwiespalt entschloß sich das Konzil zu Trier 1310, die Hebammen die Nottaufe vornehmen zu lassen.

Da aber für die Kirche die Taufe generell als Prüfstein der Rechtgläubigkeit galt und sie sicherstellen wollte, daß abtrünnige und »ketzerische« Eltern – deren es damals noch etliche gab – ihre Kinder der Taufe nicht entziehen konnten, wurde die Hebamme weiter dazu verpflichtet, für die Taufe schlechthin Sorge zu tragen. Sie hatte nämlich im Unterschied zum Priester der Pfarr- und Taufkirche den Überblick, wo Kinder in den weit verstreuten Dörfern und Weilern zur Welt gekommen waren. So entstand die Pflicht der Hebamme, das Kind in ihren eigenen Armen zur Taufe zu tragen. Tat sie es nicht, war sie wie die jeweiligen Eltern der Ketzerei verdächtig.

Ebenfalls aus Sorge um das Seelenheil des Ungetauften übertrug man Hebammen den zweiten wichtigen Bereich, nämlich an der Frau zur Rettung des Kindes den Kaiserschnitt vorzunehmen, wenn bei einer natürlichen Geburt ihr Tod zu erwarten gewesen wäre. Da Wundbehandlung und Operationen grundsätzlich männlichen Chirurgen oder Badern vorbehalten waren, diese jedoch keinen Zutritt zur Wochenstube hatten, verblieb diese Tätigkeit den Hebammen. Das lag auch nahe, denn der Kaiserschnitt hatte bei dafür bekannten Spezialistinnen bereits eine lange Tradition. Der dritte wesentliche Bereich war die bereits geschilderte Tätigkeit der Hebammen als Gutachterinnen bei Gericht und als Anklägerinnen bei den Sendgerichten.

Frauen waren damit Inhaberinnen ganz angesehener Funktionen, die in Zusammenhang mit der Ausübung obrigkeitlicher Macht standen. Dies bedeutete im Klima zunehmender Frauenverachtung im Mittelalter eine nicht systemgerechte Regelungsverwirrung. Insbesondere bei der Gutachtertätigkeit schien es unerträglich, galt doch sonst das Wort einer Frau zum Zeugnis nichts. Erschwerend kam noch hinzu, daß weder die geistliche noch die weltliche Obrigkeit ohne Zustimmung der Frauen bei Ernennung der Laienhebammen durch Sendgerichte oder sonstige Zulassungsrituale bestimmen konnte, welche Frauen überhaupt Inhaberinnen solcher Ämter wurden.

Gleichzeitig mit diesen Tatsachen hatte sich die Emanzipation des an der Medizin interessierten Mannes von der Bevormundung der Kirche entwickelt. Es entstanden überall weltliche Universitäten (Wien 1365, Heidelberg 1386, Köln 1388, Erfurt 1392), die wissenschaftlich ausgebildete Mediziner, aber nicht durch die Kirche versorgte Priester entließen. Diese Mediziner fanden ein Unterkommen bei den reichen und einwohnerstarken Städten als Stadtärzte, wo sie in den ihnen vom Rat der Stadt übertragenen Aufgaben des Gesundheitswesens, vor allem der Aufsicht, tätig waren. Nebenbei betrieben sie ihre Privatpraxis. Selbstverständlich waren Frauen an diesen Universitäten nicht zugelassen.

Da der christliche männliche Arzt Stellvertreter der Kirche Gottes neben dem Priester war, handelte er immer im Interesse der Kirche. Allein er wußte, was gut für die Kranken war, und dabei gab es nur eine ungeteilte Wahrheit, wie es bekanntlich auch nur eine Kirche Gottes gibt. Eine Frau konnte nach damaliger Überzeugung niemals Trägerin dieser Wahrheit sein. Da zu dieser Zeit medizinhistorisch die Frauenheilkunde noch nicht von der Geburtshilfe getrennt war, lag es nahe, daß die Ärzte, wenn sie nur folgerichtig dachten, ihr Monopol auch auf die Behandlung von kranken Frauen und auf die Geburt ausdehnten.[17] Und so kam es auch.

Zuerst machte sich dies in den Städten bemerkbar, denn hier hatten die Ärzte bereits Fuß gefaßt, hier fand sich ein ohne große Mühe erreichbarer, zahlungskräftiger Kundenkreis reicher Bürgerinnen. Die Städte begannen mit der Professionalisierung der verschiedenen Heilbereiche und deren Trennung voneinander. Über allen sollte aber immer die Autorität des akademisch ausgebildeten Arztes stehen. So wurden die Apotheker, die Bader, die Chirurgen, die Hebammen und die Wundenschauer fein säuberlich voneinander getrennt, erhielten festumrissene Aufgaben und unterstanden allesamt der Aufsicht des Stadtarztes.

Einer der Gründe, die Entwicklung intensiv zu fördern, war natürlich wirtschaftlicher Natur. So entstand für die Hebammen das Verbot, ohne Anordnung des Arztes Arznei zu verabreichen – bis auf wenige, ganz detailliert angegebene Kräuter – aufgrund der Klage, wie sehr Quacksalber und »alte Weiber« Ärzte und Apotheker schädigten, wenn sie beim Verkauf ihrer Mittel oft 1000 bis 1500 Taler aus der Stadt brächten.[18]

In diesem Zusammenhang gaben die Ärzte bitterböse und niederträchtige Werturteile über die Frauen ab. So schrieb der Arzt Bitterkraut, daß nicht nur »verrunzelte Vetteln«, sondern auch »waschhafte Weiber« sich in Heilkunde verstünden und die Jüngeren bei den »alten, rinnäugigen, versoffenen Rumpeln« lernten; sie richten sich alle gegen die »Medicos«, und anstatt bei »Rocken, Spinnrädel, Nähekasten und Kochlöffel« zu bleiben, wohin sie der »Allerhöchste bestimmet und verbannet hat«, würden sie den Medicos von den Menschen vorgezogen, wo die Ärzte doch als »Werkzeug des Allmächtigen Gottes auch von diesem, allen mühseligen und kranken Menschen zum besonderen Troste, erschaffen sind«.[19]

In diese sozialen Verhältnisse paßte nun vollends die im »Hexenhammer« geäußerte Ansicht, daß nur das Urteil des Arztes dafür ausschlaggebend sein sollte, ob bei einer Krankheit Hexerei vorläge oder nicht.

Dieses Bemühen, die Frauen aus der Medizin zu verdrängen, wurde von der Kirche gründlich ergänzt. Sie hatte die Ablösung der Medizin aus der Priesterschaft hingenommen, betonte jedoch, daß nur das als professionelle Medizin gelten könne, was an den Universitäten gelehrt würde, und stellte alles andere Heilwissen auf die Stufe der Ketzerei: »Wenn sich eine Frau anmaßt zu heilen, ohne studiert zu haben, ist sie eine Hexe und muß sterben.«[20] Damit wurden die Hebammen in den vom Feuertod gefährdeten Personenkreis einbezogen. Denn gerade zu jener Zeit gab es noch keine in der Frauenheilkunde bewanderten Ärzte, an die sich Frauen hätten wenden können, und die alte Tradition der Frauen, bei ihren Leiden die Hebamme aufzusuchen, war ununterbrochen. Auf dem Lande allerdings lebte diese Tradition noch bis in die letzten Jahrzehnte. Heilen und Gebären wurden von den Frauen nicht getrennt, und die Scheu vor dem kostspieligen männlichen Arzt war groß. Andererseits sahen auch die Kirche und die Medizin, daß die Frauen der Hebammen bedurften. Ein so wichtiger und traditionsreicher Stand, wenn er auch »nur« weiblich war, konnte nicht von heute auf morgen beseitigt werden. Im übrigen fehlte es an der entsprechenden Zahl von Ärzten, um die Hebammen völlig ersetzen zu können. So gingen die Städte Mitte des 15. Jahrhunderts dazu über, Leben und Wirken der Hebammen in schriftlich fixierten Hebammenordnungen zu regeln und einzugrenzen.

Dieses Vorgehen traf die Bürgerinnen der Städte in folgender Situation: es herrschte großer Frauenüberschuß. Nicht jede Frau stand als Ehefrau einem Haushalt vor. Viele kluge und tatkräftige Frauen hatten sich eine eigene Existenz aufgebaut. Es gab zahlreiche selbständige Frauen in den Handwerksberufen mit eigenen Werkstätten und gutem Auskommen. So ist von Frankfurt am Main aus den Jahren 1354–1510 bekannt, daß ein Sechstel bis ein Viertel aller Steuerzahler berufstätige Frauen waren.[21]

Auf lange Sicht war jedoch ihr Leben als Meisterinnen nicht gesichert, da die Zünfte alles daransetzten, um den Frauen den Zugang zu den Zünften zu verwehren, sich die Gesellen zusammentaten und nicht mehr bei Meisterinnen in Lohn und Brot gingen. Der einzige bis dahin für ehrbare und auch begüterte Bürgerinnen unangefochtene Beruf war der der Hebamme. Wir wissen, daß in Nürnberg 1381 (die »Lugenin«), in Frankfurt 1302 und in München 1420 bereits städtische Wehemütter ohne Nachweis der Ausbildung, ohne Eid und ohne Ratsordnung tätig waren. Diese städtischen Wehemütter sollten die Versorgung der armen Frauen sichern, die selbst für die Entbindung nichts bezahlen konnten. Daneben betreuten sie in Pestzeiten die kranken Frauen, entbanden diese und hielten die Seuchenschau mit dem Stadtmedicus, soweit bereits einer vorhanden war. Zusätzlich hatten sie ihre Privatpraxis. Es ist sicher, daß zahlreiche Bürgerinnen in diesem Beruf tätig waren und sich ein gewisser Organisationsmodus entwickelt hatte. So waren in Nürnberg im Jahre 1442 14 Hebammen bekannt, und in Wismar gab es noch vor Erlaß der ratsherrlichen Ordnungen bereits die Bademutterstraße, was auf ihren zunftähnlichen Status schließen läßt.[22] Zur Aufsicht über den eigenen Stand waren »Ehrbare Frauen« bestellt, d. h. reiche Patrizierinnen, die auch die Bezahlung der Hebamme bei armen Frauen übernommen hatten sowie Almosen aus Stiftungen für die Wöchnerinnen verteilten und Zeugnis über Nachlässigkeiten der Hebamme abgaben.

Die Stadtwehemütter waren von diesen »Ehrbaren Frauen« als besonders tüchtige und zuverlässige Frauen von allen Hebammen ausgewählt worden. Wiederum die Tüchtigste unter ihnen wurde zur Ratshebamme ernannt, die in erster Linie für die Geburten bei den Frauen der Obrigkeit zuständig war und die bei besonders schwierigen Geburten noch zusätzlich zu den »Ehrbaren Frauen« geholt werden mußte. Sie hatte auch letztendlich bei Tod von Frau und Kind über Schuld oder Nichtschuld der Hebamme zu entscheiden.

Darüber hinaus ist über die Organisationsmodelle der Hebammen wenig bekannt, da nichts schriftlich festgehalten worden war. Aber als Vorspann zur Regensburger Ratsordnung von 1452 gibt es eine Verweisung auf die Nördlinger und Ulmer Hebammenordnung, die sich die Hebammen selbst gegeben hatten. Der Rat und die Ärzte der Stadt sahen sie als schädlich für die Bürger an und erließen 1491 von sich aus eine Ordnung, die von Stadtärzten verfaßt war und durch die die Wehemütter unter städtische und ärztliche Aufsicht kamen.[23]

Allerdings hatte vorher schon das Nottaufenprivileg der Hebammen zu einer ersten Form von Hebammenexamination durch Männer geführt, den sogenannten Hebammeneiden. Die Frauen, die sich als Hebamme betätigten, mußten beim Pfarrer schwören, alle Kinder, von deren Geburt sie erfuhren, getreulich dem »Pfaffion« zu melden, damit diese getauft werden konnten.[24] Damit hatte sich die Kirche die Möglichkeit geschaffen, die Person der Geburtshelferin zu bestimmen. Bei Verstoß gegen die Verpflichtung zur Nottaufe, zur Taufe überhaupt und zur Meldung des Neugeborenen konnte die Hebamme als Ketzerin verbrannt werden. Mit Beginn der ersten Regelungen wurden die Hebammen also gleichzeitig männlicher Gesetzgebung unterworfen: der Androhung des Feuertodes.

Die rechtliche Inanspruchnahme der Hebammen in den Hebammenordnungen der Städte wurde damit begründet, daß der »Unordnung« unter den Hebammen und der »Verwahrlosung« unter den Frauen zu begegnen sei. Dabei verstand man unter »Ordnung« die der kirchlichen Lehre, deren Nichteinhaltung natürlich zur Verwahrlosung der Seele der Frau führen mußte. Als verwahrlost galt die Seele, wenn man nicht in Einklang mit den Prinzipien der Kirche stand und die Frau mit Hilfe der Hebammen ein freieres Leben führte. Mit größter Wahrscheinlichkeit ist hier der Bereich der Sexualität und Geburtenregelung gemeint. Wie bereits erwähnt, hatten die Hebammen hierüber ein umfangreiches Wissen, das auch in die Praxis umgesetzt wurde. Es ist zum Beispiel nicht richtig, daß im Mittelalter ein Ehepaar zahllose Kinder hatte.

Ganz im Gegenteil. Man hat nachgewiesen, daß die Anzahl der Kinder und in welchen Abständen sie aufeinanderfolgten, von den Eheleuten geplant war. Im allgemeinen hatten sie nicht mehr als vier oder fünf Kinder.[25]

Die Hebammenordnungen legten fest, daß nur noch diejenigen Frauen zu Gebärenden geholt werden durften, die vom Rat der Stadt eingesetzte Hebammen waren und auf die Ordnung geschworen hatten. Auch wurde in zehn Vorschriften genau das Verhalten der Hebammen untereinander und bei schwierigen Geburten in formeller Weise geregelt. Die einzige medizinische Verhaltensregel bezog sich darauf, daß die Frauen nicht zu früh zur »Arbeit in den Geburtsstuhl genötigt« werden sollten.[26] Die Institution der besonders tugendhaften, älteren, ehrbaren Frauen wurde beibehalten, die Zulassung zum Beruf und die Abnahme des Schwures jedoch hatten sich von nun an die Ratsherren vorbehalten.

Damit entstand erstmals die Abgrenzung zwischen der durch Schwur und Zulassung legitimierten Hebamme und der Freundin, Nachbarin, Gevatterin, die bei der Geburt gerne half, weil sie begabt und erfolgreich war. Dem unreglementierten Leben der Frauen, das sich über Jahrhunderte hin im stillen entwickelt hatte, war per Gesetz durch Männer Einhalt geboten worden.

Begleitet war dies in jenem Zeitraum von heftigen Vorwürfen der Kirche gegen die Hebammen. So schrieb Papst Innozenz VIII. im Jahre 1484: »Niemand schadet dem katholischen Glauben mehr als die Hebammen«, daß sie nämlich »die Geburten der Weiber... umkommen machen, die Menschen, die Weiber mit grausamen sowohl innerlichen als äußerlichen Schmerzen belegen und peinigen, ...daß sie nicht zeugen, und die Frauen, daß sie nicht empfangen, und die Männer, daß sie denen Weibern, und die Weiber, daß sie denen Männern, die ehelichen Werke nicht leisten können«.[27]

Die folgenreiche Machtentfaltung der Medizin für die Geburtshilfe konnte daher nur mit der vollständigen Untermauerung ihres Machtanspruches durch die Lehre der Kirche und Absicherung durch die Obrigkeit geschehen. Die Medizin selbst hätte sich keinesfalls alleine durchsetzen können, denn es fehlte ihr an Praxis, und ihre Theorie fußte mehr auf Theologie als auf Empirie.

Diese neue geistige Idee der Reglementierung des Medizinalwesens zugunsten der Ärzte griff um sich und wurde zu einer politischen Entwicklung, die sich in der Zeit zwischen 1452 und 1600 zunehmend repressiv in immer strengeren Ordnungen Bahn brach. Vergleicht man die Regensburger Hebammenordnung von 1452 mit der von 1555, läßt sich diese Entwicklung gut verfolgen. Da die Mehrzahl der Ordnungen erst im 16. Jahrhundert erlassen wurde (Nördlingen 1517; Konstanz 1525; Freiburg 1537; Passau 1545; Augsburg 1564, Esslingen 1558), hatten sie alle bereits die strengen Regelungen zum Inhalt.[28]

Zulassungsvoraussetzung war zum Beispiel folgendes: Die Hebamme mußte eine gottselige Frau sein, eigene Kinder gehabt haben, fortgeschrittenen Alters sein und drei bis fünf Jahre lang als Lehrmagd bei einer zugelassenen Hebamme gedient haben. Sie mußte Unterricht und Prüfung bei Ärzten durchlaufen, den Eid geschworen haben und vom Rat der Stadt letztendlich angenommen worden sein.

Die »Ehrbaren Frauen« fanden sich nicht mehr als Aufsichtspersonen für die Hebammen. An ihre Stelle traten der Rat der Stadt, der Bürgermeister oder, in den häufigsten Fällen, der Stadtarzt. Die Aufsicht erstreckte sich nicht mehr nur auf schwierige Geburten oder Todesfälle. Auch das Absolvieren zum Teil wöchentlicher Repetitionsstunden beim Stadtarzt fiel darunter (wie etwa in Nürnberg zur Sommerzeit immer Mittwoch abends) oder die Pflicht, sich mindestens einmal jährlich erneut in der Hebammenordnung unterweisen zu lassen. Aufgrund ihrer neu festgeschriebenen Präsenzpflicht hatten die Hebammen sich vor Verlassen der Stadt abzumelden und die Erlaubnis des Rates einzuholen, wenn sie zur Betreuung angesehener Bürgerinnen oder Fürstinnen über einen längeren Zeitraum in einen anderen Bezirk oder ein anderes Land gehen wollten. Es war nämlich damals üblich, daß sich hohe Frauen besonders geschickte und berühmte Hebammen von weit her kommen ließen und sie schon lange vor dem Geburtstermin zur Beratung und Betreuung bei sich hatten.

Auch die Verpflichtung zur Nottaufe fand sich in den weltlichen Vorschriften, verbunden mit der Strafdrohung wegen Ketzerei. Nun war auch bei einem Kaiserschnitt eine »spezialisierte Person« beizuziehen. 100 Jahre früher hieß es noch, daß die Hebamme bzw. eine darauf spezialisierte Frau das zu machen habe. Die sprachliche Hinwendung zur neutral anmutenden »Person« bedeutete aber in der Realität nichts anderes, als daß nun ausschließlich männliche Chirurgen oder Wundärzte die Operation ausführten.[29] Die nun allesamt von männlichen Ärzten verfaßten Ordnungen verpflichteten die Hebammen erstmals dazu, bei schwierigen Geburten den »Doctor der Arzney« zu rufen.

Auch der Gebrauch der bis dahin bei den Hebammen üblichen Instrumente wurde untersagt. Zangen, Haken, Eisen zum Herausziehen des Kindes oder gar das Ziehen des Kindes mit der Hand aus dem Mutterleib waren unmöglich geworden. Dabei wissen wir, daß die Hebammen zur damaligen Zeit noch über ein umfangreiches Können verfügten, wenn es darum ging, bei Querlagen oder Vorfällen von Gliedmaßen die Kinder zu wenden.[30] Nicht bekannt ist jedoch aus dieser Zeit, daß die Ärzte andere, gar bessere Instrumente entwickelt hätten. Die Hebammen mußten sich nun auch verpflichten, die Nachgeburt zu vergraben, damit sie nicht, wie behauptet wurde, zu »abergläubischen Zwecken« mißbraucht werden konnte, zum Beispiel zur Herstellung von Salben, wie es – für die Kosmetik – heute wieder geschieht.

Bei unehelichen Geburten hatten Hebammen die Pflicht, bevor sie Beistand leisten durften, den Namen der Mutter und des Kindsvaters auszuforschen. Den Namen der Mutter mußten sie der geistlichen Obrigkeit anzeigen, die diese dann wegen der unehelichen Geburt bestrafte: Die junge Mutter mußte am Pranger stehen oder wurde ausgepeitscht. Das uneheliche Kind mußte unter einem dunklen Tuch oder unter dem Mantel zur Taufe getragen werden. Von einer Hebamme in Andernach ist bekannt, daß sie dieses Gebot nicht befolgte und uneheliche Kinder ebenso wie die ehelichen öffentlich zur Taufe trug und dafür zu empfindlicher Strafe verurteilt wurde.[31]

Unverheiratete Frauen sollten von der Hebamme auf Anzeichen von Schwangerschaft beobachtet und gegebenenfalls zum Austragen der Schwangerschaft angehalten werden. Abtreibungen galt es zu verhindern. Totgeburten mußte der Bürgermeister mit eigenen Augen sehen, damit späte Abtreibungen nicht vertuscht werden konnten.[32] Die Geburt eines mißgebildeten Kindes mußte die Hebamme der Mutter verheimlichen, aber der Obrigkeit anzeigen. Daraufhin wurde geprüft, wieweit ein Verschulden der Mutter vorlag, ob hier Zauberei und Hexerei im Spiel war und ob die Mutter deshalb verbrannt werden mußte. Da in einem solchen Fall die Hebamme leicht selbst in den Verdacht der Hexerei geriet oder von der gefolterten Mutter möglicherweise als Hexe denunziert wurde, stand sie im Gewissenskonflikt: Selbstschutz und Schutz der Mutter oder Befolgung der Ordnung. Immer wieder findet sich in den Hebammenordnungen die Formulierung, daß Zauberei als Häresie vom Rat der Stadt mit dem Feuertod bestraft würde. So zeigte 1628 in Frickenhausen bei Ochsenfurt eine Hebamme eine Mutter nach vier Mißgeburten an mit dem Hinweis, diese sei eine Trudenerin.[33] Mißtrauen entstand zwischen den Frauen, und es war schließlich entscheidend, welche als erste Anzeige erstattete.

Um in den Verdacht der Zauberei zu geraten und den Prozeß gemacht zu bekommen, konnte für eine Hebamme jeder ungewöhnliche Vorfall, jedes auffallende Merkmal am Kind oder der Wöchnerin ausreichen. Selbst eine außergewöhnliche Begabung, die sie über das Normalmaß hinaushob, reichte schon aus. Da gerade im Bereich der Geburtshilfe viele Besonderheiten auftreten können und eine Hebamme aufgrund ihrer herausgehobenen Stellung ohnehin im Blickpunkt stand, war ihre Tätigkeit zu dieser Zeit besonders gefahrenträchtig.

Um die verbotene »Zauberei« zu bannen, wurde in die Ordnungen die Verpflichtung aufgenommen, die Hebamme habe die Frauen in Kindsnöten darin zu unterweisen, daß es »Gottes will ist, daß alle frawen in Schmerzen sollen geberen...« und sie »leren, das Kinder geberen, der Weiber fürnehmlicher Beruff und Ambt sey, darzu sie Gott sonderlich verordnet hat«.[34] Sie sollten die Frauen mit Bibelsprüchen während der Wehen unterstützen und mit ihnen beten. Dazu gab es umfangreiche Gebetbücher, die an die Stelle der früher zahlreich verwendeten, schmerzlindernden Heilmittel und Kräuter traten. Deren Verwendung war »Zauberei«.

In den Archiven findet sich einiges über die dabei geübten Schikanen der Ratsherren gegenüber unliebsamen Hebammen. Wie leicht war hier von einer böswilligen Obrigkeit der Zusammenhang zur Zauberei herzustellen und die Hebamme auf den Scheiterhaufen zu bringen, wenn sich nur eine geringe Mißliebigkeit ergab. Lehrte eine Hebamme zum Beispiel die Frauen nicht, daß Schmerzen bei der Geburt sein müßten, sondern setzte Mittel ein in Form von Tränken und Dämpfen, Räucherungen oder Massagen und Einreibungen, um der Frau die Geburt soweit wie möglich zu erleichtern, dann galt ihre mangelnde Unterwerfung unter Gottes Willen eindeutig als Zauberei. Offenbar mußten die Frauen von den »geschworenen Hebammen« des Rates auch erst belehrt werden, daß Kinder gebären – und nichts anderes – ihr Amt und Beruf sei. Diese Vorschrift erlaubt den Rückschluß, daß dies bis dahin nicht selbstverständlich war, sondern daß Frauen bereits damals versuchten, eine ununterbrochene Folge von Schwangerschaften nicht als alleinige Bestimmung aufzufassen und dem Leben noch andere Seiten abzugewinnen. Jeglicher Rat zur Geburtenregelung war damit den Hebammen grundsätzlich verboten, was eine solche Tradition entwikkelte, daß sich auch die meisten heute erzählenden Hebammen eines solchen Rates enthielten.

Insgesamt wurde mit diesem Ordnungs-Erlaß die freie Ausübung des Hebammenberufes mehr und mehr zugunsten kirchlicher und weltlicher Interessen an der Lebensführung der Frauen eingeschränkt, was sich in ökonomischem und geistigem Machtzuwachs auf seiten der Männer niederschlug. Mit der Bestellung der Hebammen und ihrem Schwur war eine der wichtigsten Voraussetzungen dafür geschaffen, Strafen gegen die Frauen zu verhängen, falls sie in ihrem Handeln von den niedergeschriebenen Ideen der Ratsherren abwichen. Diese Unterwerfung hatte viele Hebammen das Leben auf dem Scheiterhaufen gekostet.

Daß nicht alles reibungslos und ohne Widerstand der Hebammen, die zumeist vorher bereits geachtete Bürgerinnen waren, vonstatten ging, läßt das Gebot der Heilbronner Hebammenordnung erahnen: »Den Herren Physicos und Doctores der Artzney«, wenn sie »ihres handelns examiniert und erfraget werden«, sich dagegen nicht zu widersetzen, sondern »gehorsam zu seyn und guten richtigen Bescheyd ihrer Erfahrung zu geben«.[35]

Dieses Gebot war bei den Examina – von den Hebammen wohl auch durchschaut – als Mittel der Kontrolle und des Abfragens ihrer eigenen geburtshilflichen Kenntnisse und Erfahrungen durch die Ärzte erkennbar, die von ihrer Ausbildung an den Universitäten her außer dem, was sie aus den Büchern der wenigen antiken Autoren wußten, nichts vorweisen konnten, was sie den Hebammen vorausgehabt hätten. So diente ihre pflichtgemäße Beiordnung zu Prüfungen und bei schwierigen Geburten dem Abschauen und eigenen Lernen und nicht der Hilfe für die Gebärende. Doch auf diese Weise fanden die erhorchten Kenntnisse schnell ihren Niederschlag in den Büchern zur Geburtshilfe, die von Ärzten mit dem Anspruch herausgegeben wurden, als neue medizinische Erkenntnisse Gültigkeit für die Hebammen zu haben. Die Autoren gaben das gesamte Wissen als ihr eigenes aus und untermauerten damit ihre angemaßte Autorität. Lediglich Paracelsus hatte ehrlicherweise noch bekannt, daß sein Wissen von den Künsten der »Weisen Frauen« herrühre.

Die Gegensätze, die aufgrund des geistigen Diebstahls zwischen den gebildeten Ärzten und den erfahrenen Hebammen entstanden, fanden sich in den Druckwerken der Ärzte wieder, die mit den immer gleichen und stereotypen Vorwürfen gegen die Hebammen eingeleitet wurden: Die »hebammen alle sampt, die al so gar kein Wissen handt«.[36]

Die Durchsetzung männlicher ärztlicher »Kunst«, die mit Beginn der Neuzeit erfolgreich abgeschlossen war, konnte also nur mit Hilfe dieser Frauenmorde, der Hexenverbrennungen, geschehen. Dabei sind all die Morde an Frauen nicht mitgezählt, die an den Gebärenden begangen wurden, indem ihnen die guten Hebammen genommen worden waren, die Frauen sich selbst überlassen blieben und auf keine Tradition zurückgreifen konnten. Zudem lernten hilflose, unwissende

Ärzte, wenn sie bei schwierigen Geburten als Spezialisten zugezogen wurden, an den Schmerzen, Qualen und am Tod der Frauen. Das Verbrennen der Hebammen brachte die Frauen, insbesondere auf dem Land, in eine hilflose Lage, und ihre gesundheitliche Versorgung lag darnieder: Andeutungsweise gemachte Statistiken über die Sterblichkeit von Müttern und Neugeborenen anhand bekannter Familienchroniken »hoher Familien« deuten an, daß der Gesundheitszustand der weiblichen Bevölkerung am Ende des Mittelalters und zu Beginn der Neuzeit verheerend geworden war.[37]

Man kann also annehmen, daß die Hebammenordnungen bereits Vorhandenes zerstörten und daß die Hexenverbrennungen u. a. auch zu ihrer Durchsetzung dienten. So kamen in einigen Städten auf dem Höhepunkt der Verbrennungen – 50 bis 70 Jahre nach dem Erlaß der einengendsten Ordnungen – auch viele Hebammen ums Leben.

Es mag sich in den Jahrzehnten dazwischen der gesellschaftliche Kampf um die Disziplinierung und das Wissen der Hebammen abgespielt haben. Natürlich dauerte es eine Weile, bis die Ärzte überhaupt darangehen konnten, das eine oder andere als »Zauberei« zu »definieren«. Um ihr Wissen zu sammeln, waren sie einige Jahrzehnte auf die Hilfe ihrer Lehrerinnen angewiesen. Diese Zeit nützten sie auch, um die Widerstandsnester der Frauen überhaupt festzustellen und dann unter dem Eindruck der allgemeinen Verbrennungen auch die Hebammen zu denunzieren. Auf diese Weise sicherten sich weltliche und geistliche Männer die Herrschaft über die Lebensführung von Frauen und konnten beginnen, den Frauen ihre, die männlichen, Vorstellungen von Empfangen und Gebären aufzuzwingen.

Neuzeit

Die beginnende Neuzeit (1594) traf demgemäß die städtischen Hebammen bereits unter strengem Reglement. Ihre Verbindung mit den Traditionen ihrer Vorgängerinnen war durch Hexenverfolgung und durch den Dreißigjährigen Krieg unterbrochen. Wo nicht Tod diese Lücke verursacht hatte, ließen Furcht vor Sanktionen Schweigen und Zurückgezogenheit bei den kundigen Frauen in den Städten entstehen.

Über die auf dem Lande praktizierenden Frauen ist hingegen nichts bekannt. Man kann aber davon ausgehen, daß die Lücke, die das Verbrennen der Hebammen zum Großteil auch hier hinterlassen hatte, durch nichts ausgefüllt wurde – allerdings auch nicht durch rechtliche Regelungen. So versuchten sich die Frauen weiter zu behelfen, was sicher zum Nachteil der Gebärenden war, denn einiges an Wissen über die Entbindungskunst war durch die Tötung der vielen spezialisierten Frauen auch auf dem Land verlorengegangen. Die wenigen Übriggebliebenen aber waren zu vereinzelt, als daß sie eine entsprechende Tradition von Frau zu Frau hätten weiterführen können.

Diesen erheblichen Verlust konnten die Ärzte bei ihrem damaligen Wissensstand in keiner Weise ausgleichen. Man beschäftigte sich noch nicht mit Anatomie, hatte keinerlei empirisches Wissen. Zeichnungen in Geburtshilfelehrbüchern jener Zeit zeugen von abenteuerlichen Vorstellungen der damaligen Ärzte hinsichtlich der Kindslage im Mutterleib.

Von ihrem an den Universitäten erworbenen, mangelhaften und rein theoretischen Wissen konnte jedenfalls keine echte Hilfe für regelwidrige Geburten zu erwarten sein, auch keine wirkliche Kompetenz in Prüfungsfragen. Es ging vielmehr um die weitere Anerkennung der Mediziner als Autoritäten gegenüber allen anderen im Heilwesen sich betätigenden Personen und die Verfestigung ärztlicher Professionalisierung. So beschwerten sich zum Beispiel der Stadtphysicus und drei Ärzte der Stadt Schweinfurt 1651 beim Rat der Stadt über eine alte Frau, die Heilbehandlungen vornahm und den Frauen beistand, mit der Begründung, daß solches Frauen grundsätzlich nicht anstehe, da sie auch nicht zum Predigtamt und zu Männerberufen zugelassen seien.[38] Waren die Frauen nicht nur vom eigentlichen Wissen abgeschnitten, sondern auch aus angesehenen Ämtern und Posten vertrieben, konnte der männliche Arzt diese Lücke ausfüllen und sich dadurch stärkeren Einfluß, besseren Status und höhere finanzielle Einnahmen verschaffen.

Dagegen eröffneten sich für die Hebammen nicht die Möglichkeiten, an den langsamen Fortschritten der Medizin teilzunehmen. Zwar hatte der Herzog von Braunschweig-Wolfenbüttel 1573 verfügt, daß auch die Hebammen an den Sezierungen toter »weiblicher Kindbetterinnen« im Hinterzimmer seiner Hofapotheke teilnehmen sollten. Da diese Sezierungen aber in lateinischer und griechischer Sprache von den gelehrten Ärzten vorgenommen wurden, sich auf Bücher bezogen, die in gleicher Sprache abgefaßt waren, und die Ärzte es unter ihrer Würde fanden, sich des Deutschen wegen der Hebammen zu bedienen, ist es kein Wunder, wenn diese fernblieben und ihnen dadurch Kenntnisse über die weibliche Anatomie entgingen. So konnten sich zwar die Ärzte Zugang zum Wissen der Hebammen durch Teilnahme bei komplizierten Geburten und Abfragen bei Prüfungen verschaffen, andererseits bestimmten sie aber auch, was von ihrem Wissen sie fürderhin an die Hebammen im Unterricht weitergeben wollten. Bei dieser ungleichen Chancenverteilung konnte der Arzt der Hebamme leicht den Rang ablaufen, zumal er die Unterstützung durch die Obrigkeit hinter sich wußte.

Ganz besonders übel waren die Ausfälligkeiten gegen die Hebammen. Keiner der Ärzte gab zu, wie es noch die Männer der Antike machten, daß ein Großteil des anatomisch richtigen und detailliert angegebenen Wissens, das sie in ihren Schriften als das ihre ausgaben, von gutwilligen Hebammen erfragt war. Ganz im Gegenteil versäumte es keiner der schreibenden Ärzte, die Hebammen als dumm, verantwortungslos und böswillig zu beschimpfen, um sich selbst zu preisen.

Dem hatten die Hebammen der Obrigkeit gegenüber nichts entgegenzusetzen. Frauen veröffentlichten keine Bücher, konnten sich nicht in entsprechender Weise mit diesen Schmähungen auseinandersetzen, denn es fehlte ihnen dazu die »wissenschaftliche« Ausbildung. Oft waren sie sogar des Lesens und Schreibens unkundig, deshalb aber nicht weniger geschickte Empirikerinnen. So blieb es unwidersprochen und unwiderlegt bei diesen Vorwürfen. Die Frauen übten Widerstand auf eigene Weise. Sie schwiegen und versuchten weiterhin in aller Heimlichkeit ihre Geburtshilfe fortzusetzen. Die

Archive geben beredtes Zeugnis von den Übertretungen und Gehorsamsverweigerungen der Hebammen zugunsten der Frauen. Obrigkeit und Mediziner hatten keine gefestigte Position, schon gar nicht auf dem Lande. So kamen sogar schon 1801 im Chur-Brandenburgischen auf eine Bevölkerungszahl von ca. 770000 Menschen lediglich 114 Ärzte. Wären die Vorschriften zur Kompetenzverteilung zwischen Arzt und Hebamme wirklich befolgt worden, so hätte dies weitaus katastrophalere Auswirkungen auf den Gesundheitszustand der Frauen gehabt.

Trotz aller Anfeindungen und Verleumdungen seitens der Ärzte hatten sich ganz vereinzelt aber Frauen als hervorragende Hebammen einen Namen gemacht. So verfaßte Marie-Louise Bourgeois (1564–1644) 1609 ein Buch über ihre Erfahrungen als einfache Hebamme bei den ärmsten Frauen, als geschworene Hebamme der Stadt Paris und schließlich als Königin-Hebamme der Maria von Medici, Mutter Ludwigs XIII. Das Buch wurde ins Deutsche übersetzt und war seit der Schule von Salerno das erste Schriftwerk, das eine Frau zur Geburtshilfe herausgegeben hatte. Die Autorin beschrieb darin mehrere Neuentdeckungen, u. a. die Wendung Ungeborener bei anormaler Lage auf die Füße sowie die Bedeutung des Nabelschnurvorfalles und dessen Handhabung.

Die Bourgeois fand eine würdige Nachfolgerin in Marguerite du Tertre, die 1630, als am Hôtel-Dieu in Paris eine Gebärabteilung entstand, Hebammenlehrerin und 1660 Oberhebamme wurde. Auch sie veröffentlichte ein Buch, in dem besonders die bis dahin nicht genügend beachtete Bedeutung des weiblichen Beckens behandelt wurde.

In Deutschland war zu dieser Zeit Margarete Schievelbein (sie starb 1626) bekannt geworden. Als Tochter eines Lehrers war sie in der bevorzugten Situation, lesen, schreiben und Latein gelernt zu haben. Offenbar leistete sie als einfache Hebamme auf dem Land Hervorragendes, denn ihr Ruf drang bis zur Herzogin Dorothea Sibylla von Liegnitz und Brieg, die sie als ihre Leibhebamme zur Fortbildung in einen Kurs der berühmten Hebammenschule in Straßburg schickte. Danach wurde sie als Hofhebamme eingesetzt und zu Entbindungen an die Fürstenhöfe in Dänemark und Holland gerufen. Die Herzogin hatte in Brieg (Schlesien) ein Haus für den Hebammenunterricht durch Margarete Schievelbein eingerichtet. Alle Hebammen ihres Landes konnten dort, jeweils zu sechst, für sechs Monate leben und lernen. »Mutter Grete«, so wurde Margarete Schievelbein genannt, war eine imposante und eigenwillige Persönlichkeit, die sich bereits durch ihr selbstbewußtes Verhalten und ihr auffälliges Äußeres vom Typ der von Ärzten dargestellten Hebamme abhob, einer »alten, triefäugigen Rumpelhexe«. In den langen Jahren ihrer Unterrichtstätigkeit hob Margarete Schievelbein mit Sicherheit erheblich den Wissensstandard der damaligen Hebammen. Der Erfahrungsaustausch zwischen den über mehrere Monate zusammenlebenden, bereits praktizierenden Hebammen darf dabei nicht unterschätzt werden.

Seit den massiven Eingriffen in die Arbeit der Hebammen durch Verfolgung und Erlaß von Ordnungen ist dies die erste Überlieferung, daß Frauen wieder aktiv ohne Eingriff und Lenkung durch die Männer mit Erfolg für die Fortentwicklung der Geburtshilfe sorgten.

Wenige Jahrzehnte später wurde, ebenfalls in Schlesien, Deutschlands berühmteste Hebamme aktiv: Justine Siegemundin (1648–1705). Auch sie war als Tochter eines Pastors vorgebildet. Mit 19 Jahren heiratete sie und glaubte sich mit 21 Jahren schwanger. Zum Zeitpunkt des errechneten Geburtstermins ging allerdings nichts vorwärts. Sie wurde von vier gerufenen Wehemüttern vier Tage lang im Gebärstuhl gequält – wie sie es selbst beschreibt –, und schließlich verkündeten sie ihr das Ende mit dem Kind. Doch »Gott erbarmete sich meiner und schickte von ungefähr eines Soldaten Weib in das Dorf, wo ich lag. Und weil sie mehr Grund und Verstand, als die auch eine Wehe-Mutter war, in diesem Beruf hatte, urteilete sie, daß kein Kind, sondern eine Verstopfung des Geblüts bei mir wäre, dabei auch eine große Mutterkrankheit und Senkung« – also eine Scheinschwangerschaft.[39] Dies war für Justine Siegemundin Anlaß, selbst aktiv zu werden, alles zu lesen, was sie zu diesem Thema haben konnte, und sich in Gesprächen mit vielen Hebammen kundig zu machen. So gewannen die Frauen den Eindruck eines besonderen Wissens bei der Siegemundin und holten sie zu schwierigen Geburten. Dabei zeigte sie großes Geschick und eine gute Hand, was für sie Ansporn zu weiterer Tätigkeit war. Die Schilderung ihres eigenen Werdegangs wirft zugleich ein Licht auf die Verhältnisse der Frauen und Hebammen, wie wir sie uns zu der Zeit trotz aller Versuche der Männer, eine Vorrangstellung einzunehmen, vorstellen können: »Die Wehemutter mich dazu anmahnete und bei vielen Kreißenden mitnahme, wodurch ich je mehr in mehrere Erfahrung kam und sonderlich bei den armen Dorfleuten, wann eine Gefahr sich wiese, schwere Geburten waren, von einem Dorf zum anderen gerufen ward, daß oftermalen die Kinder schon tot, ich also durch Gottes Gnade die Mütter zu retten dienen mußte. In solcher Schule habe ich mich wohl zwölf Jahre geübet... nachdem eine nach der anderen von mir gehöret, wohl auf vier, sechs, acht Meilen geholet ward, aber zu lauter schweren Fällen und Bauernsleuten... So geschah es doch, daß ich zu einigen Pfarrfrauen und endlich zu Adeligen und schweren Fällen gerufen und also denen Medicis bekannt ward, deren einer bei Liegnitzschen Magistrat es ohne mein Wissen und Suchen dahin brachte, daß sie mich zu einer Wehemutter für ihre Stadt verlangeten und erhielten.«[40]

Sie wurde dann im Verlauf der Zeit von Ärzten zu Geschwüroperationen bei »hohen Personen« geholt, die sie erfolgreich durchführte. Das brachte ihr den Ruf als Hof-Wehemutter an den Chur-Brandenburgischen Hof ein. Von hier aus rief man sie zu Geburten nach Holland und England, denn sie galt als Meisterin komplizierter Fälle. So gelangen ihr damals nicht mehr gekannte Wendungen des Kindes aus gefährlichen Quer- und Fußlagen, was von enormer Wichtigkeit war, denn auch die Kunst des Kaiserschnitts mit Überlebenschance für Mutter und Kind war verlorengegangen. Ihre Erfahrungen, die sie im Lauf von etwa 30 Jahren durch 3000 geleitete Geburten erworben hatte, ohne je eine Universität besucht zu haben, legte sie im Alter von 50 Jahren in einem Lehrbuch nieder.

Justine Siegemundin stellte in Form eines Zwiegesprächs zwischen Hebamme und Lehrmagd alle unnormalen Geburtslagen dar und zeigte Lösungen auf, um einen »höchst nötigen Unterricht von schweren und unrecht stehenden Geburten« zu geben.[41] Das Buch erreichte bis 1743 viele Auflagen und war für den Unterricht aufgrund seiner Präzision und des prägnanten Stils das beste Hebammenlehrbuch der damaligen Zeit.

Bezeichnenderweise mußte dieses Buch aber vor seinem Erscheinen von drei Hofpredigern und der medizinischen Fakultät in Frankfurt/Oder begutachtet und zugelassen werden. Kirche und Medizin maßten sich auch hier, ohne selbst die entsprechenden Fachkenntnisse zu haben, die Aufsicht und Kontrolle an.

Wenn auch von anderen, weniger bekannten Hebammen im 17. Jahrhundert Lehrbücher geschrieben wurden, so bedeutete das nicht, daß geregelter Unterricht stattfand. Noch war die obrigkeitliche Organisation nicht so weit fortgeschritten. Es galt nach wie vor die mittelalterliche Regelung: Lehrzeit bei einer anderen Hebamme und zusätzlicher Privatunterricht beim Stadtarzt oder Chirurgen vor der Examinierung durch ein neugeschaffenes »Collegium Medicum«. Dies Gremium bestand aus mehreren Ärzten und war vom jeweiligen Landesfürsten zur Aufsicht über das Heilwesen im Land eingesetzt. So wird in der sächsischen Hebammenordnung (HebO) von 1682 »den ordentlichen Medicis anbefohlen, daß sie die Hebammen ihres Leibesbeschaffenheit, Lebens, Wissenschaft und Erfahrung halben fragen sollen und erforschen, ob sie zu solchem Amt und Verrichtung tüchtig und genugsam geschickt seien, auch was ihnen noch mehr vonnöten, unterrichten«.[42] Die Ausbildung lag also im praktischen Teil jedenfalls in Händen der Frauen. Der ärztliche Einfluß sollte im theoretischen Unterricht hinzukommen, war aber sicher nicht bei allen Hebammen, vor allem den ländlichen, existent. Richtiger Unterricht wurde lediglich in der Münchner Gebäranstalt seit 1589 von der dort für die Entbindungen der armen Frauen angestellten Hebamme erteilt. Die Zahlen weisen allerdings nur zwischen zehn und zwölf Geburten im Jahr auf.

In der medizin-historischen Literatur wird es als der große Fortschritt männlicher, wissenschaftlicher Geburtshilfe gewertet, daß ein Pariser Chirurg ab 1660 auf Erlaubnis des ersten Präsidenten des Hôtel-Dieu in der Gebärabteilung an allen Geburten teilnehmen durfte und nicht mehr allein auf die regelwidrigen beschränkt war. Er lernte viel von den Hebammen und publizierte einen dort geübten Handgriff unter seinem Namen, womit er berühmt wurde. Mit der Zulassung dieses Chirurgen zur Geburtshilfe war ein weiteres Hindernis für den Zutritt der Männer in die Gebärstube gefallen. Männlicher Geburtshelfer, der »Accoucheur«, wurde ein neuer Beruf, der sich aus der Chirurgie entwickelte. Dies erklärte auch den ungehemmten Gebrauch zahlreicher chirurgischer Instrumente selbst bei normalen Geburten. Männer gelangten nun zu bislang verwehrten praktischen Einsichten und Tätigkeiten.

Durch ein Machtwort seitens der Obrigkeit und unter Ausnutzung der Situation der Gebärenden im Hôtel-Dieu, die als die Ärmsten der Armen von Paris dort entbanden und keine andere Wahl hatten, war den Männern endgültig der Durchbruch in der Geburtshilfe gelungen. Seit 1663 bei der Entbindung einer Mätresse Ludwigs XIV., der La Valière, ein Accoucheur gerufen worden war, bürgerte sich die Zuziehung eines Mannes zur Geburtshilfe als Besonderheit bei den gehobenen Ständen Frankreichs ein.

In Deutschland hatten sich die Frauen lange gegen Männer in der Geburtshilfe entrüstet gewehrt, bedeutete es für sie doch immer gemäß den Vorschriften die regelwidrige, also komplizierte Geburt, was einer Zerstückelung des Kindes im Mutterleib und damit rohester Behandlung der Frauen mit vielen inneren Verletzungen gleichkam. In der Vorrede zu einem Geburtshilfewerk von 1653 findet sich die Klage des Autors, die deutschen Frauen würden lieber sterben, als bei der Geburt die Hilfe von Männern anzunehmen.[43]

Den Accoucheuren kam schließlich auch in Deutschland die Obrigkeit zu Hilfe. Mit Beginn des 18. Jahrhunderts galt aus bevölkerungspolitischen Gesichtspunkten zunehmend das Interesse der Geburtshilfe. Man wollte sie systematisieren, da man erkannt hatte, daß die Wehrfähigkeit und der Wohlstand eines Landes von der Zahl seiner Bewohner abhingen.

Im Brennpunkt dieses Interesses standen daher die Hebammen, denen die Schuld an der hohen Mütter- und Säuglingssterblichkeit zugeschoben wurde. Nachdem man in den vorangegangenen Jahrhunderten alles zur Zerstörung geburtshilflichen Wissens bei den Hebammen getan hatte, glaubte man nun, daß die Vermittlung ärztlicher rudimentärer Kenntnisse in der Aus- und Fortbildung der Hebammen Hilfe brächte. Also ging man Mitte des 18. Jahrhunderts in fast allen Kleinstaaten Deutschlands dazu über, zentrale Hebammen-Lehranstalten einzurichten und männliche Accoucheure, d. h. ursprüngliche Wundärzte oder Chirurgen, als Hebammenmeister einzustellen.

Um den von den Hebammenmeistern durchzuführenden Unterricht auch praktisch zu gestalten, selbst Erfahrungen in der Geburtshilfe sammeln und mit Instrumenten experimentieren zu können, mußte entsprechendes weibliches »Material« gefunden werden. Den Ärzten war klar, daß sie den von ihnen definierten Fortschritt in der Geburtshilfe nur erreichen konnten, wenn sie ungehindert Zugang zu beliebig vielen Geburten hatten. Das gelang bei der ablehnenden Haltung der deutschen Frauen nicht. Noch 1810 wußte ein Hamburger Armenarzt und Geburtshelfer zu klagen, daß viele »schwangere Frauen, wenn sie gleich zur Armenanstalt gehören, dennoch nach eigener Wahl und für eigene Rechnung sich mit einer Wehmutter versehen« – statt seiner![44] Es war also notwendig, Einrichtungen zu schaffen, sogenannte Gebärhäuser oder Accouchieranstalten, in denen man zu vielen Geburten, natürlichen und regelwidrigen, Zutritt hatte und kein Widerstand von seiten der Frauen zu erwarten bzw. möglich war.

Besonders in Preußen entdeckte man plötzlich, daß durch das Elend der ledigen Mütter dem Staat viele Menschenleben verlorengingen. Denn die panische Angst der Frauen vor Auspeitschungen, Bußen und sonstigen Strafen wegen ihrer unehelichen Geburten hatte viele von ihnen zu Kindsmörderinnen werden lassen. Nun machte sich der nämliche Staat daran, denselben Frauen, die er zuvor durch Strafen und gesellschaftliche Ächtung in Elend, Angst und Schrecken versetzt hatte, dadurch aus ihrer Not zu helfen, daß sie in Gebärhäusern Zuflucht finden konnten, wo sie als Übungsmaterial mißbraucht wurden. So wurde 1727 in der Berliner Charité als erste derartige Einrichtung eine eigene Abteilung zur Entbindung »liederlicher Weibsbilder« eröffnet.

Im Lauf des 18. Jahrhunderts entstanden in ganz Deutschland, vorwiegend in den Universitätsstädten, solche Gebärhäuser. Richtungsweisend war dabei die Straßburger Hebammenschule von 1728. Es folgten u. a. Kassel 1761, Altona 1765, Fulda 1775, München 1777, Oldenburg 1799 und noch zahlreiche andere. Alle hatten die offizielle Aufgabe, in der Zeit, in der Hebammenkurse stattfanden, Ärzten und Wundärzten, die Accoucheuren gleichzusetzen waren, Gelegenheit zu geben, sich in der praktischen Entbindungskunst zu üben. Dabei wurde meist die Hebammenausbildung durch Bildung einer eigenen Abteilung vom medizinisch-praktischen Unterricht für Studenten und Ärzte getrennt. Da sich diese Anstalten vordergründig dem wohltätigen Zweck verschrieben hatten, armen und ledigen Schwangeren für wenig Geld kurze Zeit vor und nach der Entbindung Obdach und Verpflegung zu gewähren, schien die Zahl der hilfesuchenden Frauen gesichert. Es mag allerdings bezweifelt werden, ob die Frauen den Aufenthalt hier auch immer als Wohltat empfanden, wie vorgegeben wurde, und freiwillig in die Gebärhäuser gingen. So mußten sich zum Beispiel in Mainz alle ledigen Schwangeren beim Leiter der Accouchementanstalt melden. Taten sie es nicht, so wurden sie mit willkürlicher Zuchthausstrafe belegt.[45]

In München versuchte 1855 der damalige Leiter des Gebärhauses in einer unvergleichlichen Schmährede über Schwangere und Hebammen, diese zu verunglimpfen und den jungen Frauen, die meist aus ländlichen, einfachen Verhältnissen kamen, Dienstmägde und Arbeiterinnen waren und in der Stadt unter dubiosen Heiratsversprechungen geschwängert worden waren, das Unterkommen in einer ihrem Stand vertrauten Umgebung unter Frauen unmöglich zu machen.[46] Entsprechende Regierungserlasse zum Verbot von Wochenstuben waren die Folge, konnten aber auf den Widerstand der Hebammen hin nicht aufrechterhalten werden. Dafür wurde eine Einzelgenehmigung für jede Geburt in der Wohnung der Hebamme vorgeschrieben. Auch dadurch konnte die Zahl der Gebärenden in den Anstalten beeinflußt werden.

Die Frauen und Hebammen aber folgten diesen obrigkeitlichen Vorstellungen von Unterricht nirgendwo im Land. Sowohl in Bayern als auch im Herzogtum Oldenburg beklagte man sich über die mangelnde Beteiligung der Hebammen. »...unerachtet allangewendeter Mühe seine vorhabend pflichtmäßige Hebammen Lehre aus unwillen deren Weiber, nicht hat zustand bringen können...«[47] In Oldenburg meldeten sich 1783 ganze zwei Hebammen zum Unterricht, und noch 1793 erklärten sich bei einer Umfrage von 143 Hebammen nur zwölf zum Unterricht bereit.[48]

Die Durchsetzung obrigkeitlicher Ausbildungsvorstellungen gelang dann schließlich mittels Zwang und Sanktionen. So wurde beispielsweise in Bayern 1782 unter Androhung von Leibes- und Zuchthausstrafen den Hebammen verboten, »...einiges schwangere Weibsbild *ohne Vorwissen und Genehmhaltung des Collegii Medici* aufzunehmen, vielweniger heimlich in ihrer Behausung bis zur Niederkunft zu behalten und das gebärende Kind von demselben zu empfangen...«[49]

Auch in Preußen und Oldenburg wurden nichtapprobierten Hebammen Strafen angedroht, und man scheute sich nicht, sogar auf die Gebärenden entsprechenden Druck auszuüben. So mußte eine Wöchnerin, die eine nicht examinierte und zugelassene Hebamme zur Geburt holte, der nächstgelegen zugelassenen Hebamme die Geburtskosten gleichwohl bezahlen.

Immer wieder waren bis zum ausgehenden 19. Jahrhundert königliche Verfügungen und Regierungserlasse in allen Staaten notwendig, um letztendlich flächendeckend alle in der Geburtshilfe tätigen Frauen zum drei- oder viermonatigen Unterricht in einer zentralen Hebammenschule mit anschließender Examination und Zulassung zum Beruf zu erfassen.

Dies gelang dann mit Hilfe der zunehmend über das ganze Land eingesetzten Landgerichtsärzte, Kreis- oder Bezirksärzte, wie sie je nach Fürstentum unterschiedlich benannt wurden. Allerdings schwelte unter den Ärzten langanhaltender Streit um die Machtstellung und Befugnis, Prüfungen abzuhalten. Fachliche Kompetenzen spielten hier sicher keine Rolle, wie das Protokoll einer Prüfung vom 9. Oktober 1830, vorgenommen vom Landgerichtsarzt in Freising, erkennen läßt. Nachdem er sechs Hebammen einfache Fragen über Beschwerden und Krankheiten während der Schwangerschaft, über den Geburtsverlauf und die »Einteilung der Geburtsteile im Weibe« sowie über die Zuziehung des Arztes gestellt hatte, scheiterte er am Wesentlichen und fand folgende Abschlußbemerkung: »Über die Wendungen und Schiefstehungen der Gebärmutter oder des Kindskopfes und dabei notwendigen Handgriffe konnte Unterzeichneter als bloßer Theoretiker keine Prüfung vornehmen, da die Landärzte... abwesend waren und der Chirurg Panzer zu prüfen entweder zu schüchtern oder zuwenig vorbereitet war, wie er sich entschuldigte. Dies demnach das Resultat der vom Unterzeichneten allein vorgenommenen Prüfung...«[50]

Bei der Vorstellung, der Landgerichtsarzt selbst oder der Chirurg seien zu einer regelwidrigen Geburt geholt worden – wie es den Hebammen vorgeschrieben war –, muß die Effektivität dieser Hilfe doch in Frage gestellt werden. Vielmehr zeigt sich hier die ganze Verantwortungslosigkeit, Hebammen von Wissen und Praxis abzuschneiden, ohne selbst die Lücken ausfüllen zu können.

Diese Gebärhäuser als Ausbildungsstätten standen nun in einem denkbar schlechten Ruf, aber nicht wegen der »schamlosen Frauenzimmer«, sondern wegen der dort herrschenden Behandlungsmethoden. Die schwangeren Frauen dienten als Übungsobjekte. Sie mußten sich in den wenigen Tagen vor der Geburt, in denen sie Aufnahme fanden, vormittags und nachmittags für die Touchierübungen der Ärzte, Studenten und Hebammenschülerinnen zur Verfügung stellen. Auch die Geburt verlief bei diesen Frauen in nacktem Zustand – was unerhört für die damalige Zeit war – vor allen anwesenden Studenten und Ärzten. Bei diesen »gefallenen Mädchen«

wurden Schamgefühle nicht mehr beachtet, so daß an ihnen Übungen und Experimente möglich waren, die bei »ehrenhaften« Frauen nie hätten durchgeführt werden können. Im Lauf der Zeit ging man in der Münchner Gebäranstalt dazu über, den Frauen die Augen zu verbinden, um deren Sträuben und körperliche Ausfälle, die die Ärzte störten, zu vermeiden.[51]

Es konnten wehenhemmende oder -fördernde Mittel, Instrumente, Wendungen und vieles mehr ausprobiert und den Accoucheuren dadurch die Möglichkeit gegeben werden, in der Geburtshilfe alles von Grund auf neu zu lernen. Alles was die Wissenschaft erforderte, war hier möglich und technisch machbar, auch das Nichteingreifen bei Komplikationen und Demonstrieren des Todes von Mutter und Kind. Die Leichen dienten dann weiterer Erkenntnissammlung bei den Sezierungen. »Würdige« Nachfolger hatten die damaligen Ärzte in den Wissenschaftlern des Dritten Reiches, die sich bei Fremdarbeiterinnen aus Polen und Rußland ebenso verhielten, wie Frau Hubacher berichtete.

Intention der Anstalten war angeblich landesväterliche Fürsorge für Mutter und Kind. Leben sollte vor den »ungeschickten und dummen Hebammen« gerettet werden durch Hinzuziehung männlicher Geburtshelfer. Das Gegenteil trat wieder ein. Auf Grund einer Zehnjahresstatistik von 1771–1780 in 19 Kirchspielen im Herzogtum Oldenburg wurde festgestellt, daß die Zahl der nach einer Geburt gestorbenen Frauen bei ärztlich ausgebildeten und examinierten Hebammen nicht niedriger war als bei nicht ausgebildeten Hebammen. Und der Vergleich bei Todesfällen während der Geburt ergab: In zehn Jahren starben bei examinierten Hebammen zwei Frauen und bei den anderen, aber erheblich zahlreicheren vier. Schon damals wurden deshalb Zweifel an der Effektivität einer Ausbildung erhoben und darauf hingewiesen, daß manch anderes auch schuld am Tod der Wöchnerin sein könne,[52] etwa – wie heutige Hebammen berichten: frühes Antreiben zur Arbeit, infizierender Geschlechtsverkehr, Kälte im Haus, schlechte Nahrung.

Demgegenüber steht die »Erfolgsrechnung« der Ärzte in den Anstalten. Am Ablauf einer normalen Geburt waren diese nicht interessiert, denn es mußten spezifische Qualifikationen im Umgang mit Instrumenten geübt werden. So kam es, daß in manchen Gebärkliniken nur zwischen 50 und 80 Prozent normaler Geburten gezählt wurden. In der Berliner Gebäranstalt wurde fast jede sechste Geburt durch einen operativen Eingriff beendet.[53] Wendungen wurden bei jeder dritten bis fünften Geburt vorgenommen. Die Kinder überstanden diese Praktiken nur zu einem Drittel. Von 225 geburtshilflichen Operationen, die ein Eschweger Arzt 1840 statistisch erfaßte, endeten 15 (6,7 Prozent) mit dem Tod der Mutter und 78 (34,7 Prozent) mit dem des Kindes. Demgemäß nimmt sich die Höchstzahl aus der Oldenburger Statistik von 9,6 Prozent verstorbener Wöchnerinnen, verglichen mit der Gesamtzahl weiblicher Todesfälle und 16,7 Prozent Totgeburten, harmlos aus. Ein Augsburger Geburtshelfer brachte es Mitte des 18. Jahrhunderts bei 61 Geburten auf 22 tote Mütter und 43 tote Kinder, und manche seiner Kollegen standen ihm darin nicht nach. Eine Beschreibung der zahlreichen Werkzeuge, die eingesetzt wurden, erklärt auch die Verletzungen der Mütter, mit nachfolgenden Infektionen und Wundstarrkrämpfen.[54]

Außer dem Erproben neuer ärztlicher Methoden, um sich damit Ruhm zu verschaffen, war das in den Gebäranstalten Panik auslösende Kindbettfieber Todesursache für zahllose Frauen. Da Studenten und Ärzte nach Sezierungen und Untersuchungen Krankheitskeime an den ungewaschenen Händen hatten und so zu Geburten oder zu den Wöchnerinnen gingen, waren Infektionen unvermeidlich. Bei den Hebammen dagegen kam so etwas nicht vor. Ignaz Philipp Semmelweis, österreichischer Geburtshelfer, der diese Tatsache entdeckte, aber lange um deren Anerkennung rang, und der sich schließlich mit seiner Erkenntnis in den Gebäranstalten Deutschlands durchsetzte, bezeichnete diese als »vom Staat unterhaltene Mörderhöhlen«, in denen Tausende von Frauen ihr Leben lassen mußten.[55] Aufmerksam geworden war Semmelweis dadurch, daß das Fieber kaum in der Abteilung auftrat, in der allein Hebammen arbeiteten und Hebammenschülerinnen ausgebildet wurden. So gab es Monate, in denen die Flensburger und die Münchner Anstalt völlig geschlossen werden mußten, weil nahezu alle Frauen gestorben waren und das Fieber unablässig weiter wütete, sobald neue Frauen in das Gebärhaus kamen.[56]

Zu dieser Zeit hatten sich in Deutschland wieder zwei große Hebammen einen Namen gemacht: Regina Josepha und Charlotte Heidenreich. Regina Josepha war 1807 als Hebamme in Darmstadt zugelassen worden. Ihre Arbeit war bald so erfolgreich, daß sie 1819 von der Universität Gießen die Ehrendoktorwürde in Geburtshilfe erhielt. Ihre Tochter Charlotte Heidenreich (geboren 1788) lernte bei ihr und hatte den Ehrgeiz, wie ihre Mutter ebenfalls die Doktorwürde zu erlangen, was ihr mit einer Promotion zu dem Thema »Die Schwangerschaft außerhalb der Gebärmutter« in glänzender Weise gelang. Danach wurde sie häufig zu Entbindungen bei Königinnen gerufen und holte so auch die spätere Königin Victoria ans Licht der Welt. Eines der Hauptaugenmerke hatte Charlotte Heidenreich neben ihrer Geschicklichkeit auf das psychische Wohlbefinden der Frau vor und nach der Geburt gerichtet. Aus diesem Grund wollte sie ein Heim für bedürftige Wöchnerinnen im Gegensatz zu den Gebäranstalten einrichten, was ihr aber bei Lebzeiten nicht mehr gelang. Erreicht wurde dies dann mit den Geldern einer von Frauen 1859 errichteten Stiftung.

Beide Frauen, Regina Josepha und Charlotte Heidenreich, zogen natürlich den Spott vieler neidischer Ärzte auf sich und waren Anlaß für den pauschalen Vorwurf, die Hebammen strebten mehr nach eigenem Ruhm und ihnen nicht zustehenden Doktorhüten, als um das Wohl der Wöchnerinnen besorgt zu sein.

Mitte des 19. Jahrhunderts hatten endgültig landesrechtliche Hebammenordnungen die alten vereinzelten und unsystematischen Bestimmungen abgelöst. Das Hebammenwesen galt als geordnet, wenngleich auf dem Lande immer noch die eine oder andere Nachbarin ständig zu Geburten geholt wurde, die nicht von der Zentralanstalt die Approbation erhalten hatte. Dieses Problem bewältigte man damit, daß aufgrund der Hebammenordnungen genaue Bezirke festgelegt wurden, für die jeweils eine approbierte Hebamme vom Landgerichtsarzt eingestellt war. Diese Bezirke umfaßten zumeist 900 Menschen und sollten nicht größer als eine Stunde Fußmarsches im Umkreis sein.

Der Landgerichtsarzt wählte die Frauen aus, die ihm als Hebamme und zum Besuch der Ausbildung geeignet erschienen. Keine Frau konnte von sich aus eine Ausbildung beginnen. Sie unterlag der landgerichtsärztlichen Beurteilung unter dem Gesichtspunkt der Religiosität, Folgsamkeit, Sittlichkeit und Ehrbarkeit. Damit war es den Ärzten gelungen, schon weit im Vorfeld eine bestimmte Auslese unter den Frauen zu treffen und die für ausbildungsfähig zu halten, deren sie sich sicher sein konnten bei der Befolgung ihrer Anordnungen und Abgrenzungen der Tätigkeitsbereiche.

Die zunehmende Reglementierung der Hebammen hatte auch die vorher schon bestehende kirchliche Pflicht festgeschrieben, jede uneheliche Geburt nunmehr bei der Polizei zu melden, so daß die junge Mutter mit einer Geldbuße belegt werden konnte. Ob mit oder ohne Ausforschung des Kindsvaters, war nach Ländern verschieden. Es geschah auch mitunter, daß von dörflichen Autoritäten versucht wurde, mit Hilfe der Hebammen die Disziplinierung der Frauen noch weiter auszudehnen. So mußte sich 1820 die Hebamme Maria Gschwendtner aus Ebersberg massiv gegen das Verlangen des Pfarrers wehren, ihm die ledigen Mütter nach Beendigung der sechs Wochen in sein Zimmer zu schicken, damit er die Probe hinsichtlich einer möglichen Rückfälligkeit vornehmen könne. – Wie diese Probe ausgesehen hätte, kann nur vermutet werden, denn ledige Mütter waren Freiwild für die Männer.[57] Die Hebamme erkannte das Unwürdige dieser Situation und wehrte sich mit Erfolg.

Zu Beginn des 20. Jahrhunderts war die Hebamme in folgender Situation: Nachdem der Bezirksarzt sie nach einer Lese- und Schreibprobe und aufgrund ihres sittlichen Lebenswandels zur Ausbildung für geeignet erklärt hatte, durfte sie einen drei- bis viermonatigen Hebammenkurs in einer der zentralen Hebammenschulen bei den Landesfrauenkrankenhäusern besuchen. Dort legte sie ihre Prüfung ab, was gleichzeitig die Approbation bedeutete. Die Ausbildung umfaßte genau die

Bereiche und Tätigkeiten in der Geburtshilfe, die sich auf natürliche Geburten beschränkten. Arzneien durften die Hebammen keine mit sich führen, an natürlichen Hilfsmitteln waren ihnen lediglich »Feldchamillen, Wollenblumen, Lindenblüten, Schafgarbe und Zimmettinktur« gestattet.[58]

Sie lernten nichts über Empfängnisverhütung. Staatspolitisches Interesse und kirchliche Lehre schlossen dies im Gegenteil völlig aus. Gleiches galt für die Abtreibung. Dementsprechend war auch der Einsatz, selbst der Besitz jeglichen Mittels, das wehenfördernde und damit abortive Wirkung hätte haben können – wie Mutterkorn –, absolut untersagt. Eine weitere Verpflichtung bestand in der Unterbindung von Aberglauben.

An den Gesprächen mit den Hebammen zeigten sich die Früchte des Unterrichts, der über lange Jahrzehnte gleichblieb. Die meisten von ihnen, wiewohl intelligente und geschickte Frauen, beschränkten sich auf das Gelernte und hielten sich in den vorgeschriebenen Grenzen. Dabei erkannten sie aber durchaus – wenn ihnen die Zuziehung des Arztes nicht mehr möglich war –, daß sie sehr gut in der Lage waren, auch sogenannte regelwidrige Geburten zum guten Teil zu beherrschen. Die in sie gesetzten Erwartungen, auf die Gebärmoral der Frauen einzuwirken, wurden voll von ihnen erfüllt.

Der Dienst der Hebamme zu Anfang dieses Jahrhunderts war eine Aufopferung für die Frauen, obwohl in den meisten Gemeinden kein gesichertes Einkommen gewährleistet war, kein Wartegeld bezahlt wurde und die Hebammen auf das von den Familien gezahlte Entgelt angewiesen waren. Es existierten zwar feste Sätze, sie konnten jedoch oft von den Ärmsten nicht bezahlt weden, wie aus den Gesprächen hervorging.

Aber noch waren zu dieser Zeit in den Kliniken nur die außergewöhnlichen Risikogeburten, die armen und ledigen Frauen zu finden, die kein gesichertes und ruhiges Zuhause hatten, in dem sie entbinden konnten. Dies führte im Verlauf der weiteren Jahrzehnte dieses Jahrhunderts zur Einführung von »Hausschwangeren« in den Frauenkliniken. Die ledigen Mädchen kamen einige Wochen vor der Geburt ins Krankenhaus, halfen dort bei Hausarbeiten, standen Ärzten und Hebammenschülerinnen zur Ausbildung zur Verfügung und konnten dafür frei wohnen, essen, ihr Kind zur Welt bringen und noch für kurze Zeit nach der Geburt, bis das Kind in einer Pflegestelle untergebracht war, dort wohnen.

Trotz aller Abhängigkeiten vom Arzt fühlten sich die Hebammen in ihrer Praxis frei und unabhängig. Wenigstens bei Normalgeburten waren sie Leiterin des Geschehens und gestalteten Geburt und Wochenbett nach ihrer Intention und den persönlichen und psychischen Bedürfnissen der Frauen. Kaum eine der an dieses Arbeiten gewöhnten Hebammen ließ sich in Krankenhäusern fest anstellen.

Während des Dritten Reiches war den Hebammen durch besonders zynische Reglementierung ihres Tätigkeitsbereiches eine besondere Rolle bei der Ausrottung und Diskriminierung »fremdvölkischer Rassen« zugedacht. In erster Linie betraf dies die Ostarbeiterinnen, junge Frauen, die vor Kriegsbeginn freiwillig, ab Anfang 1940 zwangsweise aus Polen und Rußland, den damaligen Generalgouvernements, in das Deutsche Reich als Arbeitskräfte gekommen waren.

Bei diesen Arbeitskräften betrieb man systematisch das Prinzip des Auseinanderreißens von Familien, um den Geburtenzuwachs dieser als »minderwertig« deklarierten Völker so gering wie möglich zu halten.[59]

Trotzdem gab es eine große Zahl lediger oder heimlich von einem Pfarrer getrauter schwangerer Polinnen und Russinnen, zum großen Ärgernis der Nazis, die dies für einen Skandal hielten. Aus diesem Grund wurden Abtreibungen bei diesen jungen Frauen vehement gefördert, und es kann vermutet werden, daß man sich auch nicht scheute, an ihnen zwangsweise Abtreibungen vorzunehmen.[60] Gleichzeitig wurde bis 1942 jede schwangere Ostarbeiterin in ihr Heimatland abgeschoben.[61] Da dies für die Frauen meist die einzige Möglichkeit war, den unmenschlichen Arbeitsbedingungen zu entkommen, mutmaßten die Nazis nicht zu Unrecht, daß viele dieser unehelichen Schwangerschaften gewollt waren. Man ging folglich zu brutaleren Methoden über, um sich einerseits der rassisch unerwünschten Kinder zu entledigen, andererseits die Frauen als Arbeitskräfte zu erhalten: Himmler veranlaßte, die Abschiebung von Schwangeren einzustellen, ihre Kinder jedoch danach auszuwählen, ob diese es wegen eines arisch anmutenden Äußeren oder weil sie eine blonde, blauäugige Russin geboren hatte, »wert waren«, als deutsche Kinder in einem deutschen Heim erzogen zu werden. Die weniger »Wertvollen« wurden in einer Kindersammelstätte zusammengefaßt und einer »Sonderbehandlung« zugeführt.[62] Die Mütter sahen ihre Kinder in keinem Fall wieder, denn ihre Spuren verwischten sich entweder durch deutsche Namensgebung – zum Beispiel wurde aus Alina Antczak Hilga Antzinger –,[63] oder sie erkrankten und verhungerten in einer dieser Sammelstätten. So starben in Voerde zwischen Herbst und Winter 1944 48 Kinder an Diphtherie und in Velpke bei Helmstedt zwischen Mai und Dezember 1944 von 110 polnischen und russischen Kindern 96 an allgemeiner Schwäche, d. h. den Hungertod.[64]

In der bisher zu den Lebensbedingungen der Fremdarbeiterinnen vorliegenden Forschung findet sich zum Bereich »Geburt« nichts. Aus den Zeugnissen der in diesem Buch zu Wort gekommenen Hebammen und im Zusammenhang mit den damals geltenden Vorschriften läßt sich jedoch folgende Praxis erkennen:

Um die Kinder dieser Frauen selektieren zu können, mußte man ihrer habhaft werden. Dies konnte nur dadurch geschehen, daß man die Schwangeren zur Geburt in eine überwachende Institution schickte. Dazu boten sich die Frauenkliniken an, in denen sie als Hausschwangere entbinden konnten, und die von der Hebamme Emmy Krüger erwähnten »Entbindungsanstalten«.[65] Um den Frauen keine Ausweichmöglichkeit zu geben, bedurfte es gleichzeitig des Verbots gegenüber Ostarbeiterinnen, in ihrer Unterkunft zu entbinden, und flankierend dazu die Anordnung gegenüber Hebammen, bei Polinnen und Russinnen keine Geburtshilfe zu leisten. Zwar hatte laut § 1 des Hebammengesetzes (HebG) jede Frau Anspruch auf den Beistand einer Hebamme, aber dies beinhaltete nicht das Recht auf freie Wahl der Hebamme. Eine solche stand ja grundsätzlich sowohl in Klinik wie in Entbindungsanstalt zur Verfügung. Zieht man nun in Betracht, daß die gesamten Lebensbedingungen der Ostarbeiter aus dem allgemeinen Recht ausgegliedert waren und der Gewalt von SS und Gestapo unterlagen, was zu einer Fülle sonderrechtlicher Praktiken führte, deren Erlaß und Durchführung von der jeweiligen Einstellung des örtlich zuständigen Gestapo- oder Polizeigewaltigen abhing, so war es keine Schwierigkeit, wo Entbindungsstätten und Kindersammelstätten vorhanden waren, die Ostarbeiterinnen dort zur Entbindung zu verpflichten und den Hebammen die Hilfeleistung zu verbieten.[66]

Gleiches galt für das Verbot gegenüber den Hebammen, Wochenbesuche abzustatten. Die Arbeiterinnen aus dem Osten waren von den Vorschriften des Mutterschutzes ausgeschlossen, d. h. sie mußten bereits am Tag nach der Geburt wieder an die Arbeit gehen.[67] Aus den Vorschriften über die Krankenversorgung der Ostarbeiter ergibt sich zusätzlich, daß Hebammenhilfe lediglich bei der Geburt, nicht jedoch darüber hinaus gewährt werden konnte.[68] Daraus wurde dann, bei entsprechender Einstellung des jeweiligen Leiters des Gesundheitsamtes, die klare Anweisung an die Hebamme, Wochenbesuche bei einer Polin zu unterlassen.*

Erst ab 1944 galt ein Mindestmutterschutz von zwei Wochen, da man sich während des Krieges zunehmend die Arbeitsfähigkeit der Ostarbeiterinnen erhalten wollte.[69] Allerdings wurde dieser Mutterschutz auf Grund vorheriger Praxis kaum eingehalten. Die Vorschrift kann als völlig unwirksam angesehen werden, weil sich dieser Mutterschutz durch eine noch am gleichen Tage erlassene Anschlußverordnung relativierte. In dieser war festgelegt, daß »Ausnahmen als unbedenklich angesehen werden können, wenn sie mit den Lebensgewohnheiten und der körperlichen Veranlagung dieser Arbeitskräfte sowie mit den Verhältnissen im Heimatland in Einklang stehen«, was bei Russinnen und Polinnen stets unterstellt wurde.[70]

Besonders verachtenswert war die Ausschaltung von Hebammen bei komplizierten und gefährlichen Geburten von Ostarbeiterinnen, die als Hausschwangere in der Klinik entbanden. Manche Polin oder Russin mußte ihr Leben lassen,

* Siehe S. 89.

weil bei Komplikationen nicht helfend eingegriffen wurde, sondern statt dessen die Ärzte bewußt an diesen Frauen »studierten«, Risiken demonstrieren konnten und damit experimentierten, welche Folgen bei Untätigsein eintraten. Darüber berichtet Marietta Hubacher* in diesem Buch. Für die Weisung, daß Ostarbeiterinnen möglichst in einem Krankenhaus zu entbinden hätten, mag dies mit ein entscheidender Beweggrund gewesen sein.

Den endgültigen Umbruch hin zu den Klinikgeburten brachten die Jahrzehnte nach dem Zweiten Weltkrieg. Mehrere gesellschaftliche Faktoren trafen aufeinander, so daß die Krankenhausgeburt die Regel und die frei praktizierende Hebamme die Ausnahme wurde. In den 50er und 60er Jahren spielten die Technik und das vom Menschen mit ihrer Hilfe Machbare eine größere Rolle als je zuvor. In diese Zeit fällt die Landung des ersten Menschen auf dem Mond. Die Fortschrittsgläubigkeit kannte keine Grenzen, und natürlich unterlagen ihr auch die Frauen. Die medizinische Geburtshilfe hatte die Narkosegeburt, die häufigen Kaiserschnittgeburten und die programmierte Geburt unter reichlichem Einsatz wehenfördernder Mittel kreiert. Sie bot schmerzfreies Nichtstillen mittels Hormonspritzen und nicht zuletzt die schmerzfreie Geburt bei vollem Bewußtsein mit Hilfe der Unterleibsbetäubung durch eine Rückenmarksspritze, die sogenannte Periduralanästhesie.

Die Ärzte erweckten bei den Frauen die Illusion, sie könnten die völlig schmerzfreie Geburt tatsächlich unter Ausschaltung aller Risiken für Mutter und Kind verwirklichen. Für den Einsatz der entsprechenden Technik bedurfte es natürlich der Einrichtungen einer Klinik. Dabei spielte das mittlerweile unangefochtene Ansehen der Medizin eine große Rolle. Die Frauen wollten es sich nicht nehmen lassen, auch modern und fortschrittlich zu sein. Die Krankenkassen taten ein übriges, indem die Klinikkosten – bislang nur auf Grund einer Risikoindikation des Arztes oder der Hebamme übernommen – ab 1968 für jede Geburt bezahlt wur-

* Siehe S. 111.

den.* Den sozialen Rang, sich nunmehr einen Arzt mit seinem gegenüber der Hebamme höheren sozialen Status zur Geburt leisten zu können, wollten sich wenige Frauen entgehen lassen. Die Klinikgeburt war völlig unkritisch Mode geworden.

Der nächste ausschlaggebende Faktor war sicher der Zerfall der Familienverbände. Großmütter, Tanten und andere pflegewillige Frauen der Familie standen nicht mehr jederzeit für das Wochenbett im Hause zur Verfügung. Die Pflege war also nicht mehr gesichert, und auch den in der Zwischenzeit gestiegenen Ansprüchen an die räumlichen Verhältnisse entsprach die Geburt in einer Zweizimmerwohnung nicht mehr. Eine Woche Krankenhausaufenthalt und damit eine Woche Ruhe und Entlastung von den häuslichen Pflichten, mit entsprechendem Personal, das sich um die Wöchnerin und das Neugeborene kümmerte, das bedeutete für viele Frauen einen Urlaub, den sie genossen. Mit diesen veränderten Lebensverhältnissen auf seiten der Frauen gingen andere Arbeitsmodalitäten der Hebammen einher. Es fehlte an Nachwuchs, denn in solch unendlichem Einsatz, wie von den Hebammen beschrieben, wollten sich die Jungen nicht mehr abrackern. Bei der zunehmend besseren Stellung der meisten Arbeitnehmer in der Bundesrepublik Deutschland durch Urlaub, kürzere Arbeitszeiten etc. konnten die freien Hebammen nicht mithalten. Auch entsprach das Einkommen bei weniger werdenden Hausgeburten nicht annähernd dem Lohn- und Gehaltszuwachs in anderen Berufszweigen.

Gab es aber keinen Hebammen-Nachwuchs mehr, so waren die Frauen auch dann auf die Krankenhausgeburt angewiesen, wenn sie vielleicht gar nicht wollten, was die Verdienstchancen der verbliebenen Hebammen noch weiter verringerte. Demzufolge gab es 1987 in der Bundesrepublik 99 Prozent Klinikgeburten und nur noch 0,94 Prozent Hausgeburten. Bei jeder Geburt ist heute ein Arzt anwesend, und die Hebamme ist nur noch Hilfspersonal.

* §199 RVO v. 1.1.1968 sieht Übernahme von Kosten für die Geburt in einer Entbindungs- oder Krankenanstalt vor. Bis dahin galt Geburt nicht als Krankheit im Sinne der RVO, und es bedurfte daher immer der Risikobescheinigung durch den Arzt oder Hebamme. Ansonsten wurden für »Wöchnerinnenheimpflege« Kosten übernommen.

Unter diesem Aspekt ist es auch zu verstehen, warum Männer nun nicht mehr nur als Ärzte in der Geburtshilfe tätig sind. Seit 1985 ist für sie der Beruf des Entbindungspflegers möglich geworden, dies »im Zuge der zunehmenden Versachlichung zwischen Gebärender und Hebamme«, wie das Bundesverwaltungsgericht in einem Urteil von 1972* festgestellt hatte. Die Frau wird kaum mehr die Chance haben, sich dem Entbindungspfleger zu entziehen, denn bei ihrer Einlieferung in die Klinik ist sie auf das gerade diensthabende Personal angewiesen.

In den letzten Jahren hat allerdings die Zahl der Hausgeburten wieder etwas zugenommen. Es gibt auch Ansätze zur Weitergabe der Tradition der Hausgeburt – allerdings fast nur in Großstädten. So sind beispielsweise in Hamburg, Berlin oder München noch die alten Hebammen zu finden, die angehende junge Ärztinnen oder junge Hebammen mit zu Geburten nehmen. Oder kleine Gruppen junger freier Hebammen schließen sich zur Gemeinschaftspraxis zusammen und wechseln sich in Arbeit und Freizeit ab. Auch sie haben Kontakt zur alten, erfahrenen Vorgängerin, treffen und beraten sich mit ihr oder nehmen sie mit, um von ihr zu lernen. Es gibt auch wieder die Wochenstube der couragierten Hebamme in Berlin und auf dem Lande in Norddeutschland, zu der die Frauen von weit her kommen.

Durch diese verschiedenen Möglichkeiten der Hebammentätigkeit ist es vielleicht doch sichergestellt, ein Stück weiblicher Kultur, die Hausgeburt, zu erhalten. Diese Möglichkeit *muß* erhalten bleiben. Frauen sollten sich dieses Stück ihres Lebens nicht völlig aus der Hand nehmen lassen.

* In: Neue Juristische Wochenschrift 1972, S. 1534.

Anmerkungen

1 1. Mos. 30,37–39.
2 P. Diepgen, Die Frauenheilkunde in der Alten Welt, München 1937, S. 58.
3 Zit. n. W. Gubalke, Die Hebamme im Wandel der Zeiten, Hannover 1964, S. 50/51.
4 Aëtius v. Amida; zit. n. H. Fasbender, Geschichte der Geburtshilfe, Jena 1906, S. 59.
5 E. Haberling, Beiträge zur Geschichte des Hebammenstandes, Berlin 1940, S. 3.
6 H. Fasbender, Geschichte der Geburtshilfe, Jena 1906, S. 78.
P. Diepgen, Frau und Frauenheilkunde in der Kultur des Mittelalters, Stuttgart 1963, S. 29.
7 Ch. Ferckel, Gynäkologie des Thomas v. Brabant, in: Alte Meister der Medizin u. Naturkunde 5, München 1920, S. 20.
8 Gynaekia Muscionis, in: P. Diepgen, S. 68.
9 E. Haberling, a. a. O., S. 8.
10 Ebda., S. 5.
11 »De Passionibus mulierum«, zit. n. H. Fasbender, a. a. O., S. 87.
12 S. v. Riezler, Geschichte der Hexenprozesse in Bayern, Reprint, Stuttgart 1986, S. 109.
13 E. Wisselinck Hexen, München 1986, S. 16; S.v. Riezler a. a. O., S. 166.
P. A. Bochnik, Die mächtigen Diener, Hamburg 1985, S. 89–90; Heinsohn/Steiger, Die Vernichtung der Weisen Frauen, Herbstein 1985, S. 143
14 Soldan-Heppe, Hexenprozesse, München 1912, S. 537.
15 P. A. Bochnik, a. a. O., S. 103.
16 Ebda., S. 87.
17 E. Fischer-Homberger, Geschichte der Medizin, Berlin 1977, S. 153.
18 Heinsohn/Steiger, a. a. O., S. 125.
19 Zit. n. Bochnik, a. a. O., S. 83.
20 Zit. n. Wisselinck, a. a. O., S. 37.
21 E. Haberling, a. a. O., S. 29.
22 E. Schlieben, Mutterschaft und Gesellschaft, Osterwick 1927, S. 133/134.
23 G. Burckhardt, Studien zur Geschichte des Hebammenwesens, Leipzig 1912; Anlage Ulmer Ordnung, S. 106.
24 P. A. Bochnik, a. a. O., S. 94.
25 Heinsohn/Steiger, a. a. O., S. 91/92.
26 E. Haberling, a. a. O., S. 107.
27 I. Sprenger und H. Institoris, Malleus Malificarum, 1487; Der Hexenhammer, Berlin 1906, Reprint Darmstadt 1974, I. Teil, S. 159.
28 G. Burckhardt, a. a. O., Regensburger HebO, S. 142.
29 E. Haberling, a. a. O., S. 87.

30 Ebda., S. 86f.
31 Andernacher Ratsprotokolle v. 1.3.1576, zit. n. Haberling, S. 19.
32 P. A. Bochnik, a. a. O., S. 93.
33 STAW WDKP 79, fol. 202.
34 G. Burckhardt, a. a. O., Anlage Eßlinger HebO, S. 163.
35 Ebda., Anlage Heilbronner HebO, S. 121.
36 Eu. Rößlin, Der schwangeren Frauen Rosengarten, 1508, zit. n. Fischer-Homberger, a. a. O., S. 156.
37 P. A. Bochnik, a. a. O., S. 103.
38 Ch. Probst, Das Medizinalwesen der Reichsstädte Rothenburg, Schweinfurt, Dinkelsbühl, Weissenburg, Windsheim, München 1986, S. 20.
39 Der Eid des Hippokrates, Berlin 1970, Buchverlag Der Morgen, S. 67.
40 Ebda., S. 67/68.
41 Ebda.
42 H. Fasbender, a. a. O., S. 145.
43 Ebda., S. 148.
44 Ute Frevert, Frauen und Ärzte im späten 18. und frühen 19. Jahrhundert., in: A. Kuhn/J. Rüsen, Düsseldorf 1982, Frauen in der Geschichte II, S. 203.
45 Ebda., S. 198.
46 A. Martin, Über die Privat-Gebärzimmer der Hebammen, München 1855.
47 B. Meussen u. A. Taube in: E. Hinrichs u. a., Oldenburger Landgeschichte 1780–1835, S. 201.
48 Ebda., S. 183.
49 A. v. Hofmeister, Das Medizinalwesen im Kurfürstentum Bayern, München 1975, S. 85.
50 Staatsarchiv München, RA 1069, 15145/4.
51 S. Preußler, Hinter verschlossenen Türen; Ledige Frauen in der Münchner Gebäranstalt (1832–1853) München 1985, S. 135.
52 U. Frevert, a. a. O., S. 200.
53 Ebda., S. 196.
54 Ebda.
55 I. P. Semmelweis, Offener Brief an Hofrath Siebold über die Ursachen des Kindbettfiebers, zit. n. Freibeuter 6, Berlin 1980, S. 107.
56 S. Preußler, a. a. O., S. 136; E. Phillip, G. Hörmann, Die Kieler Universitätsfrauenklinik 1805–1955, Stuttgart 1965, S. 50.
57 Staatsarchiv München, RA 15147.
58 G. Döllinger, Sammlung der im Gebiete der inneren Staatsverwaltung des Königreichs Bayern bestehenden Verordnungen, München 1838.
59 D. Majer, »Fremdvölkische« im Dritten Reich. Ein Beitrag zur nationalsozialistischen Rechtsetzung und Rechtspraxis in Verwaltung und Justiz, Boppard am Rhein 1981, S. 313, 433.

60 Ebda., S. 433.
U. Herbert, Fremdarbeiter, Politik und Praxis des »Ausländer-Einsatzes« in der Kriegswirtschaft des Dritten Reiches, Berlin–Bonn 1985, S. 248.

61 Erlaß v. 13. 8. 1941, RABl. 24/1941.

62 MBlJV 44, 1024; RABl. 1945 III, S. 2.
Ulrich Herbert, a. a. O., S. 249.

63 U. Herbert, a. a. O., S. 422, Anm. 68.

64 Ebda., S. 250.

65 Deutsche Hebammenzeitung, Heft 19, Okt. 1941, S. 251: »Ist Krankenhaus- oder Heimaufnahme wünschenswert?«

66 D. Majer, a. a. O., S. 298 f., 304 f., S. 307 f.

67 Abschn. I 1 der AusführungsVO zum Mutterschutzgesetz (RGBl. 1942 I S. 324).
AusführungsVO über die Einsatzbedingungen von Ostarbeitern, Abschnitt II, § 2.

68 Abschn. I, Ziff. 3 der Bestimmung zu § 6 VO über Einsatzbedingungen von Ostarbeitern; RABl. 1942 V, S. 432.

69 RABl. 1944 I, S. 22.

70 RABl. 1944 I, S. 23.

Anteil am Zustandekommen dieses Buches hatten Notalis Cantieni, Ftan; Ludwig Schrittenloher, Christel Siebert, Franz Lebender, Freising; Petra Rück-Wallenberger, Franz Terdenge, Claudia Decker, München; Sophie Mur, Barbian; Sophia Gostner; Maria Aicher, Völs; Elisabeth Sellmann, Pfreimd; Waltraud Umbreit, Susanne v. Paczensky, Hamburg; Käthe Kloppenburg, Emden; Elke Terveer, Vorwerk. Sie alle unterstützten spontan meine Ideen und mein Bemühen, indem sie – oft verschlungene – Wege fanden, mir diese Gespräche zu ermöglichen.

Auch die Hebammen Josephine Frühschütz, Martha Baumgarten, Marie Sloot, Maria Kompatscher, Anna Florineth haben mit ihren Berichten zur Entstehung dieses Buches beigetragen.

Ihnen allen gilt mein Dank.

Besonders dankend erwähnen möchte ich auch Ute Kühling, Sophie v. Ballestrem, Lydia Willkop, Bernhard Müller-Wirthmann, Rudolf George und Elisabeth Schneck, die mir zuweilen helfend und beratend zur Seite standen.

Die Frau in der Gesellschaft

Band 3761

Band 3758

Band 3739

Monika Beckerle
Depression:
Leben mit dem Gesicht zur Wand
Erfahrungen von Frauen
Band 4726

Ann Cornelisen
Frauen im Schatten
Leben in einem süditalienischen Dorf
Band 3401

Gaby Franger
Wir haben es uns anders vorgestellt
Türkische Frauen in der Bundesrepublik
Band 3753

Marliese Fuhrmann
Zeit der Brennessel
Geschichte einer Kindheit. Band 3777
Hexenringe
Dialog mit dem Vater
Band 3790

Imme de Haen
»Aber die Jüngste war die Allerschönste«
Schwesternerfahrungen und weibliche Rolle
Band 3744

Helga Häsing
Mutter hat einen Freund
Alleinerziehende Frauen berichten
Band 3742

Katharina Höcker
Durststrecken
Zwischen Abhängigkeit und Alkohol
Frauen und Alkohol
Band 4717

Helena Klostermann
Alter als Herausforderung
Frauen über sechzig erzählen
Band 3751

Marianne Meinhold / Andrea Kunsemüller
Von der Lust am Älterwerden
Frauen nach der midlife crisis
Band 3702

Jutta Menschik
Ein Stück von mir
Mütter erzählen
Band 3756

Erika Schilling
Manchmal hasse ich meine Mutter
Gespräche mit Frauen
Band 3749

Marianne Schmitt (Hg.)
Fliegende Hitze
Band 3703

Inge Stolten (Hg.)
Der Hunger nach Erfahrung
Frauen nach 1945
Band 3740

Irmgard Weyrather
»Ich bin noch aus dem vorigen Jahrhundert«
Frauenleben zwischen Kaiserreich und Wirtschaftswunder
Band 3763

Fischer Taschenbuch Verlag

fi 404 / 5

Die Frau in der Gesellschaft

Band 3769

Band 3770

Band 3745

Gerhard Amendt
Die bevormundete Frau oder Die Macht der Frauenärzte
Band 3769

Hansjürgen Blinn (Hg.)
Emanzipation und Literatur
Texte zur Diskussion – Ein Frauen-Lesebuch
Band 3747

Colette Dowling
Der Cinderella-Komplex
Die heimliche Angst der Frauen vor der Unabhängigkeit
Band 3068

Marianne Grabrucker
»Typisch Mädchen ...«
Prägung in den ersten drei Lebensjahren
Band 3770

Michaela Huber/ Inge Rehling
Dein ist mein halbes Herz
Was Freundinnen einander bedeuten
Band 4727

Astrid Matthiae
Vom pfiffigen Peter und der faden Anna
Zum kleinen Unterschied im Bilderbuch
Band 3768

Ursula Scheu
Wir werden nicht als Mädchen geboren – wir werden dazu gemacht
Zur frühkindlichen Erziehung in unserer Gesellschaft
Band 1857

Alice Schwarzer
Der »kleine« Unterschied und seine großen Folgen
Frauen über sich – Beginn einer Befreiung
Band 1805

Lynne Segal
Ist die Zukunft weiblich?
Probleme des Feminismus heute
Band 4725

Dale Spender
Frauen kommen nicht vor
Sexismus im Bildungswesen
Band 3764

Karin Spielhofer
Sanfte Ausbeutung
Lieben zwischen Mutter und Kind
Band 3759

Senta Trömel-Plötz
Frauensprache – Sprache der Veränderung
Band 3725

Senta Trömel-Plötz (Hg.)
Gewalt durch Sprache
Die Vergewaltigung von Frauen in Gesprächen
Band 3745

Hedi Wyss
Das rosarote Mädchenbuch
Ermutigung zu einem neuen Bewußtsein
Band 1763

Fischer Taschenbuch Verlag

fi 15 / 5

Die Frau in der Gesellschaft

Texte und Lebensgeschichten

Herausgegeben von Gisela Brinker-Gabler

Band 2053

Band 3738

Band 3741

Lebensgeschichten

Ruth Ellen Boetcher Joeres
Die Anfänge der deutschen Frauenbewegung: Louise Otto-Peters
Band 3729

Eine stumme Generation berichtet
Frauen der 30er und 40er Jahre
Herausgegeben von Gisela Dischner
Band 3727

Germaine Goetzinger
Für die Selbstverwirklichung der Frau: Louise Aston
Band 3743

Kämpferin für den Frieden
Bertha von Suttner
Lebenserinnerungen, Reden und Schriften
Eine Auswahl
Band 2053

Texte

Frauen gegen den Krieg
Herausgegeben von Gisela Brinker-Gabler
Band 2048

Frau und Religion
Gotteserfahrungen im Patriachat
Herausgegeben von Elisabeth Moltmann-Wendel
Band 3738

Frauen und Sexualmoral
Herausgegeben von Marielouise Janssen-Jurreit
Band 3766

Gerda Szepansky
Frauen leisten Widerstand: 1933–1945
Band 3741

Fischer Taschenbuch Verlag

fi 16/9

Zum Thema Vergewaltigung

Band 3712

In diesem bereits als Standardwerk der Frauenbewegung bezeichneten Buch schildern zahlreiche Vergewaltigungsopfer auf erschütternde Weise ihre Leiden und traumatischen Erlebnisse. Die Autorin kommt zu dem Schluß, daß die Drohung, Anwendung und kulturelle Billigung sexueller Gewalt ein allgegenwärtiger Einschüchterungsprozeß ist, von dem alle Frauen, nicht nur die tatsächlichen Opfer einer Vergewaltigung, betroffen sind.

Band 3781

Zeigt eine Frau eine Vergewaltigung an, sieht sie sich nicht nur mit den psychischen Folgen der Tat und deren Bewältigung konfrontiert, sondern stößt im Kontakt mit den staatlichen Institutionen Polizei und Gericht auf eine Behandlung, die oft als zweite Vergewaltigung empfunden wird. Die in diesem Band abgedruckten Gespräche und Sachartikel stellen beide Aspekte der Vergewaltigung dar.

Fischer Taschenbuch Verlag

fi 593 / 1

Die Frau in der Gesellschaft

Band 3746

Band 3755

Band 3782

Maya Angelou
Ich weiß, daß der gefangene Vogel singt
Band 4742

Shulamit Arnon
Die gläserne Brücke
Roman
Band 4723

Ippolita Avalli
Warten auf Ketty
Band 3796

Mariama Bâ
Der scharlachrote Gesang
Roman
Band 3746

Martine Carton
Etwas Besseres als einen Ehemann findest du allemal
Roman
Band 4718

Dagmar Chidolue
Annas Reise
Roman. Band 3755
Ruth hat lange auf den Herbst gewartet
Erzählung. Band 3736

Sabine Deitmer
Bye-bye, Bruno
Wie Frauen morden
Kriminalgeschichten
Band 4714

M. Rosine De Dijn
Die Unfähigkeit
Band 3797

Anna Dünnebier
Eva und die Fälscher
Roman. Band 4728

Oriana Fallaci
Brief an ein nie geborenes Kind
Band 3706

Felicitas Frischmuth
Die kleinen Erschütterungen
Eine Mutter aus Wörtern
Erzählung
Band 4700

Maria Frisé
Montagsmänner und andere Frauengeschichten
Band 3782

M. Gabriele Göbel
Amanda oder Der Hunger nach Verwandlung
Erzählungen
Band 3760

Franziska Greising
Kammerstille
Erzählung
Band 3765

Fischer Taschenbuch Verlag

fi 20/12 a

Die Frau in der Gesellschaft

Band 3784

Band 3779

Band 3757

Monika Maron
Flugasche
Roman
Band 3784

Johanna Moosdorf
Die Freundinnen
Roman
Band 4712
Jahrhundertträume
Roman
Band 4739

Kristel Neidhart
Scherbenlachen
Eine Liebesgeschichte
Band 3791
Vier Wände gaukeln mir Heimat vor
Erinnerungen
Band 4729

Herrad Schenk
Die Unkündbarkeit der Verheißung
Roman
Band 3798

Marlene Stenten
Puppe Else
Band 3752

Jutta Strippel
Kreide trocknet die Haut aus
Roman
Band 3733

Monika Tantzscher (Hg.)
Die süße Frau
Erzählungen aus der Sowjetunion
Band 3779

Miriam Tlali
Geteilte Welt
Roman
aus Südafrika
Band 4710

Sybil Wagener
Das kleinere Unglück
Roman
Band 3748

Charlotte Wolff
Augenblicke verändern uns mehr als die Zeit
Autobiographie
Band 3778
Flickwerk
Roman
Band 4705

Hedi Wyss
Flügel im Kopf
Roman
Band 3719
Keine Hand frei
Roman
Band 3732

Waśa Solomú Xanthåki
Die Hochzeit
Novelle
Band 3793

Yvette Z'Graggen
Zeit der Liebe, Zeit des Zorns
Band 3757

Fischer Taschenbuch Verlag

fi 20/1c